**쉽지만 꽤 쓸 만한 형사법 100**
-박변과 백변의 친절한 형사법 가이드

2023년 3월 15일 초판 1쇄 찍음
2023년 3월 25일 초판 1쇄 펴냄

지은이     박성배 · 백성문
펴낸이     이상
펴낸곳     가갸날
주소       경기도 고양시 일산서구 강선로 49, 402호
전화       070.8806.4062
팩스       0303.3443.4062
이메일     gagyapub@naver.com
블로그     blog.naver.com/gagyapub
페이지     www.facebook.com/gagyapub
디자인     강소이

ISBN      979-11-8/949-90-9 (03360)

박변과 백변의 친절한 형사법 가이드

# 쉽지만 꽤 쓸 만한 형사법 100

가갸날

# 머리말

법이라는 것은 이 사회가 지속될 수 있도록 만든 구성원 사이의 약속입니다. 예를 들어 우리는 다른 사람을 때리면 안된다는 사실, 다른 사람의 물건을 훔치면 안된다는 사실을 알고 있습니다. 이렇게 꼭 지켜야 할 사회적 약속이 법입니다.

많은 사람들이 경찰서 문턱을 넘어본 적이 없다는 말을 합니다. 그만큼 법을 잘 지키며 산다는 말이겠지요. 하지만 사회가 복잡해지면서 분쟁과 갈등이 날이 갈수록 늘어나는 게 현실입니다. 누구도 법으로부터 자유로울 수 없는 세상이 되었습니다.

TV를 켜면 온갖 사건 사고가 꼬리를 물고 보도됩니다. 뉴스를 보며 잔혹한 강력범죄에 비분강개하기도 하고 대중의 정서와 거리가 먼 판결에 화를 돋우기도 합니다. 하지만 정작 왜 그런 판결이 나오는 것인지는 알기 어렵죠.

그런데 이런 게 남의 일이 아닐 수 있습니다. 형사법과 우리의 일상은 그리 멀지 않습니다. 의도치 않게 자신이나 주변 인물들이 형사사건에 휘말릴 수 있기 때문입니다. 뜻하지 않은 사건에 휘말려 평온한 일상을 위협받지 않기 위해서도 현대인이라면 어느 정도 형사법을 알고 있어야 합니다.

우리는 변호사로서 방송에 출연하는 사람들입니다. 뉴스에 나와 최대한 시청자들이 이해하기 쉽도록 설명해 보려고 하지만 짧은 방송 시간에 어쩔 수 없는 한계를 많이 느껴왔습니다. 그래서 우리가 방송에서 다뤘던 사건들을 포함해 독자 여러분들이 꼭 알고 있어야 한다고 생각하는 형사법의 이야기를 한 번에 묶어서 쉽게 설명하기 위해 이 책을 기획하게 되었습니다. 이 책의 1부는 박성배, 2부는 백성문이 집필하였습니다. 이 책은 전문서적이 아닙니다. 우리가 흔히 말하는 '법서'가 아니고 '사회적 약속'을 쉽고 정확하게 알려주는 '지침서'이자 '사람 사는 이야기'입니다. 불의의 사건 사고에 맞닥뜨렸을 때 지혜롭게 대처하는 형사절차 전반에 대한 친절한 안내와 함께 우리 주변에서 늘상 일어나는 구체적인 사례를 중심으로 엮었습니다. 우리가 형법전에 있는 모든 범죄를 다 알 필요는 없습니다. 그렇기에 세상을 살아가면서 꼭 알아야 할 것들, 오해하기 쉬운 것들 위주로 사례를 선정하였습니다.

2023년 초 현재의 시점에서 개정된 법령과 최신의 판례를 담아낸 만큼 현대 민주사회의 시민답게 이 책을 통해 법을 좀 더 깊이 이해하고 비판적 안목을 키울 수 있기를 기대합니다. 이 책을 읽다 보면 "어? 내가 알던 거랑 법이 많이 다르네" "이 판결이 이런 이유였구나"라는 것을 느끼게 될 것입니다. 소설을 읽듯이 흥

미진진하게 여러분들에게 이 책이 읽히기를 바라며, 이 책을 읽은 독자분들이 "이제 뉴스가 이해가 돼요"라고 말할 수 있기를 진심으로 바랍니다.

이렇듯 평소에는 즐기는 마음으로 법과 친구가 되듯이 소양을 키우고, 궁금한 일이 생겼을 때에는 상비약처럼 해당 부분을 찾아 도움을 얻는 방식으로 활용해 주십시오. 이 책이 우리의 삶을 더욱 건강하게 해주고 한편 어려움을 헤쳐나가는 든든한 길잡이가 되어주기를 기대합니다.

박성배 · 백성문

## 제1부 형사소송,
## 알아야 이깁니다

## 제2부  TV 뉴스에 나온 사건이라고요?

70

제1부

# 형사소송,
# 알아야
# 이깁니다

# 경찰이 출동했어요, 어떻게 해야 하나요?

## 현행범체포·임의동행

살다 보면 이런저런 사건에 휘말릴 수 있습니다. 다툼이 생기기도, 누군가 다치기도, 물건이 부서지기도, 약속한 돈을 지급 받지 못하기도 합니다. 우리 자신이 바로 사건의 당사자가 될 수 있는 것이죠.

더욱이 당장 문제를 해결해야 할 상황이라면 나, 상대방, 제삼자 누군가의 신고로 경찰이 현장에 출동하기도 합니다. 경찰까지 출동하면 심각한 상황이라 할 수 있습니다. 서로 양보해 넘어갈 수 있는 일도 이제는 공권력이 해결해야 할 단계에 접어든 것으로 보이죠.

그러나 사람이 겪게 되는 모든 문제를 법으로만 해결할 수는 없습니다. 문제 해결을 공권력에 맡긴다고 늘 원하는 결과를 얻을 수 있는 것도 아닙니다. 오히려 사건 당사자들이 오랜 시간 신경 쓰며 다툼을 이어나가야 하는 경우가 대부분입니다.

우리 형사소송법은 '수사기관은 범죄의 혐의가 있을 경우 수사한다'고 규정하고 있습니다.[*] 그러나 이는 수사기관의 수사 의무

---

[*] 제196조(검사의 수사) ① 검사는 범죄의 혐의가 있다고 사료하는 때에는 범인, 범죄사실과 증거를 수사한다.
제197조(사법경찰관리) ① ⋯ 사법경찰관 ⋯ 범죄의 혐의가 있다고 사료하는 때에는

를 정한 원칙 규정일 뿐, 현실에서는 범죄 혐의가 있다고 모두 수사를 진행하는 것은 아닙니다. 형사상 문제의 요소가 조금이라도 존재한다는 이유로 모든 경우에 수사를 진행하는 것은 가능하지도 않고, 필요하지도 않습니다.

어느 날 누군가와 시비가 붙어 경찰이 출동하고 이어 파출소나 지구대로 동행하게 되는 경우를 가정해 볼게요. 이럴 경우 분이 풀리지 않은 속에서도 한편으로는 앞으로 어떻게 되는 것인가 겁도 나기 마련입니다. 주변의 알 만한 사람에게 문의를 하기도 하고요.

그렇지만 현장에 출동한 경찰관들은 무조건 곧바로 수사를 개시하지 않습니다. 먼저 당사자들의 주장을 듣고 정황을 파악한 다음 되도록 양측이 화해해 원만하게 해결할 것을 권유하는 경우가 대부분입니다. 끝내 형사 문제로 끌고 가려는 당사자가 있는 경우에도, 향후의 절차에 대해 안내하고 일단 귀가하여 쉬면서 생각해 볼 것을 권합니다.

그럼에도 당장 조사를 진행해 달라는 당사자의 요청이 있으면, 경찰관들은 당사자들과 파출소(지구대)로 동행하게 됩니다. 이렇게 파출소(지구대)에 가게 되었다고 해서 수사 대상이 되어 형사 절차가 진행되는 것도 아닙니다. 임의동행인지 현행범체포인지에 따라 수사개시 여부가 달라집니다.

현행범체포는 그 자체가 수사개시의 원인이므로 바로 수사가 진

---

범인, 범죄사실과 증거를 수사한다.

행됩니다. 파출소(지구대)에 이어 경찰서로 연행되어 피의자신문을 받게 되죠. 신문을 받은 다음 풀려나기도 하지만, 그 상태에서 구속영장이 신청되어 구속으로 이어지기도 합니다. 경찰이 현장에 출동해 현행범체포를 하는 경우는 범죄 혐의가 명백하면서도 중대한 경우입니다. 예를 들어 편의점에서 물건을 훔친 경우, 단순 시비를 넘어 흉기로 위협하거나 상해를 가한 경우, 음주운전을 한 경우 등입니다.

반면 당사자의 동의를 얻어 경찰관서에 동행하는 임의동행 시에는 항상 수사가 진행되는 것은 아닙니다. 파출소(지구대)에 도착해 구체적으로 어떤 일이 발생하였고, 왜 그런 일이 발생하였는지, 상대를 조사해 주길 원하는지 등의 제반사항을 다시 한 번 확인합니다. 이야기를 들어보고 사안이 경미하거나 굳이 조사를 진행하지 않아도 될 경우에는 서로 원만히 화해하도록 설득해 훈방하는 경우가 많습니다. 하나하나 모두 입건해 형사절차를 진행하기보다 훈방하는 경우가 실제로 훨씬 많습니다.

이럴 때일수록 자기 감정을 잘 추스르는 게 중요합니다. 감정을 억제하지 못해 경찰관에게까지 거칠게 반응하면, 간단히 끝날 수 있는 일도 공무집행방해 등으로 현행범체포되어 정말 큰 문제가 발생할 수 있습니다.

실제 CASE를 들어볼게요.

### ⚖ CASE 1. 파출소에서 난동을 부린 택시 승객

부산에서 술에 취해 오전 3시 20분쯤 택시를 탄 A씨(43세)는 택시 요금 문제로 기사와 승강이를 벌이다 파출소로 오게 되었습니다. 경찰은 십여 분 동안 양측의 주장을 듣고는 두 사람을 모두 돌려보내려 하였습니다. A씨에게 "기사 불친절과 요금 과다 청구 등 택시 관련 민원은 부산시청에 제기하면 된다"고 알려주면서요. 하지만 A씨가 난동을 부리는 바람에 경찰은 주취소란 혐의를 적용해 A씨를 현행범으로 체포하고 기소의견으로 검찰에 송치하였습니다.

파출소에 근무하는 경찰관들은 술에 취한 승객을 태운 채 파출소로 와 문제를 해결해 달라는 택시 기사들의 요청을 흔히 받게 됩니다. 주행경로 이의나 택시 요금 미지급으로 인한 다툼 때문입니다. 사실 엄격히 따지면 택시 요금 미지급은 사기에 해당할 여지가 있습니다. 그래서 일단 수사를 개시해 A씨가 당시 소지한 현금과 카드 등의 지불수단, A씨의 평소 수입과 자산 상태, 과거에 유사한 경력이 있었는지 등을 면밀히 조사해 사기죄 성립 여부를 판단하는 것이 원칙입니다. 그러나 택시 요금을 지급하지 않아 택시 기사와 승객이 파출소로 오면, 경찰은 그 자리에서 승객에게 택시 요금을 일부라도 지급하도록 한 다음 당사자들을 돌려보내면서 사건을 마무리합니다.

이 사건에서도 경찰은 원만하게 문제를 해결하게끔 하였던 것인데, A씨는 순순히 파출소를 나서지 않았습니다. 만취상태였던 A씨는 책상을 3, 4차례 내리치고 소파에 드러누워 경찰관들에게 욕설을 퍼붓는 등 20분 남짓 난동을 부렸습니다. 결국 경찰은 경범죄처벌법상 관공서에서의 주취소란 혐의를 적용해 A씨를 현행범으로 체포하였습니다. A씨는 다음날 해운대경찰서 형사계로 인계되고, 기소의견으로 검찰에 송치되었습니다.

경찰의 조치가 과하다고 느끼는 분들도 있을 것입니다. 경찰 조치의 옳고 그름을 떠나, 경찰이 출동한 현장에서는 물론이고 그 자리에서 해결이 안돼 파출소(지구대)에 가게 되더라도, 다시 한 번 문제를 원만히 마무리할 기회가 있음을 알려주고 싶어 사례를 든 것입니다. 애초에 사안이 중대해 현행범체포 상태로 파출소(지구대)에 오지 않은 이상, 곧바로 수사 절차가 시작되지는 않습니다. 따라서 흥분을 가라앉히고 경찰의 질문에 성실히 답하면서 원만히 일을 마무리하려는 태도를 보여주어야 합니다. 한순간의 흥분이 언제 끝날지 모를 고통으로 이어질 수 있습니다.

이번에는 현장에 출동한 경찰의 조치가 부적절한 CASE를 들어보겠습니다.

 **CASE 2.  위법한 임의동행이라면 처벌할 수 없다**

정씨는 오전 0시 46분께 한 아파트에서 자동차로 화분 등을 들이받아 인근 지구대로 연행돼 조사를 받았습니다. 정씨는 술 냄새를 풍기며 횡설수설하였습니다. 정씨가 술에 취한 상태에서 운전했다는 의심이 든 경찰은 모두 3회에 걸쳐 음주측정에 응하라고 요구했습니다. 경찰 요구에 응하지 않은 정씨는 음주측정 거부로 기소돼 재판을 받게 됐습니다.

술을 마셔 화분 등을 들이받고 횡설수설할 정도라면 상당히 취한 상태로 운전을 한 것이고, 그럼에도 경찰의 음주측정 요구에 불응했으니 당연히 음주측정 거부로 처벌 받아야 할 것으로 보이죠? 그러나 법원은 정씨에게 무죄를 선고했습니다. 경찰이 정씨를 지구대로 임의동행하는 과정에 문제가 있다고 보았기 때문인데요.

먼저 재판부는 현행범체포와 확연히 다른 임의동행의 요건을 밝힙니다. 즉 임의동행은 "수사관이 동행에 앞서 피의자에게 동행을 거부할 수 있음을 알리거나 동행한 피의자가 언제든 자유롭게 동행 과정에서 이탈 또는 퇴거할 수 있음을 알려줬을 때"에만 적법하다는 것이었습니다. 그런데 "당시 신고를 받고 현장에 출동한 경찰을 이를 고지하지 않았다"고 설명합니다. 또 "피고인을 지구대에 데려간 뒤 음주측정을 요구하면서 자유로운 퇴거를 막은 것으로 보인다"며, "피고인이 주취운전을 했더라도 위법하게 연행된 상태에서 이뤄진 음주측정 요구는 위법한 요구에 해당, 음주측정 거부에 관한 도로교통법위반죄로 처벌할 수 없다"고 판시했습니다.

쉽게 말해 "동행을 거부할 수 있고, 동행하더라도 언제든 돌아가도 좋습니다"라는 고지 없이 당사자를 지구대로 데려갔고, 지구대에서도 돌아가려는 당사자를 막아섰다면, 임의동행이 아니라 사실상 현행범체포라는 것입니다. 현행범체포라면 미란다 원칙 고지등 일정한 절차를 진행하여야 하나, 당연히 어떠한 절차도 진행하지 않았고요. 이렇게 위법한 연행 상태에서 음주측정을 요구하였다면 음주측정 요구도 위법하고, 따라서 이에 불응하였다고해서 음주측정 거부로 처벌할 수 없다는 것입니다.

사실 이 사건에서는 음주운전이 상당히 의심스러운 상황이었으므로 현장에 출동한 경찰은 현행범체포를 해야 했습니다. 그러나 실무상 현행범체포를 하게 되면 관련된 보고서와 조서등 작성해야 할 서류가 많고, 석방을 하더라도 그 사실을 검사에게 보고해야 합니다. 이렇듯 절차가 다소 복잡하다 보니 그보다는 절차가 간략한 임의동행 형식으로 연행하는 경우가 있습니다. 즉 사실은 현행범체포인데 임의동행 형식만 빌어 체포를 하는 관행이 존재하는 것입니다. 국민의 기본 인권을 보장하기위해 만들어 둔 각종 절차가 번잡스럽다는 이유로 국가기관이 탈법적인 수단을 쓰는 일은 더 이상 없어야 하겠습니다. 법원은 이러한 관행을 바꾸어나갈 것을 판결을 통해 요구했던 것입니다.

혹시라도 경찰의 위법한 연행을 경험하게 된다면, 당당히 그 문제점을 지적할 수 있었으면 하는 바람입니다.

# '112 신고'와 '고소'는 다른 거라고요?

## 인지사건·고소사건

혼자 해결할 수 없는 일이 생기거나 범죄로 인한 피해를 입어 국가기관에 알리고자 할 때는 어떻게 하나요? 112 전화번호를 눌러 신고하나요, 아니면 경찰서나 검찰청에 고소를 하나요? '신고'나 '고소'나 그게 그거 아닌가 하겠지만, 둘은 엄연히 다릅니다. 둘은 개념, 요건, 절차, 효과 등에서 여러 모로 다른데, 그 차이점을 안다면 상황에 맞는 적절한 선택을 할 수 있을 것입니다.

### 개념의 차이

우선 '신고'와 '고소'는 개념부터 다릅니다. 수사는 그 시작 원인에 따라 인지사건과 고소사건으로 나뉩니다.

인지사건은 수사기관의 체험에 의해 시작된 사건입니다. 예를 들어 범죄의 상당한 의심이 들어 현행범체포를 하였다든가, 변사체가 나타나 검시해 보니 범죄 혐의가 있다든가, 불심검문을 했는데 흉기와 가해 흔적이 발견되었다든가, 사건 수사 중 또 다른 범죄 혐의가 발견된다든가, 기사나 뉴스로 소개되는 사건에서 범죄 혐의가 발견된다든가, 지역사회의 풍문을 수집해 보니 범죄가 의심스럽다든가, 수사기관이 스스로 보고, 듣고, 경험한 다음 판단해 수사를 개시하는 사건을 말합니다.

반면 고소사건은 피해자의 고소로 시작된 사건입니다. 말 그대로 피해자가 일정한 사실을 알려 처벌을 구함으로써 수사가 개시된 사건을 말하죠.

'신고'와 '고소'로 수사가 시작된 경우 둘은 각각 어디에 속할까요? 바로 '신고'로 시작된 사건은 인지사건이고, '고소'로 시작된 사건은 고소사건입니다. '신고'는 단순히 어떠어떠한 일이 있었음을 알리는 행위이므로, 수사기관은 그 내용을 듣고 범죄 혐의가 있는지 없는지 따져 수사개시 여부를 결정합니다. 따라서 수사가 개시되더라도 수사기관이 스스로 판단해 수사를 시작한 것이므로 인지사건이 되는 것입니다. 반면 '고소'는 범죄 피해자가 어떠어떠한 일이 있었음을 알리면서 피의자의 처벌을 구하는 의사를 표시하는 것이므로, 수사기관은 곧바로 수사를 개시하여야 합니다. 즉 수사개시 여부를 수사기관이 판단하는 것이 아니고, 고소 그 자체에 의해 곧바로 수사가 시작되므로 고소사건이 되는 것입니다.

### 요건의 차이

그럼 '신고'와 '고소'는 언제 하게 될까요?

'신고'는 사건 발생이 임박해 있거나, 사건 발생 중이거나, 사건 발생 직후에 하게 됩니다. 예를 들어 누군가 집 문을 열려고 시도하고 있다거나(사건 발생 임박), 영업장에 난입해 난동을 부리고 있다거나(사건 발생 중), 어떤 사람이 우리가 가지고 있던 소지품을 훔쳐 달아난 경우(사건 발생 직후)에 하게 되죠. '신고'를 하는 경우는 이처럼 당장 문제해결이 필요한 경우이므로, 일선 파출소, 지구대 경찰관들의 주된 업무는 이러한 시민들의 '신고'에 대응하는 일입니다.

'112 신고'를 하게 되면 전화를 받는 사람은 관할 경찰서나 파출소(지구대) 경찰관이 아닙니다. 각 특별시, 광역시 또는 도를 관할하는 지방경찰청 112 종합상황실에서 전화를 받습니다. 이곳에 소속된 수십 명의 경찰관들은 능숙하게 '112 신고'에 대응합니다. 걸려 온 전화에서 아무런 말이 없어도 말이 불가능한 상황일 수 있음을 전제로 상황에 대응하거나 순간순간의 상황변화에 유연하게 대처하는 능력도 가지고 있습니다. 이렇게 접수된 '112 신고'는 관할 경찰서 상황실을 거쳐 사건 발생 장소의 파출소(지구대)와 순찰차에 전달됩니다.

이 과정에서 신고된 내용은 상황의 급박성 정도에 따라 '코드0'에서부터 '코드4'까지의 5단계로 분류됩니다. '코드0'와 '코드1'처럼 번호가 앞일수록 급박한 상황입니다. '코드1'은 예를 들어 모르는 사람이 현관문을 열려고 한다든가 주차된 차문을 열어 보고 다니는 상황으로, 파출소(지구대) 경찰이 곧바로 현장에 출동하여야 하는 경우입니다. '코드0'는 남자가 여자를 강제로 차에 태워 갔다든가 여자가 비명을 지르며 전화가 끊긴 신고 상황 같은 긴박한 경우입니다. 파출소(지구대) 경찰뿐만 아니라 강력

팀 형사 등 경찰서 경찰관들도 곧바로 현장에 출동해야 합니다.

반면에 '고소'는 과거에 벌어진 사건에 대하여 알리는 것입니다. 예를 들어 어떤 사람에게 돈을 빌려준 상황을 상정해 볼까요. 돈을 갚을 때가 되었는데도 갚지 않으면 범죄의 의심이 들겠죠. 이럴 때 사기로 고소를 하는 것입니다.

이렇게 '신고'와 '고소'를 하는 경우가 나뉘지만, 시민 입장에서는 둘 중 하나를 선택할 수 있습니다. 잘 아는 사람으로부터 폭행을 당했다면 어떻게 하시겠습니까? 우선 그 자리에서 당장 '신고'를 할 수 있습니다. 경우에 따라서는 당장 신고까지는 필요없다고 생각해 그냥 집에 돌아오게 됩니다. 하지만 시간이 지나도 아무런 사과가 없고 오히려 적반하장으로 나온다는 생각이 들 때는 '고소'를 할 수도 있는 것입니다.

### 절차의 차이

'신고'를 하면 현장에 파출소(지구대) 경찰관들이 출동합니다. 경찰은 사건 현장을 살펴보고, 신고 관련 내용을 상세히 들어 사건 내용을 파악합니다. 그리고 사건 내용과 사안의 심각성을 따져 사건 처리 방향을 결정합니다. 통상적으로 경미한 대다수 신고 사건의 경우 사건 당사자들에게 현장에서 원만히 해결할 것을 권합니다. 나중에라도 필요하면 '고소'할 수 있다는 사실과 그 방법을 안내하기도 합니다.

그러나 범죄 혐의가 명백하고 중대한 사건의 경우에는 현장에서 피의자를 현행범체포하게 됩니다. 현행범체포를 하게 되면 체포된 피의자는 물론 피해자도 곧바로 파출소(지구대)로 가게 됩니다. 이곳에서 피해자는 사건 내용에 관한 진술서를 작성하거나 경찰이 피해자를 상대로 참고인 진술조서를 작성합니다. 이후 피해자는 귀가하게 되지만, 피의자는 현행범체포 상태로 파출소(지구대) 경찰과 함께 이동해 경찰서에 신병이 인계됩니다. 경찰서 당직 경찰은 현행범체포 보고서, 피해자 작성 진술서, 파출소(지구대) 경찰 작성 진술조서를 토대로 피의자신문을 진행합니다. 피의자신문 이후 경찰은 피의자를 현행범체포 상태에서 석방하는 경우가 대부분이지만, 석방하지 않은 채 구속영장을 신청하기도 합니다.

이에 반하여 '고소'는 보통 고소사실을 적고 증거서류를 첨부한 고소장을 작성해 관할 경찰서에 우편으로 또는 직접 방문해 접수합니다. 말로 고소해도 수사기관은 고소를 접수해야 합니다. 고소장 없이 경찰서를 방문하면 통상적으로 경찰서 민원실에서 고소장 양식을 교부하여 그 내용을 글로 작성할 수 있도록 돕습니다.

고소장을 작성해 가든, 말로 하든 경찰서를 직접 방문해 고소할 경우, 경찰서 민원실은 고소 내용에 따라 관할 부서를 분류해 어디로 가라고 안내해 줍니다. 즉 사기·배임 같은 사건은 경제팀으로, 교통사고 사건은 교통사고조사팀으로, SNS나 인터넷 명예훼손은 사이버수사팀으로, 폭행·공갈과 같은 사건은 형사팀으로 안내해 줍니다. 담당부서의 담당자는 곧바로 고소인을 상대로 범죄 성립 요건에 관해 하나하나 묻고, 그 답을 들으며 진술조서를 작성하게 됩니다.

고소장을 우편으로 접수할 경우에는 배정된 담당자가 고소사실과 증거서류를 검토한 다음 고소인에게 연락을 취합니다. 그리고 약속한 진술조서 작성일자에 출석한 고소인을 상대로 진술조서를 작성합니다. 그런데 우편으로 고소장을 제출한 고소인이 정작 수사기관이 연락해도 진술조서 작성을 위해 출두하지 않는 경우가 있습니다. 수사기관이 몇 차례에 걸쳐 출석을 요청해도 계속해서 출석을 거부하면, 그 고소 사건은 각하 처리해 사건을 종결합니다.

고소인 조사를 마친 다음에는 피의자를 불러 피의자신문을 하게 됩니다. 피의자를 소환할 때에도 수사기관은 피의자와 조사 일정을 조율합니다. 변호인이 조사에 참여할 경우에는 변호인의 일정도 고려해 조사 일정을 잡게 됩니다. 이렇게 피의자신문 일정을 잡다 보면 며칠이 아니라 몇 주, 나아가 한두 달이 지체되기도 합니다.

### 효과의 차이

'신고'와 '고소'는 효과에서도 차이가 있습니다.

먼저 내사 단계의 존재 여부에서 차이가 있습니다. 내사는 수사 전 단계에서 수사가 필요한지 여부를 따져보는 절차를 말합니다.

'고소'를 하게 되면 수사기관은 반드시 수사를 개시하여야 하므로, '고소'의 경우에는 내사라는 것이 없습니다. 반면 '신고'를 한 경우에는 그 사안이 형사상 문제가 있는지, 수사가 필요한 사안인지를 검토해 수사개시 여부를 결정하는데, 이러한 검토가 바로 내사에 해당합니다. 즉 '신고'의 경우에만 내사라는 것이 존재합니다.

다음으로 기소율에서 차이가 있습니다. 기소는 수사를 마치고 검사가 혐의가 인정되니 법원에 이 사람을 처벌해 달라고 요청하는 것을 말합니다. '고소'와 '신고'로 시작된 사건 중 어느 쪽이 기소율이 더 높을까요? 구체적인 수치는 시기별로, 죄명별로 달라질 수 있고, 정확한 숫자가 중요한 건 아니니 따로 제시하지는 않겠습니다. 대략 '고소'로 시작된 사건의 기소율이 25% 정도라면, '신고'로 시작된 사건의 기소율은 75% 정도라고 생각하면 될 것 같습니다.

'고소'는 고소인이 상대방에게 죄가 있다고 생각해 처벌을 구하면 일단 바로 수사가 개시됩니다. 따라서 수사기관이 수사 과정에서 혐의가 없다고 판단하는 경우가 많아 기소율이 생각보다 낮습니다. 그렇지만 '신고'의 경우에는 신고를 접수한 수사기관이 혐의 존재 가능성을 고려해 수사개시 여부를 결정합니다. 그래서 일단 수사가 개시되면 기소율이 상대적으로 높은 것이죠.

또한 불기소처분을 할 경우 무고 혐의 판단 여부에도 차이가 있습니다. '고소'로 시작된 사건은 결국 혐의가 없다는 이유로 불기소처분을 하게 되더라도, 검사가 반드시 불기소처분서에 고소인의 무고 혐의가 인정되는지 여부를 기재하여야 합니다. 만약 고소인의 '고소'가 무고로 판단되면, 수사기관은 고소인을 무고죄로 인지하여 기소하게 됩니다. 반면 '신고'로 시작된 사건의 경우에는 혐의가 없다는 이유로 불기소처분을 하더라도, 신고자에게 무고 혐의가 있는지 여부를 판단하지 않습니다. '신고'는 누군가의 처벌을 구하는 데에 방점이 있는 것이 아니라, 어떤 사실이 발생하였음을 알리는 것 자체가 주목적입니다. 그러므로 신고자에게 무고 혐의가 있는지 여부를 판단할 필요가 없는 것이죠.

또 한 가지의 중요한 차이점은 수사경력자료 삭제 시기입니다. '고소'가 되었든 '신고'가 되었든 일단 수사가 개시되면, 피의자는 수사기관에 소환돼 피의자신문을 받게 됩니다. 피의자신문을 마치고 나면 수사기관은 피의자에게 엄지손가락을 기계에 대도록 해 전자적 방식으로 지문을 채취합니다. '수사자료표'를 만드는 과정인데, 이 수사자료표를 토대로 '수사경력자료'라는 게 만들어집니다. 피의자 수사경력자료를 조회해 보면 이 사람이 어떠어떠한 혐의로 언제 입건돼 수사를 받았다는 기록이 남게 됩니다.

피의자가 기소되고 재판을 거쳐 유죄 확정판결을 받게 되면, 수사경력자료는 '범죄경력자료'로 변환됩니다. 이 범죄경력자료가 우리가 흔히 말하는 '전과'입니다. 즉 이 사람이 어떠어떠한 혐의로 언제 얼마만한 형량의 유죄 확정판결을 받았음이 기록으로 남는 것입니다. 이 기록은 평생 남아 삭제되지 않습니다.

그렇지만 기소가 되지 않거나 무죄가 선고돼 범죄경력자료로 전환되지 않은 수사경력자료는 삭제됩니다. '고소'냐 '신고'냐에 따라 그 삭제 시기에 차이가 있습니다. '신고'로 시작된 사건은 검사가 불기소처분을 하더라도, 그 죄의 법정형에 따라 10년, 5년 등 일정기간 동안 보존하다가 삭제합니다(다만 법정형이 장기 2년 미만의 징역에 해당하는 사건은 사안 자체가 경미하므로 불기소처분시 수사경력자료를 즉시 삭제합니다).* 일단 수사기관이 자체적으로 판단해 수사를 개시하였다면, 비록 불기소처분을 하였더라도 의심스러운 정황이 있었다고 보는 것입니다. 그리고 혹시라도 동일한 피의자에 의한 다른 사건이 불거질 경우에 대비해 과거에 이러이러한 혐의로 수사 받았음을 참고하기 위해 일정기간 자료를 보존하는 것입니다. 그러나 '고소'로 시작된 사건은 검사가 불기소처분을 하면 즉시 수사경력자료가 삭제됩니다. 고소인의 일방적인 고소로 수사가 개시돼 피의자에 대한 수사경력자료가 작성되었으므로, 피의자에게 불이익이 없도록 하기 위해서입니다.

지금까지 설명한 차이를 사례를 통해 확인해 볼까요?

---

 **CASE 3. 차 안에서 애정행각을 벌인 공무원**

새벽 1시경 어떤 지역의 법원 앞 도로 승용차 안에서 50대 공무원 A 씨가 30대로 추정되는 여성과 애정행각을 벌이고 있었습니다. 하필 차 문은 열려 있었고요. 지나가던 시민이 이 모습을 목격하고는 "차 안에

---

\* 형의 실효 등에 관한 법률 제8조의2(수사경력자료의 정리)

서 남녀가 애정행각중인데 차 문이 열려 있다"고 '신고'를 하였습니다. 신고를 받고 현장에 출동한 경찰은 A씨에게 신분증 제시를 요구하였습니다. 그렇지만 A씨는 신분증을 제시하지 않았고, 승강이 끝에 경찰은 A씨를 공연음란 혐의로 현행범체포하였습니다. 차 문이 열려 있었으므로 공연음란 혐의가 인정되고, 신분증을 제시하지 않아 도주 우려가 있었다는 이유에서입니다.

지나가던 시민이 경찰에 알린 내용은 두 사람이 음란한 행위를 하고 있는데 차 문이 열려 있다는 사실이었습니다. A씨와 여성을 처벌해 달라는 의사표시를 포함하고 있지 않다고 볼 수 있으므로, '신고'에 해당합니다. '신고'로 시작된 이 사건에서 경찰은 현장에 출동해 A씨와 여성이 구체적으로 어떤 행동을 했는지, 그곳이 누구든 지나갈 수 있는 공개된 장소인지, 차 문이 열려 있는 상태는 어떠한지, 애정행각이 지속된 시간은 어느 정도인지 등의 제반 정황을 파악해 수사개시 여부를 결정합니다. 경찰은 공연음란이 성립될 수 있을 것으로 보고 A씨를 현행범체포하였습니다. 이 사건은 '신고'로 시작해 경찰의 판단에 따라 수사를 개시한 인지사건이 되는 것이죠.

지나가던 시민은 과거에 벌어진 사건을 알린 것이 아닙니다. 사건이 발생중일 때였으므로 '신고'가 가능한 경우입니다. 이 정도 사안은 '코드0'는 아니지만, 한창 사건이 벌어지고 있는 중이라서 현행범체포의 가능성도 있기 때문에, '코드1' 정도는 되겠네요.

경찰은 신고를 접수한 즉시 현장에 출동했고요.

이 사건에서 경찰은 공연음란 혐의가 명백하고 중대하다고 판단해 현장에서 A씨를 현행범체포했습니다. 곧바로 경찰은 A씨를 파출소(지구대)로 연행하였습니다. 주변 참고인이 있다면 경찰은 참고인으로부터 진술서를 받거나 그를 상대로 진술조서를 작성하게 됩니다. 이어서 A씨는 파출소(지구대) 경찰과 함께 경찰서로 이동해 경찰서 당직 경찰에게 신병이 인계됩니다. 경찰서 당직 경찰은 A씨를 상대로 피의자신문을 진행합니다. 사안의 성격상 구속영장 신청은 하지 않고, 피의자신문을 마치는 대로 석방하였을 것으로 보입니다.

현장에 출동한 경찰이 얼마 지나지 않아 현행범체포를 하였으므로, 내사 단계를 정식으로 거친 것은 아니지만 현장에서 정황을 파악하는 단계가 내사 단계에 준하는 절차라고 평가할 수 있습니다. 이렇게 수사기관이 스스로 판단해 입건한 사건은 기소율이 상대적으로 높은데, 이 사건 같은 경우는 논란도 많은 것이 사실입니다.

차 안 공간은 개인공간이고 우연히 차 문이 열렸을 수도 있으므로, 공연음란이 성립하기 어렵다는 것입니다. 또한 신분증을 제시하지 않았다고 해서 도주 우려가 있다며 현행범체포를 할 수 있는지 의문이라는 의견들이 있습니다. 경찰이 A씨를 공연음란으로 입건했지만 검사가 공연음란으로 보기 힘들다고 판단해 불기소처분을 할 경우에도, 검사는 신고를 한 지나가던 시민에 대하여 무고 혐의를 따져보지 않습니다.

원칙적으로는 불기소처분을 하더라도 경찰이 판단해 수사를 개시한 이 사건에서 수사기록자료는 일정기간 보존해야 합니다. 하지만 공연음란죄는 법정형이 1년 이하의 징역 등이므로 수사경력자료도 즉시 삭제합니다.

---

⚖️ **CASE 4. 단골손님의 만취 행동**

음식점을 운영하는 업주 A씨는 단골손님 B씨가 언제나처럼 혼자 가게를 찾아왔지만, 그날은 들어올 때부터 만취한 모습을 보고 심상치 않음을 느낍니다. 아니나 다를까 평소 점잖던 B씨는 A씨에게 반말을 하며 다 먹지도 못할 안주와 술을 연이어 시킵니다. 일단 주문하는 대로 음식을 내어주던 A씨는 나중에는 너무 취한 B씨가 사고라도 일으킬까봐 술을 그만 마시라고 하면서 주문을 받지 않습니다. 이에 화가 난 B씨는 크게 소리를 지르며 밖으로 나갔다가 들어오기를 반복하는데, 그 과정에서 탁자 위에 놓인 식기가 엎어져 파손되기도 합니다. 바로 경찰에 신고할까 고민하던 A씨는 단골손님임을 감안해 겨우겨우 달래 B씨를 귀가시킵니다.

다음날 A씨는 B씨로 인해 파손된 물품에 대한 배상을 받으려고 연락하였지만, B씨는 술에 취해 의도치 않게 탁자 등에 부딪혀 부서지게 된 것이라면서 배상해 줄 수 없다고 합니다. 고민 끝에 A씨는 B씨를 업무방해로 경찰에 고소합니다.

A씨가 업무방해로 B씨를 고소한 이상 경찰은 반드시 B씨에 대한 수사를 개시하여야 합니다. A씨 입장에서는 만취한 B씨가 소리를 지르고 가게 물품이 파손될 당시 신고를 할 수도 있었지만, 단골손님임을 감안해 참았다가 나중에 형사상 책임을 물은 것이므로, '신고'보다는 '고소'가 가능한 사안이죠.

고소를 하는 A씨는 직접 B씨의 행동을 구체적으로 적고 당시 현장 모습을 찍은 사진 등을 증거서류로 첨부한 고소장을 작성해 관할 경찰서에 우편 또는 직접 방문 형식으로 접수할 수 있습니다. A씨는 경찰서에 출두해 담당 경찰관에게 고소인 보충조서(진술조서) 작성을 위한 조사를 받게 됩니다. 담당자는 이어서 B씨에게 연락해 출석을 요구합니다.

이 사건에서 경찰은 B씨의 행위가 업무방해 성립 요건인 '위력'에 해당할 정도에 이르렀는지, 가게 물품이 파손된 이유가 만취한 B씨의 단순과실 때문은 아니었는지, 당시 가게에 다른 손님들이 얼마나 있었고 A씨의 업무가 방해 받았다고 볼 수 있는지 등을 따져 업무방해 성립 여부를 결정하게 됩니다. 만약 B씨의 혐의를 인정하기 어려워 검사가 불기소처분을 할 경우, 검사는 혹시나 A씨가 만취한 B씨의 실수로 인한 행동임을 익히 알면서 고소를 한 것은 아닌지, 즉 무고 혐의의 유무를 판단하게 됩니다. 또한 신고로 시작된 사건이었다면 불기소처분을 하더라도 B씨의 업무방해 수사경력자료는 5년간 보존되지만[*], 고소로 시작된 사건이므로 B씨의 업무방해 수사경력자료는 불기소처분 즉시 삭제됩니다.

어떠세요? '신고'와 '고소'의 차이, 이제 좀 감이 잡히나요? 그게 그것인 것 같지만 이렇게 많은 차이가 있답니다.

이런 차이를 알고 있다면 상황에 맞게 적절한 선택을 할 수 있겠죠. 반대로 피의자 입장이라면 자신의 상황을 정확히 알고 대처할 수 있을 것입니다.

---

[*]  업무방해의 법정형은 5년 이하의 징역 등으로서(형법 제314조 제1항) 수사경력 자료의 보존기간은 5년입니다(형의 실효 등에 관한 법률 제8조의2 제2항).

# 압수·수색의 흐름이 바뀌고 있어요

## 압수·수색과 영장주의

'압수·수색'은 방송 뉴스나 신문기사로 많이 접해 보았죠? 전격적으로 실시되는 압수·수색이 속보로 뜨는 일도 많습니다. 압수·수색 현장에서 수사기관과 당사자 측이 실랑이를 벌이기도 하고, 한참 시간이 지나 수사기관이 뭔가가 가득 담긴 박스를 들고 나와 차에 싣고 떠나는 모습을 TV 화면에서 보았을 것입니다. 그 후 압수·수색의 위법성을 둘러싸고 검사와 변호인이 다투는 뉴스도 자주 등장하고요. 그만큼 압수·수색은 수사의 중요한 부분임과 동시에 논란의 중심에 서 있는 부분이기도 합니다. 일반인 입장에서는 쉬운 듯하면서도 상당히 어렵게 느껴지는 대목이기도 하고요.

'압수'는 물건을 강제로 가져오는 것을 말하고, '수색'은 압수할 물건을 발견하기 위해 일정한 장소에서 찾아보는 것을 말합니다. 압수·수색과 관련한 모든 문제의 출발점은 '영장주의'입니다. 사람의 신체를 체포·구속하기 위해서는 판사가 발부한 영장이 필요하듯이, 일정한 장소를 수색해 물건을 강제로 가져오기 위해서도 영장이 필요합니다. 압수와 수색은 동시에 이루어지기 마련입니다. 실무상 '압수·수색영장'이라는 단일영장이 발부되는 이유입니다.

압수·수색은 검찰, 경찰 등의 수사기관이 범죄 혐의를 입증하기 위해 전격적으로 실시합니다. 수사기관 입장에서는 압수·수색이 아니고서는 범죄 혐의 입증이 곤란하여 당연히 실시하여야 할 때가 많습니다. 하지만 당사자들은 갑자기 실시되는 압수·수색에 놀라움과 심리적 압박감을 느낄 수밖에 없습니다.

이렇듯 양측의 입장은 확연히 다르지만, 적어도 압수·수색과 관련해서는 그동안 수사기관이 피의자보다 우위에 서서 수사를 진행해 올 수 있었습니다. 그 이유는 사람을 대상으로 한 체포·구속과 달리 물건을 대상으로 한 압수·수색은 그 과정에 위법이 있더라도 압수물의 형상에 변동이 있는 것은 아니므로 증거로 쓸 수 있다는 이른바 '성상불변론'이 수사와 재판 실무를 지배해 왔기 때문입니다. 위법한 체포·구속이 이루어지면 체포·구속된 당사자가 당혹감과 두려움에 허위 자백을 할 가능성이 있습니다. 하지만 취득 과정이 위법하다고 하더라도 물건이 말을 할 수 있는 것도 아니고 그 성질에 변화가 있는 것도 아니므로 증거로 쓸 수 있다고 봐 온 것입니다.

그러나 2007년 드디어 이러한 실무 관행에 변화가 생깁니다. 바로 위법한 압수·수색이 이루어진 경우 이를 통해 확보한 압수물은 물론 그 압수물을 토대로 확보한 2차적 증거의 증거능력을 모두 부정한 대법원 전원합의체 판결(대법원 2007. 11. 15. 선고 2007도3061 판결)이 나온 것입니다. 압수·수색에 관한 가장 중요한 판례를 꼽

으라면 단연 첫 번째로 꼽을 수 있는 판례입니다. 이 판례를 계기로 위법하게 수집된 증거와 이를 기초로 하여 획득한 2차적 증거 모두 원칙적으로 유죄의 증거로 삼을 수 없고, 다만 위법성이 중하지 않은 예외적인 경우에만 유죄 인정의 증거로 사용할 수 있게 되었습니다. 아울러 위 판결이 선고된 2007년에는 위법수집증거 배제 조항이 형사소송법에 신설되었습니다.[*]

획기적인 판례가 나오긴 했지만 유죄의 증거로 삼을 수 없다는 원칙과 그 예외가 구체적으로 어떤 경우인지는 실무를 통해 사례들을 쌓아 나가야 했습니다. 사례들이 쌓여가는 과정에서 그동안의 수사 관행에 가장 크게 제동을 건 사안은 바로 별건압수의 금지였습니다.

기존에는 수사기관이 집, 사무실 등을 압수·수색할 때 그리 오랜 시간이 걸리지 않았습니다. 혐의와 관련있는 자료는 물론 혐의와 관련성이 불분명한 자료까지 싹 쓸어가다시피 가져간 다음 압수물을 분석해 불필요한 자료는 당사자에게 돌려주는 방식으로 업무를 진행하였던 것입니다. 그 과정에서 애초의 혐의와 무관한 다른 범죄 혐의를 포착해 수사를 이어나가곤 하였죠. 이러한 압수·수색은 먼지떨이식 수사라는 비판과 더불어 지나친 사생활 침해이자 개인의 일상생활과 업무에 큰 지장을 초래한다는

---

[*]  제308조의2(위법수집증거의 배제) 적법한 절차에 따르지 아니하고 수집한 증거는 증거로 할 수 없다.

비판이 끊이질 않았습니다.

이와 같은 압수를 별건압수라고 합니다. 바로 이 별건압수가 문제되어 재판에서 무죄가 선고되는 사례들이 최근 연이어 발생하고 있습니다. 별건압수에 의한 압수물과 그 압수물을 기초로 한 진술, 그를 기초로 한 별도의 증거물 모두 증거능력이 부정(유죄의 증거로 쓸 수 없음)되어 무죄가 선고되는 판결이 연이어 나오고 있는 것이죠. 바로 사례로 들어가 보겠습니다.

 **CASE 5.** 국방부(뇌물죄)와 기무사(기밀누설죄)의 압수·수색

국방부 조사본부는 2014년 11월 방위사업청 소속 군인들이 방위사업체 직원 A씨 등으로부터 뇌물을 받았다는 의혹을 수사하기 시작하였습니다. 조사본부는 2015년 6월 압수·수색영장을 발부받아 A씨 등 방위사업체 직원들의 사무실을 압수·수색해 외장 하드 등 컴퓨터 저장매체와 업무서류철을 압수했습니다. 그런데 이 과정에서 피의자 측은 "외장 하드는 팀원들이 공용으로 사용하는 것이기 때문에 영장 혐의사실과 무관한 다른 팀원들의 전자정보가 포함돼 있으니 제외해 달라"고 요청합니다. 그럼에도 수사관은 내용을 확인하거나 키워드 검색 등의 유관정보 선별 조치를 전혀 취하지 않은 채 외장 하드 자체를 압수해 반출해 갔습니다.

한편 기무사는 국방부 조사본부와 별도로 A씨가 'Y사업' 관련 군사기밀을 탐지·수집·누설했다는 혐의를 수사하고 있었습니다. 기무사는

압수·수색영장을 발부받아 2015년 9월 A씨의 사무실과 주거지 등을, 이어 11월에는 국방부 조사본부의 압수물들을 압수·수색하고, 이를 기초로 A씨뿐만 아니라 다른 사람들에 대한 군사기밀보호법위반 혐의까지 수사를 확대하였습니다. 2016년 3월 A씨와 관련된 자료를 제외한 나머지 압수물을 돌려준 뒤 미리 발부받은 영장으로 다시 압수를 실시하였습니다. 이 과정에서 기무사는 혐의사실인 'Y사업' 관련 문건이 아닌 '다른 방산물자 소요량 관련 다수 문건'까지 압수하였습니다.

결국 A씨 등은 군사기밀보호법위반 혐의 등으로 기소됩니다.

그러나 1심과 2심 재판부 모두 기소된 A씨 등 전원에게 무죄를 선고하였습니다. 이유가 뭘까요? 바로 압수·수색이 위법했기 때문입니다.

우선 재판부는 국방부 조사본부의 압수·수색에 대해 "컴퓨터 외장 하드 자체와 업무서류철 압수는 관련 없는 자료에 대한 포괄적 압수로서 위법하다"고 판시합니다. 압수·수색 현장에서 피의자 측이 혐의사실과 무관한 다른 팀원들의 정보도 포함되어 있으니 제외해 달라고 요청한 경우, 수사기관은 마땅히 그 내용을 확인하고 키워드 검색 등을 통해 혐의사실과 관련된 정보만 선별해 압수해야 합니다. 현재 압수·수색 현장에서 상당한 시간이 소요되는 이유는 영장 혐의사실과 관련된 내용이 무엇인지 확정하는 작업과 이를 선별 추출하는 작업을 거치기 때문입니다. 그러나 이 사건에서는 이런 조치를 취하지 않은 채 컴퓨터 외장 하드 자체와 업무서류철을 통째 압수해 갔으므로 포괄적 압수 또는 별건압수로서 위법한 압수·수색이라고 판단한 것입니다.

또한 재판부는 기무사의 압수·수색에도 문제가 있다고 보았습니다. "기무사의 영장집행은 혐의사실이나 압수·수색 대상인 'Y사업' 관련 문건이 아닌 '다른 방산물자 소요량 관련 다수 문건'까지 압수한 것이므로 압수대상을 벗어난 압수로서 위법하다"며 "영장에 'Y사업 등'이라고 기재돼 있었다고 하더라도 수사진행 상황이나 영장발부 과정, 영장에 기재된 전체적인 내용에 비춰 판사가 A씨의 군사기밀 탐지 행위 전반에 대해 일반적 탐색적인 압수·수색을 허용한 것으로 볼 수 없다"고 판시하였습니다. 굳이 피의자 측이 혐의사실과 무관한 부분은 제외해 달라고 요청하지 않아도 수사기관은 압수·수색영장에 기재된 혐의사실과 관련된 대상물만 압수·수색하여야 합니다. 물론 수사기관은 영장에 'Y사업 등'이라고 기재되어 있으니 Y사업 외에 다른 사업에 관한 자료도 압수할 수 있다고 항변할 수 있습니다. 그러나 재판부는 영장에 기재된 전체적인 내용 등에 비춰 보면 압수·수색영장을 발부한 판사의 의사는 'Y사업 또는 이와 직접 관련된 사업에 관한 자료를 압수할 수 있다'는 것이지 '일단 Y사업과 무관하더라도 모두 압수해 놓고 그 다음에 압수물을 보면서 혐의가 있는지 따져보라'는 취지는 아니라고 판단한 것입니다.

2012년 1월 1일부터 시행된 개정 형사소송법 제215조도 수사기관의 압수·수색의 요건으로 '해당 사건과 관계가 있다고 인정할 수 있는 것에 한정하여'라는 문구를 추가하였습니다.* 물론 위 규정 개정 이전부터도 압수·수색은 해당 사건과 관련성이 있는 대상물에 대해서만 이루어져야 한다고 보았지만, 현실에서 제대로 지켜지지 않는 경우가 많다 보니 명시적으로 관련성 요건을 추가하게 된 것입니다.

그러면서 재판부는 이 사건의 압수·수색의 위법성이 중대하므로 압수물의 증거능력을 배제하여야 한다, 즉 모두 유죄의 증거로 사용할 수 없다고 판시합니다. 증거능력 배제는 여기서 그치지 않습니다. 위 압수물을 토대로 A씨 등 피의자들로부터 진술을 받고, 수사를 확대해 또 다른 물적 증거를 확보하는 등 다수의 2차적 증거들을 확보하게 되었지만, 위법하게 수집한 압수물을 토대로 확보한 증거인만큼 2차적 증거들도 모두 유죄의 증거로 사용할 수 없게 되었습니다.

국방부 조사본부나 기무사 입장에서는 당혹스러울 것입니다. 증거만 볼 때에는 유죄가 유력시된다고 생각하였을 텐데, 압수·

---

\* 제215조(압수, 수색, 검증) ① 검사는 범죄수사에 필요한 때에는 피의자가 죄를 범하였다고 의심할 만한 정황이 있고 해당 사건과 관계가 있다고 인정할 수 있는 것에 한정하여 지방법원판사에게 청구하여 발부받은 영장에 의하여 압수, 수색 또는 검증을 할 수 있다.

② 사법경찰관이 범죄수사에 필요한 때에는 피의자가 죄를 범하였다고 의심할 만한 정황이 있고 해당 사건과 관계가 있다고 인정할 수 있는 것에 한정하여 검사에게 신청하여 검사의 청구로 지방법원판사가 발부한 영장에 의하여 압수, 수색 또는 검증을 할 수 있다.

수색이 위법하다는 이유로 무죄가 선고되었기 때문이죠. 추정컨대 이 사건에서의 압수·수색은 그동안 수사기관이 관행적으로 실시해 오던 압수·수색 형태와 크게 다르지 않았을 것입니다. 다만 위법한 압수·수색을 통해 확보한 증거와 그 2차적 증거 모두 유죄의 증거로 사용할 수 없다는 대법원 판례가 나온 다음 압수·수색의 적법성에 관한 각급 법원의 판단 기준이 엄격해지는 변화가 있었던 것이죠.

설명한 바와 같이 압수·수색을 하기 위해서는 사전에 영장을 발부받아야 하는 것이 원칙입니다. 하지만 체포 현장에서, 범행 직후의 범죄 장소에서, 긴급체포를 하면서 피의자가 소지한 물품을 압수·수색하는 경우 등에는 일단 압수·수색을 한 다음 사후에 압수·수색영장을 발부받도록 하고 있습니다.

그런데 또 다른 압수·수색 유형이 있으니, 그것은 바로 '임의제출물의 압수'라는 것입니다. 임의제출물의 압수는 당사자가 임의로 제출하는 물건을 수사기관이 제출받는 것을 말합니다. 당사자가 자진해서 제출하는 것이므로 사전 영장은 물론 사후 영장을 받을 필요가 없지만, 압수의 하나이므로 당사자가 다시 돌려달라고 하여 돌려받을 수 있는 것도 아닙니다. 영장에 의한 압수 이상으로 광범위하게 이루어지는 것이 임의제출물의 압수입니다. 임의제출한 것이라는 취지의 서면에 당사자가 동의 의사만 표시하면 아무런 조치를 취하지 않아도 되니, 수사기관 입장에서는 편한 방법이기도 합니다.

이번에는 실무에서 광범위하게 이루어지고 있는 '임의제출물의 압수' CASE를 보겠습니다.

CASE 6· 지하철 몰카범의 휴대폰 압수

박씨는 2018년 5월 한 지하철역에서 휴대폰으로 여성의 치마 속을 4회에 걸쳐 촬영하다 현행범으로 체포되었습니다. 경찰은 체포 당시 박씨로부터 휴대폰을 제출받아 임의제출에 의한 압수를 집행하였습니다. 바로 '임의제출물의 압수'를 한 것이죠. 경찰은 다음날 박씨를 석방했고, 휴대폰에 대한 사후 압수영장은 신청하지 않은 채 박씨의 휴대폰을 조사하였습니다. 그 결과 박씨는 2018년 3, 4월에도 7회에 걸쳐 여성의 치마 속을 촬영한 것으로 확인되었습니다. 경찰은 박씨가 촬영한 여성의 사진을 복제한 다음 출력해 피의자신문조서에 증거로 첨부하였습니다. 이어서 검찰은 박씨를 성폭력처벌법상 카메라 등 이용 촬영 혐의로 기소했고요.

1심은 박씨의 혐의를 모두 유죄로 판단합니다. 그러나 2심은 현행범으로 체포된 당시의 범죄사실만 유죄로 판단하고, 이전 범죄사실에 대해서는 무죄를 선고합니다. 왜일까요?

기존 대법원 판례는 '현행범체포 현장이나 범죄 장소에서 소지자 등이 임의로 제출하는 물건은 영장 없이 압수할 수 있고, 검사나 사법경찰관이 사후에 영장을 받을 필요가 없다'는 태도입니다. 그런데 2심은 이 판례의 입장을 비판하며 따르지 않았습니다. 2심은 "수사기관은 현행범으로 체포된 피의자에게 절대적으로 우월한 지위를 갖기 때문에 임의제출을 거절하는 피의자를 예상하기 어렵다"며, "(기존 대법원 판례를 따르면) 체포된 피의자가 소지하던 긴급압수물에 대한 사후영장제도는 앞으로도 형해화될 가능성이 크다"고 지적하였습니다. 그러면서 "형사소송법에 따른 영장 없는 압수·수색은 현행범체포 현장에서 허용되지 않는다고 해석하는 것이 마땅하다"며, "박씨가 체포 현장에서 임의제출한 물건이라 하더라도 48시간 이내에 사후영장을 청구해 발부받지 못했다면 압수된 임의제출물은 유죄의 증거로 할 수 없다"고 판시했습니다.

쉽게 말해 현행범체포 현장에서 '임의제출물의 압수'가 이루어지더라도 말이 '임의'로 제출하는 물건의 압수이지 사실은 '강제'로 제출하게 한 물건의 압수 아니냐, 그렇다면 (사전에 압수·수색영장을 발부받을 수는 없으니) 사후에라도 압수·수색영장을 발부받아야 하는데, 아무런 조치를 취하지 않았으므로 위법하게 수집한 증거로서 증거능력이 없다는 것입니다.

임의제출물로 압수된 박씨의 휴대폰에는 촬영 사진들이 그대로 담겨 있고, 아마 박씨는 자신의 범죄사실을 모두 시인했을 것입니다. 박씨가 체포될 당시에는 휴대폰 촬영 모습을 피해자 또는 주변 누군가가 보고 신고하였을 것이므로 박씨의 자백뿐 아니라 목격자의 진술이 더해져 있는 상황입니다. 그래서 2심은 현행범으로 체포된 당시의 범죄사실에 대해서는 유죄를 선고합니다. 하지만 그 이전 범죄사실의 경우 오로지 박씨의 자백만 있을 뿐 따로 목격자는 없습니다. 휴대폰 촬영 사진들이 증거로 남아 있기는 하지만 사진들을 증거로 쓰지 못하게 되니 무죄를 선고한 것입니다. 피고인의 자백만 있고 이를 뒷받침할 증거가 전혀 없는 경우에는 유죄를 선고하지 못하기 때문이죠(자백보강법칙).

당연히 검사는 상고했고요. 대법원은 어떻게 판단했을까요? 대법원은 기존 입장을 유지해 "현행범체포 현장이나 범죄 현장에서도 소지자 등이 임의로 제출하는 물건을 형사소송법에 따라 영장 없이 압수하는 것이 허용된다"며, "이 경우 검사나 사법경찰관은 별도로 사후에 영장을 받을 필요가 없다"고 밝혔습니다. 그러면서 "현행범체포 현장에서는 임의로 제출하는 물건이라도 압수할 수 없고, 사후영장을 받아야 한다는 취지의 원심 판단은 잘못됐다"며 파기했습니다.

여러분들의 생각은 어떤가요? 체포 현장에서 수사기관이 물건을 제출해 달라는 요구는 사실상 강제이므로 사후에라도 영장을 발부받아야 한다는 2심의 입장이 나름 합리적이라고 생각하나요? 아니면 휴대폰 속에 촬영된 사진들이 엄연히 존재하는데도 범인을 처벌할 수 없다는 건 상식에 어긋난다고 생각하나요?

지금도 각급 법원에서는 수사기관의 압수·수색이 다소 과하고 절차를 제대로 준수하지 않는 경우가 많다는 문제의식 속에 실무 관행에 제동을 거는 판결들이 계속해서 나오고 있습니다. 시대의 변화에 따라 또 구체적인 사건에 따라 앞으로도 법원의 판단은 변할 수 있고, 수사기관의 압수·수색 형태도 계속 변화해 나갈 것입니다.

# 경찰서에서 조사 받으러 오래요

## 피의자신문

어느 날 경찰서나 검찰청에서 전화가 오더니 "○○○씨죠? 여기 ○○경찰서(○○지검)예요. ○○○씨 아시죠?"라고 합니다. 전화를 받은 사람은 "네…, 그런데 왜 그러세요?"라고 되묻지만, "두분이 같이 하던 일과 관련해서(또는 '지난달 두 분이 다투신 일과 관련해서') 조사 받으러 오셔야 해요. 자세한 건 와 보시면 알아요. 이번 주 ○요일 오후에 시간 되세요?"라고 말할 뿐입니다.

이것이 현재 수사기관이 피의자를 소환 통보하는 전형적인 모습입니다. 우편으로 서면을 보내거나 혐의사실을 상세히 알려주기보다는 그냥 간단히 전화로 연락해서는 조사 받으러 와 보면 아니까 언제, 어디로 출석해 달라고 요구하는 것으로 끝입니다. 전화를 받은 당사자는 얼마나 당황스러울까요?

피치 못할 사정으로 난생 처음 피의자로서 조사를 받게 될 경우 이보다 당혹스럽고 두려운 일도 없습니다. 어떻게 잘못되는 것 아닌가 싶고, 도저히 일도 손에 안 잡히죠. 누군가에게 물어보고 싶어도 마땅한 사람이 없습니다. 수사가 어떻게 진행되는지, 각 단계별로 어떻게 대처하면 좋을지 미리 알고 있으면, 지나치게 불안해 하지 않아도 되고, 결국 사건도 잘 마무리될 가능성이 높아집니다.

수사 절차가 어떻게 진행되는지 알기 위해서는 일단 형사소송의 기본 구조를 이해할 필요가 있습니다.

### 형사소송의 기본 구조

많은 분들이 형사소송을 민사소송과 유사한 구조라고 생각합니다. 즉, 형사소송도 피해자가 당사자가 되어 가해자를 응징하는 것이라고 생각하는 것이죠. 그러다 보니 피해자가 가해자에 대한 각종 의혹을 제기하면 모두 법원의 판단을 받을 수 있다거나, 가해자가 피해자의 용서를 받으면 처벌을 면할 수 있는 것으로 오인하곤 합니다.

그러나 형사소송에서 당사자가 누구인지 묻는다면 답은 '검사'와 '가해자'*라고 할 수 있습니다.

형벌을 부과할 권한을 가진 것은 국가입니다. 개인이 다른 사람에게 형벌을 부과하지는 못합니다. 따라서 국가가 나서서 죄를 지은 사람을 처벌해 달라고 법원에 소를 제기(기소)하는 것이죠. 법원은 국가가 제기한 소에 대하여 유·무죄 여부와 형벌 부과 정도를 결정합니다. 이렇게 결정된 형벌을 비로소 국가가 집행합니다. 이러한 일련의 과정에서 국가를 대표하는 사람이 바로 '검

---

* '가해자'를 수사 단계에서는 '피의자'라고 하고, 재판 단계에서는 '피고인'이라고 합니다.

사'입니다. 가해자는 국가를 대표하는 검사와 대립당사자가 되어 다투어야 합니다. 가해자 입장에서는 혼자서 감당하기 어려우니 변호인의 조력을 받을 권리를 보장받게 되는 것이죠.

한편 검사가 소를 제기하지 않으면 법원은 판단을 할 수 없습니다. 법원은 국가를 대표하는 검사가 제기한 소의 옳고 그름을 판단할 뿐, 제기하지도 않은 문제를 판단할 권한은 없는 것입니다.

이러한 형사소송의 기본 구조를 알고 있으면 자연히 수사 단계에서 적절히 대처하는 것이 매우 중요하다는 것도 이해하게 됩니다.

피의자 입장에서는 수사 단계에서 죄가 되지 않는 이유와 그 근거를 충분히 제시하여 검사가 법원에 처벌을 구하지 않도록 하는 것이 가장 좋습니다. 이성적이고 합리적인 판단을 할 여지가 더 많은 국가에 나의 입장을 충분히 알리고 합당한 근거를 제공함으로써 처벌할 사안이 아니라는 판단을 하도록 할 필요가 있는 것입니다. 국가가 소를 제기하지 않으면 긴 시간 동안의 재판 절차를 겪지도 않고 처벌을 받지도 않게 됩니다.

## 소환 통보

수사기관이 수사를 개시하면 피의자를 부르기 전에 먼저 피해자(고소인)를 상대로 조사해 가해자의 혐의를 입증할 자료를 제출받습니다. 아울러 수사기관 자체적으로 혐의와 관련된 자료들을 확보합니다. 수사기관은 나름의 (피해자 일방의 주장 단계이긴 하지만) 범죄 혐의를 확인하고 그와 관련된 정황들을 확보한 다음에야 비로소 피의자에게 소환 통보를 합니다. 그 방식은 앞서 묘사한 것처럼 전화로 연락을 하는 경우가 대부분입니다.

소환 통보를 받은 피의자가 가장 먼저 해야 할 일은 무엇일까요? 바로 자신이 받고 있는 혐의가 구체적으로 무엇인지 확인하는 것입니다. 어떤 일로 자신을 부르는지 물어봐도 흔히 수사기관은 간략하게 언급하고 맙니다. 그렇더라도 당황만 하고 있으면 안되겠죠. 혐의사실이 무엇인지 좀더 구체적으로 알려달라고 요청하여야 합니다. 자연스레 수사기관은 전화 통화만으로도 혐의사실을 좀더 구체적으로 알려주게 됩니다.

그리고 수사가 고소, 고발, 진정으로 시작된 경우(즉 피해자나 제3자가 피의자를 수사해 달라고 요청하여 수사가 시작된 경우), 피의자는 수사기관에 출석하기 전에 고소장(고발장, 진정서)의 '고소사실' 부분을 열람·복사할 수 있습니다. 인터넷이나 우편으로 신청해도 되고, 수사기관을 방문해 정보공개청구를 해도 됩니다. 구체적인 절차를 모르겠으면, 전화를 해온 수사기관 담당자에게 문의하면 안내해 줍니다. 이때 열람·복사할 수 있는 부분은 '고소사실'에 한정됩니다. 고소의 근거와 증거, 상대방이나 참고인의 인적사항과 진술은 열람·복사 대상에서 제외됩니다.

이렇게 혐의사실이 구체적으로 무엇인지 파악하는 것만으로도 막연한 불안감을 줄일 수 있고, 큰 틀에서 향후 대응방향도 결정할 수 있게 됩니다.

이제부터는 혐의사실에 대해 항변할 수 있는 자료, 예를 들어 계약서, 계좌이체내역, 회의록, 메모, CCTV, 블랙박스 영상, 촬영된 사진과 동영상을 찾아 확보하고, 이메일, 문자 메시지, SNS 대화내용, 통화내역 등도 찾아 두어야 합니다.

아울러 사실관계를 알 만한 사람들을 찾아 사건 당시의 사실관계를 구체적으로 물어 확인하고, 경우에 따라 참고인으로서 직접 진술해 줄 것을 미리 요청해 둘 필요도 있습니다.

### 피의자신문

이제 피의자로서 경찰서나 검찰청에 출석합니다. 너무나 긴장되고 부담스러운 순간입니다. 이때의 심경은 고위공무원이든 재벌총수이든 그 누구든 가리지 않고 유사합니다. 죄가 있든 없든, 피의자 신분으로 수사기관에 출석한 것 자체가 주는 심리적 압박감은 상당합니다.

그렇지만 심리적 압박감에 짓눌리고 있을 수만은 없습니다. 피의자신문은 향후 사건의 향방을 결정하는 중요한 과정입니다. 피의자는 수사기관이 확보한 타인의 진술이나 증거자료에도 불구하고 죄가 성립하지 않는다는 것을 적절하게 해명하여야 합니다.

그렇다면 피의자신문 시 어떻게 진술하여야 할까요?

1. 피의자로서 자신을 지키겠다며 객관적 사실과 다른 진술을 하는 것은 곤란합니다. '증거가 없겠지' '이런 것까지는 모르겠지'

라는 생각에 허위 진술을 하는 경우가 있습니다. 이는 매우 위험한 행동입니다.

수사기관은 증거자료를 먼저 제시하지 않고 일단 사실관계를 물어 피의자의 진술부터 들어 봅니다. 그리고 당장 객관적 증거가 확보되지 않았더라도 수사가 진행되는 동안 언제 어떻게 증거자료가 확보될지 알 수 없습니다. 수사기관은 기본적으로 강력한 증거 수집 권한을 가지고 있습니다. 당장은 아니더라도 수사 진행 중에 객관적 증거자료를 확보하는 경우도 많습니다.

만에 하나라도 피의자가 허위 진술을 한 것이 다른 증거자료에 의해 드러나면, 그때부터 피의자의 진술은 더 이상 믿을 수 없는 것이 됩니다. 진실에 부합하는 피의자의 진술마저도 배척될 위험에 처합니다. 이는 수사 단계뿐만 아니라 재판 단계에도 지대한 영향을 미칩니다.

피의자와 피해자 측의 진술만 있어 사실관계 확인이 곤란한 사건에서 피의자는 허위 진술을 하고 싶은 유혹을 더욱 크게 느낄 수 있습니다. 그러나 이런 사건일수록 피의자가 허위 진술한 것이 향후 조그마한 객관적 증거자료에 의해서라도 드러날 경우 더 이상 회복이 불가능해집니다.

따라서 피의자신문 시 반드시 사실에 부합하는 진술을 해야 합니다. 물론 사람이 말을 할 때에는 정황을 과장할 수도 있고, 자신에게 유리한 취지로 표현할 수는 있습니다. 그러나 이를 넘어 허위 진술을 하는 것은 피해야 합니다.

2. 분명하지 않거나 기억이 제대로 나지 않는 대목에 대해 마치 확실히 아는 것처럼 진술해서도 안됩니다. 이때는 '확실히는 모르겠으니 향후 확인 후 진술하겠다'라고만 하면 됩니다. 그리고 사실관계를 알아보고 자료를 확인해 본 뒤 수사기관에 전화로 설명하거나, 서면 형태로 진술 내용을 담아 제출하거나, 향후 추가 신문 시 진술하면 됩니다.

무턱대고 확신에 찬 진술을 한 다음 나중에 착오였다며 번복하는 것도 피의자 진술의 신빙성을 떨어뜨리는 요소입니다. 자신은 속일 의도가 없었더라도 피의자신문조서를 보고 혐의 유무를 판단하는 검사나 판사의 생각은 내 마음 같지 않습니다.

3. 정제된 진술을 하여야 합니다. 수사기관은 범죄 성립 요건에 필요한 질문들을 하게 되는데, 피의자는 이에 대하여 간명하게 답변하면 됩니다.

수사기관이 묻지도 않는 내용을 장황하게 늘어놓거나, 괜히 수사기관으로 하여금 오해를 불러일으키는 진술을 하거나, 같은 내용이라도 표현을 잘못하여 스스로를 곤경에 빠뜨리는 진술은 곤란합니다.

4. 반대로 구체적이고 상세한 진술이 필요할 때도 있습니다. 피의자에게 불리한 정황이 나타났는데 직접적으로 반박할 증거가 마땅하지 않을 때입니다. 이때는 할 수 있는 한 구체적이고 상세

하게 상황을 묘사할 필요가 있습니다. 진술이 상당히 구체적이라면 실제로 그 진술과 같은 사실관계가 존재하기 때문에 그 정도의 진술이 가능하다고, 수사와 재판에서 판단하기 때문입니다.

5. 진술은 일관성이 있어야 합니다. 최초 신문 시부터 추가 신문 시, 그리고 수사 단계를 넘어 재판 단계로 진행되더라도 진술이 일관성을 유지해야 합니다.

경찰에서의 진술이 다르고, 검찰에서의 진술이 다르고, 법원에서의 진술이 다르면, 설령 어느 단계에서의 진술이 사실이라고 항변하더라도, 피의자의 진술은 믿을 수 없다는 판단을 받게 됩니다. 따라서 부득이하게 세밀한 부분에서 진술의 차이가 발생하는 것은 어쩔 수 없다고 하더라도, 진술의 주요 내용과 큰 흐름은 최초 수사 단계부터 일관되어야 합니다.

6. 진술거부권을 적절히 행사하는 것도 좋은 방법입니다. 진술거부권은 피의자에게 부여된 가장 강력한 권리입니다. 피의자가 아무런 진술을 하지 않는 것만큼 수사기관이 곤란한 상황도 없습니다. 그렇지만 수사기관이 마땅한 근거 자료가 전혀 없는 상태로 피의자를 부르는 경우는 거의 없기 때문에, 신문 시 아무런 진술도 하지 않는 전면적 진술거부권 행사는 오히려 역효과를 부릅니다. 명백한 근거 자료가 존재하는 대목에 대해서조차 아무런 말을 하지 않고, 해명하여야 할 대목에서도 해명을 하지 않

으면, 결국 그대로 혐의가 인정되고 맙니다. 뿐만 아니라 반성하는 태도가 보이지 않는다는 이유로 법원의 양형에도 불리한 영향을 미치게 됩니다.

현실적으로 유효하고 적합한 진술거부권 행사 방법을 생각해 볼까요. 기본적으로는 신문에 성실히 임해 조목조목 반박하고 자신에게 유리한 진술도 하는 것이 좋습니다. 그리고 중간중간 굳이 진술하고 싶지 않고 수사기관이 피의자의 진술을 통해 사실을 파악해야 하는 대목에 대해서만 진술을 거부하는 것입니다.

### 수사기관의 추가 수사

수사기관은 일방적으로 피해자 측 주장과 증거자료만으로 사건을 판단하지 않습니다. 신문을 받기 위해 출석한 피의자로부터 진술을 듣고 피의자에게 유리한 증거자료를 제출받으면서, 사안을 좀 더 균형 있는 시각으로 보게 됩니다. 피의자는 신문 시 진술과 함께 관련 증거자료를 그때그때 제출해도 되고, 신문을 마친 다음 증거자료들을 정리해 수사기관에 제출해도 됩니다. 신문을 받다 보면 미처 생각지 못하였으나 중요하게 떠오르는 증거가 있을 수 있습니다.

피의자신문 이후 수사기관은 피해자와 피의자 누구의 말이 맞는지 확인하기 위한 수사를 이어나갑니다. 양측에서 증거자료를 제출받았더라도 그와 별도로 자체적으로 추가 증거 확보에 나섭니다. 피해자와 피의자 주장에 부합하거나 오히려 반대되는 증거가 있는지 찾아보게 되는 것입니다. 양측에 이러이러한 증거를 제출해 달라고 직접 요청하기도 하고, 현장에 나가 정황을 확인할 자료가 있는지 확인해 보기도 하고, 사건과 관련된 기관에 사실조회를 신청해 회신을 받아 보기도 하고, 통신영장을 신청해 통화내역을 확인해 보기도 하고, 압수·수색영장을 발부받아 강제적으로 증거를 확보하기도 합니다.

아울러 수사기관은 피해자와 피고인이 아닌 제3자를 상대로 진술을 듣기도 합니다.[*] 중요한 참고인이라면 직접 수사기관에 출석해 달라고 요청해 진술조서를 작성하는 방식으로 신문을 진행합니다. 간단한 사항만 확인하면 되는 경우라면, 전화로 연락해 사실관계를 묻고 답을 들은 다음, 통화 내용을 서류로 정리해 수사기록에 넣어둡니다.[**]

이러한 조치들은 수사개시 초기부터 이루어질 수 있습니다. 하지만 피의자신문을 거치면서 피해자와 피의자의 주장이 대립되는 부분이 부각된 이후 더욱 본격적으로 이루어집니다.

### 대질신문

수사기관은 수사 중 피의자만 불러 신문을 하는 것이 아닙니

---

[*] '피해자와 피고인이 아닌 제3자'를 수사 단계에서는 '참고인'이라고 하고, 재판 단계에서는 '증인'이라고 합니다.

[**] 이렇게 수사기관이 누군가와 통화화고 그 내용을 정리한 서류, 어딘가에 문의해 확인하고 그 내용을 정리한 서류를 '수사보고서'라고 합니다.

다. 필요할 때는 피의자 외에도 피해자, 다른 피의자 또는 제3자를 불러 한자리에서 피의자신문을 할 때가 있습니다. 이를 '대질신문'이라고 합니다.

피의자와 피해자 등의 주장이 너무 다르면 사실관계 확인을 위해 대질신문이 필요하다는 판단이 설 수 있습니다. 수사기관은 대질신문을 하기 전 먼저 그 대상이 되는 피의자와 피해자 등에게 대질신문에 응하겠느냐고 묻습니다. 다른 사람이 함께 있는 자리에서 조사 받을 의향이 있는지 묻는 것이죠.

피의자와 피해자 등은 서로 상대방을 보고 싶지 않아 대질신문에 응하지 않겠다고 할 수도 있습니다. 그러나 대질신문은 자신의 주장이 사실임을 확인받을 수 있는 좋은 기회입니다. 특히 관련 증거상 자신에게 불리한 판단이 이루어질 것으로 예상되는 경우에는 대질신문에 응할 필요성이 더 큽니다.

대질신문은 피의자와 피해자 등이 말싸움하듯이 서로 말을 주고받는 것이 아닙니다. 대질신문도 신문이라서 수사기관의 질문에 피의자나 피해자 등이 답하는 것입니다. 자신의 주장과 다른 주장을 하는 사람이 한자리에 있으므로 허위 주장을 하기가 쉽지 않고, 다른 사람의 상세한 진술을 직접 듣고 구체적으로 반박할 수 있는 기회입니다. 대질신문 과정에서 실체적 진실이 드러날 가능성이 좀 더 높으므로 잘 대처해야 합니다.

대질신문 과정에서의 진술 방법은 홀로 피의자신문을 받을 때와 동일합니다.

### 변호인 선임

예전에는 피의자로서 수사를 받게 되더라도 수사 단계에서는 일단 혼자 대처하는 일이 많았습니다. 그리고 나름 잘 대처했음에도 불구하고 기소가 돼 재판이 열리면, 그제야 변호인을 선임하였습니다.

수사 단계에서도 '변호인의 조력을 받을 권리'가 보장됩니다. 그래서 근래에는 수사 단계에서부터 변호인을 선임하는 경우가 늘어가고 있습니다. 사건이 재판에 회부되지 않고 수사 단계에서 종결될 수 있도록 하기 위해서입니다. 수사 단계에서 변호인이 선임되더라도 피의자신문에 변호인이 동행해 참여하는 경우는 극히 드물었지만, 2010년대 접어들면서 이와 같은 변호인의 조사 참여가 점점 늘어나기 시작하였습니다. 이제는 피의자신문 시 변호인의 조사 참여가 일반화되었다고 해도 과언이 아닙니다.

수사기관도 피의자가 '변호인의 조력을 받을 권리'를 폭넓게 보장하기 위한 각종 조치들을 내놓고 있습니다. 피의자신문 과정에서 피의자와 변호인이 간단히 상의할 수 있고, 조사 내용을 피의자나 변호인이 메모할 수 있으며, 피의자가 직접 진술하기 어려운 사실관계나 법리적 주장을 변호인이 설명할 수도 있습니다.

피의자신문에 변호인이 참여할 경우의 장점은 다음과 같습니다.

1. 수사는 본질적으로 추궁을 기본으로 합니다. 추궁에는 다소 위압적인 분위기가 동반될 수밖에 없습니다. 당사자가 뭣 모

르고 조사를 받으러 들어갔다가 수사기관의 추궁을 받게 되면, 심리적으로 상당한 압박을 받게 됩니다. 수사기관 입장에서도 제대로 진술을 하지 않는다 싶으면 언성이 높아지는 것이 인지상정입니다.

피의자신문 과정에 변호인이 참여할 경우 수사기관은 추궁을 하면서도 자연히 절제를 유지하게 됩니다. 피의자도 심리적 안정을 유지하기가 용이합니다. 피의자가 그 순간을 모면하기 위해 사실과 다른 자백을 하는 일은 생기지 않겠죠. 수사기관이 죄가 있음을 전제로 묻는 질문에 무심코 '네'라고 답변하는 일도 없겠고요.

2. 피의자 혼자 신문을 받고 나온 다음 변호인이 물어보면 보통 조사를 잘 받았다고 합니다. 이런 질문을 받았고 이런 대답을 했는데, 수사기관이 수긍하더라고 답하는 경우가 많습니다. 그러나 나중에 재판 단계에서 피의자신문조서를 열람·복사해 보면, 그렇지 않았음이 드러나는 일이 적지 않습니다. 수사기관의 날카로운 질문에 그 의미도 모른 채 사실과 달리 긍정하는 답변을 해버린 것이죠.

변호인이 수사에 참여하면 조사 내용이 무엇인지, 수사기관이 관심을 두고 있는 지점이 어디인지 정확히 알 수 있습니다. 향후의 대응 방안을 마련하기가 용이한 것이죠.

3. 변호인으로서 피의자신문에 참여해 보면, 피의자들이 반드

시 진술해야 하는 내용임에도 놓치는 경우를 자주 보게 됩니다. 조사 전에는 열변을 토하다가도 막상 수사를 받게 되면, 긴장되어 할 얘기를 제대로 못하는 것이죠. 변호인은 피의자가 까맣게 잊어버리고 필요한 진술을 하지 못할 경우 적절한 도움을 줄 수 있습니다. 또한 마지막에 조서가 제대로 기재되어 있는지 확인하는 과정에서 누락된 내용을 적절하게 기재하도록 조언할 수 있습니다.

4. 변호인은 조사 참여를 하기 전에 피의자와 상담하면서 어떻게 답변하는 것이 좋을지 같이 고민합니다. 거짓말을 하라는 것이 아닙니다. 어떻게 답변해야 수사기관이 오해하지 않고 사안을 정확하게 파악할 수 있을지, 굳이 하지 않아도 될 진술이라면 진술거부권을 행사할 것인지, 향후 사실관계가 확정되더라도 법리 무죄를 염두에 두고 그에 부합하는 적절한 진술을 어떻게 할 것인지 등의 전반적인 사항을 상의하는 것입니다. 이렇게 사전에 충분한 상의를 하고 진술해야 억울한 일을 당하는 사태를 막을 가능성이 높아집니다.

# 수사는 경찰이, 기소는 검찰이

## 수사 구조의 변화와 검찰에서의 절차

대한민국 형사사건의 대부분은 경찰이 직접 수사를 담당합니다. 경찰 스스로 수사를 개시한 인지사건 외에도 경찰에 접수된 고소사건은 당연히 경찰이 수사하게 됩니다. 검찰에 접수된 고소사건 대부분도 검사가 경찰에 사건을 보내 수사하도록 합니다. 결국 경찰이 수사를 맡게 되는 것이죠.

이에 따라 일반 시민들이 직접 접하게 되는 수사기관은 검찰이 아닌 경찰입니다. 즉 경찰이 피해자와 피의자를 불러 신문하고, 증거자료를 수집하고, 참고인 조사를 하고, 압수·수색을 하고, 체포와 구속을 하게 됩니다. 이러한 일련의 과정을 거치며 수사의 모든 절차를 진행해 혐의 유무를 판단하게 됩니다.

그러나 2020년까지 경찰에게는 수사를 종결할 권한이 없었습니다. 피의자를 기소할지 말지 결정하는 권한은 검사에게 있고, 이를 판단하기 위해 수사를 더 진행할지 말지 결정하는 권한도 검사에게 있었습니다. 즉 경찰은 나름 처음부터 끝까지 수사를 한 다음 기소하여야 할지, 불기소하여야 할지 의견만 붙여 사건을 검사에게 송치하여야 합니다. 사건을 넘겨받은 검사는 수사를 더 진행할지 말지 결정합니다. 수사를 더 진행하기로 한 경우

자체적으로 수사하거나 경찰에 보강수사를 지휘해 사건을 돌려보낸 다음 나중에 다시 사건을 송치 받습니다. 이후 검사는 최종적으로 기소할지 말지 결정하게 됩니다.

1. 그러다 2021년부터 그동안의 수사 구조에 큰 변화가 생겼습니다. 국회의 검경수사권 조정 논의를 거쳐 개정된 검찰청법, 형사소송법이 시행되기 시작한 것입니다.

먼저 검사가 수사를 개시할 수 있는 범죄의 범위가 한정되었습니다.* 이전에는 대부분의 형사사건 수사를 경찰이 진행하긴 하지만 검사도 수사를 개시하려고 하면 제한 없이 수사할 수 있었습니다.** 그러나 2021년부터는 검사가 수사를 개시할 수 있는 범죄가 ① '부패범죄(예 : 뇌물), 경제범죄(예 : 5억 원 이상 사기, 횡령, 배임), 공직자범죄(예 : 직권남용), 선거범죄(예 : 공직선거법위반), 방위사업범죄, 대형참사 등' 6대 범죄,*** ② 경찰공무원이 범한 범죄, ③ 위 ①, ② 및 경찰이 송치한 범죄와 관련하여 인지한 범죄

---

* 2021. 1. 1. 시행 검찰청법 제4조(검사의 직무)

** 제한 없이 수사를 할 수 있던 시기에도 실무상 검찰이 처음부터 끝까지 수사를 담당한 경우는 검찰이 스스로 수사를 개시한 인지사건, 공정거래위원회·국세청·금융감독원 등 국가기관이 검찰에 수사를 의뢰한 사건, 고소인이 특별히 검사가 직접 수사하기를 희망하고 직접 수사의 필요성이 있는 사건, 사건 당사자가 경찰이거나 경찰과 관련성이 있어 검사가 직접 수사하여야 하는 사건 등입니다.

*** 6대 범죄의 구체적인 범위는 대통령령이 정하도록 하고 있고, 대통령령에 따른 대표적인 범죄를 예로 들어 드렸습니다.

에 한정되었습니다.

또한 경찰은 수사를 종결한 권한이 생겼습니다. 즉 수사를 해 보고 범죄 혐의가 없다는 판단이 들면 수사를 종결할 수 있고,[*] 범죄 혐의가 있다는 판단이 들 때에만 (검사가 기소를 하도록) 검사에게 사건을 송치하면 됩니다.[**] 다만 경찰은 범죄 혐의가 없다는 판단에 따라 송치하지 않을 경우 그 취지와 이유를 고소인, 고발인, 피해자에게 통지하여야 하고, 이 통지를 받은 사람이 경찰에 이의신청을 할 경우 범죄 혐의가 없다는 판단에도 불구하고 반드시 검사에게 사건을 송치하여야 합니다.[***] 이 경우 송치 받은 검사는 고소인 등이 이의신청한 사건이니 경찰의 수사에 미진한 부분이 있는지 면밀하게 다시 한 번 살펴보게 됩니다.

2. 이어서 2022년부터는 검사가 작성한 피의자신문조서도 (경찰이 작성한 피의자신문조서와 동일하게) 조사를 받은 피의자가 향후 피고인이 되어 법정에서 단순히 '내가 진술한 대로 기재되어 있고 서명날인하였다'는 수준을 넘어 조서의 내용을 인정한 때

---

[*] 다만 경찰 수사 통제를 위해 이 경우에도 일단 수사기록을 검사에게 송부는 하여야 하고 검사는 이상이 없으면 송부받은 날부터 90일 이내에 경찰에 다시 반환하여야 합니다.

[**] 형사소송법 제245조의5

[***] 형사소송법 제245조의6, 제245조의7

에만 유죄의 증거로 사용할 수 있게 되었습니다.[*] 재판이 수사 단계에서 작성된 조서에 치우쳐 진행되지 않고, 법정에 출석한 피고인(변호인)과 검사의 실질적인 주장과 근거를 토대로 진행될 수 있도록 하기 위함입니다. 다름아닌 공판중심주의 강화를 위한 것입니다.

3. 그리고 2022년 9월 10일부터 또다시 변화가 있었습니다. '수사·기소 분리(수사는 경찰이, 기소는 검찰이) 법안' 또는 이른바 '검수완박(검찰 수사권 완전 박탈) 법안'으로 불리는 검찰청법, 형사소송법 개정 법안이 국회를 통과해 시행되기 시작한 것입니다.

이에 따라 검사가 수사를 개시할 수 있는 범죄의 범위가 더욱 줄어들었습니다. 즉 검사가 수사를 개시할 수 있는 범죄는 ① '부패범죄(예 : 뇌물), 경제범죄(예 : 5억 원 이상 사기, 횡령, 배임) 등' 2대 범죄, ② 경찰공무원, 고위공직자범죄수사처 소속 공무원이 범한 범죄, ③ 위 ①, ② 및 경찰이 송치한 범죄와 관련하여 인지한 범죄에 한정되었습니다. 아울러 검사는 경찰이 송치해 온 사건이 아닌 자신이 수사개시한 범죄에 대하여는 직접 공소를 제기(기소)할 수 없고 다른 검사가 기소 여부를 판단해 기소하여야 합니다.[**]

---

* 형사소송법 제312조 제1항
** 2022. 9. 10. 시행 검찰청법 제4조

아울러 경찰이 범죄 혐의가 없다는 판단에 송치하지 않아 그 취지와 이유를 통지 받더라도 고발인은 이의신청을 할 수 없습니다.[*] 다만 고발인이 고발을 해 수사가 개시된 사건이라 하더라도 사건의 직접 당사자라 할 수 있는 피해자는 여전히 경찰의 위 불송치결정에 대하여 이의신청을 할 수 있고 이때에는 역시 경찰이 반드시 검사에게 사건을 송치하여야 합니다.

이상과 같은 일련의 수사 구조 변화는 다소 복잡해 보이지만 우리에게 직접 와 닿는 핵심 부분은 '검사가 수사를 개시할 수 있는 범죄의 범위가 한정되었다'는 점과 '경찰이 혐의없음 판단을 하면 불송치, 혐의있음 판단을 하면 송치하지만 불송치한 경우에도 피해자 등이 이의신청하면 반드시 송치하여야 한다'는 점으로 요약할 수 있습니다.

아울러 검사는 먼저 수사를 개시할 수 있는 범죄의 범위가 줄어들었을 뿐 경찰로부터 송치 받은 사건은 여전히 얼마든지 수사할 수 있습니다. 실무상 검사는 송치 받은 사건에 수사미진이 있는 경우 직접 수사하기보다는 경찰에 보완수사 요구를 하는 경우가 대부분이지만 기소 여부를 결정하는 입장에서 직접 보완수사를 진행하는 경우도 많습니다. 이처럼 기소 여부를 결정하는 검찰 단계에서는 같은 사건 수사라 하더라도 그 이전 경찰 단계와는 일부 다른 절차가 진행됩니다.

---

[*] 2022. 9. 10. 시행 형사소송법 제245조의7 ①

## 검찰에서 다시 부르다

이미 경찰이 불러 피의자신문을 받고 나름 증거자료도 제출했는데 또 검찰에서 조사 받으러 오라고 하는 일이 있습니다. 왜 그러는 것일까요? 검찰이 또다시 피의자신문을 진행하는 경우는 다음과 같습니다.

**첫째,** 경찰의 송치 의견과 검찰의 판단이 다른 경우입니다. 즉 경찰은 기소의견으로 송치했지만, 검찰은 불기소가 합당하다고 생각할 수 있습니다. 반대로 경찰은 불기소의견으로 송치했지만, 검찰은 기소가 합당하다고 생각할 수 있습니다. 이럴 때 검찰은 재차 피의자를 불러 조사하게 됩니다. 실제로 경찰과 검찰의 판단이 엇갈리는 경우가 적지 않습니다. 경찰의 송치의견과 검찰의 판단이 다를 경우 검찰은 스스로 의문스러운 사항을 직접 피의자에게 묻고 답변을 듣기 위해 피의자를 부르게 됩니다.

**둘째,** 검사가 보기에는 혐의가 인정되는 것 같은데 피의자가 경찰 단계에서 자백하지 않고 부인한 경우입니다. 사실 이는 (앞에서 설명한) 검사가 작성한 피의자신문조서와 경찰이 작성한 피의자신문조서의 증거 가치가 동일해진 2022년* 전까지 검찰이 피의자를 다시 부르는 주요한 이유였습니다만, 아직도 그 관성이 남아 있는 것 같습니다. 2021년까지는 경찰 작성 피의자신문조서와 검사 작성 피의자신문조서의 증거 가치가 크게 달랐습니

---

\* 형사소송법 제312조 제1항

다. 검사 작성 피의자신문조서는 피의자가 자신이 진술한 대로 기재되어 있고 조서에 서명·날인한 사실만 인정하면 재판 단계에서 유죄의 증거로 쓸 수 있습니다. 그러나 경찰 작성 피의자신문조서는 피의자가 비록 자신이 진술한 내용을 기재한 조서라 할지라도 이를 증거로 쓰기 싫다고만 하면 재판 단계에서 유죄의 증거로 쓸 수가 없습니다. 경찰 단계에서 부인한 피의자는 재판 단계에서도 부인하면서 경찰 작성 피의자신문조서를 증거로 쓰기 싫다고 할 것입니다. 따라서 피의자의 구체적인 진술이 담긴 피의자신문조서를 검찰에서 작성하기 위해 검사가 다시 피의자를 불렀던 것입니다.

셋째, 수사를 종결하고 기소 여부를 결정하는 검사가 피의자의 진술 내용과 태도를 보고 최종적인 의사 결정을 하기 위해서입니다. 검사는 죄가 인정되어도 재판에 넘기지 않고 선처하는 '기소유예' 처분 권한과 정식 재판에 넘길지 아니면 재판을 열지 않고 벌금 선고만 해달라는 약식기소를 할지 결정하는 권한도 갖고 있습니다. 비록 경찰에서 범행을 부인한 피의자라 할지라도 피의자가 범행을 인정하는지, 반성하는 모습을 보이는지 등을 확인한 뒤 기소유예나 약식기소 여부 등의 최종 결정을 내리기 위해 피의자를 다시 부르는 것입니다.

### 형사조정 제도

검찰에는 '형사조정'이라는 제도가 마련되어 있습니다. 민사

분쟁 성격의 형사사건에 대하여 고소인과 피의자가 화해에 이를 수 있도록 검사나 검찰 구성원이 아닌 지역사회 각 분야의 전문가들이 조정하는 제도를 말합니다. 형사조정의 대상 범죄는 재산범죄 고소사건, 소년, 의료, 명예훼손 등이 열거되어 있습니다. 하지만 이에 한정되지 않고 사실상 모든 범죄 유형이 그 대상이 될 수 있습니다.

형사조정 제도가 마련된 이유는 고소인 입장에서는 피의자가 형사처벌되더라도 실질적으로 피해 변제를 받지 못해 별도로 민사소송을 제기해야 하는 불편을 없앨 수 있고, 피의자 입장에서는 적절하게 합의를 함으로써 불기소처분을 받거나 기소되더라도 그 처벌의 수준을 낮출 수 있기 때문입니다.

형사사건에서 피의자는 그 혐의가 인정될 만한 상황에 처하면 피해자와의 합의가 중요합니다. 고소하지 않으면 수사와 처벌을 할 수 없는 친고죄(예 : 모욕죄), 처벌을 원하지 않으면 수사와 처벌을 할 수 없는 반의사불벌죄(예 : 폭행죄)에서는 합의가 이루어지면 그 자체로 수사가 종결됩니다. 그 이외의 일반 범죄 유형에서도 합의가 이루어지면 사안이 중하지 않을 경우 검사가 기소유예 처분을 할 수 있습니다. 설령 기소가 된다 하더라도 이미 합의가 이루어졌으므로 판결 선고 시 형량이 낮아질 수 있습니다. 그런데 피의자 측이 직접 피해자 측과 접촉해 합의하는 일이 쉽지만은 않습니다. 합의 의사를 이끌어 내기도, 적절한 합의금을 산출해 내기도 어렵죠.

바로 이럴 때에 형사조정 제도가 빛을 발합니다. 형사조정은 형사조정이 필요하다고 판단한 검사가 고소인과 피의자의 의사를 확인한 다음 회부하게 됩니다. 형사조정위원회가 열리면 양 당사자나 그 대리인이 출석해 조정위원들 및 상대방과 사안에 대하여 허심탄회하게 대화를 나누고, 조정위원들의 중재로 적절한 합의금을 산정해 합의에 이를 수 있습니다.

물론 형사조정에서도 합의가 이루어지지 않는 경우에는 다시 검사가 통상의 절차대로 수사 후 처분을 하게 됩니다.

종종 피의자의 혐의가 인정될지 여부가 불분명한 사건이 형사조정에 회부되기도 합니다. 피의자 입장에서는 죄가 없다고 생각하는데 검사의 최종 판단이 어떠할지 알 수 없는 상황에서 형사조정에 적극 임하여야 하나 혼란스럽기도 합니다. 그렇지만 이 경우에도 형사조정을 통한 합의는 적절한 대응 방법이 될 수 있습니다. 검사 입장에서도 기소할지 말지 고민스러운 사건이 있는데 합의가 이루어져 고소인이 피해를 회복하면 한결 부담을 덜고 혐의없음의 불기소처분을 할 수 있기 때문입니다.

### 검사의 처분

수사를 종결하면서 검사는 피의자의 죄가 인정되면 법원에 피의자를 처벌해 달라며 기소하게 됩니다. 죄가 인정되지 않거나, 죄가 인정되더라도 합의가 이루어져 처벌을 할 수 없는 사건의 경우 불기소처분을 합니다. 또한 사건의 경위, 피해의 정도, 피의자의 평소 생활 태도와 반성하는 모습 등을 감안해 죄가 인정됨에도 피의자를 한 번 봐주는 기소유예 처분을 하기도 하는데, 기소유예도 불기소처분의 일종입니다.

### 약식명령

검사가 기소를 하면 법원은 재판을 여러 차례 열어 피고인의 유·무죄 여부와 형량을 정하게 됩니다. 그런데 검사는 기소하면서 정식 재판을 진행하지 않고 검사 제출 자료를 토대로 피고인에게 벌금, 과료, 몰수의 형에 처해 달라는 약식명령을 청구할 수도 있습니다. 폭행, 협박, 단순 음주운전, 명예훼손, 모욕 등 실제로 많은 사건에서 약식명령 청구가 이루어지고 있습니다.

검사가 약식명령을 청구하면 통상 법원은 검사가 청구한 벌금형 그대로 약식명령을 합니다. 약식명령을 할 경우 피고인은 벌금 이하의 처벌만 받게 되고, 재판 진행을 위하여 법원에 출석할 필요가 없습니다.

그러나 무죄를 다투는 피고인 입장에서는 약식명령을 받은 것조차 억울하고 불만일 수 있습니다. 또한 죄는 인정하지만 형량이 너무 높아 부당하다고 생각할 수도 있습니다. 이 경우 피고인은 약식명령의 고지를 받은 날로부터 7일 이내에 약식명령을 한 법원에 서면으로 정식재판청구를 해야 합니다.

피고인이 정식재판청구를 하면 사건은 일반적인 재판 절차를 거치게 됩니다. 이제 피고인은 재판이 열리는 법원에 출석해 무죄임을 적극적으로 항변하거나 형량을 낮춰 달라는 주장을 하면서 관련 증거와 자료를 제출해야 합니다.

과거에는 피고인이 약식명령에 불복하여 정식재판을 청구한 사건에 대하여는 약식명령의 형보다 중한 형을 선고하지 못했습니다. 혹여 더 중한 형이 선고될까봐 무죄를 주장하고 싶은 피고인이 섣불리 정식재판을 청구하지 못하는 경우가 없도록 배려한 것인데요. 이렇게 했더니 일단 정식재판을 청구하고 보는 일이 많이 생겼습니다. 혐의가 명백하고 형량이 적정한데도 손해 볼 것이 없었기 때문이죠.

결국 2017. 12. 19. 형사소송법이 개정되어 이제는 피고인이 정식재판을 청구한 사건의 경우 '형종'은 변경할 수 없지만 '형량'은 변경할 수 있게 되었습니다. 예를 들어 벌금형 300만 원의 약식명령에 불복한 피고인이 정식재판을 청구한 경우 법원은 위 벌금형을 징역형으로 바꿀 수는 없지만 벌금형 금액을 500만 원으로 상향할 수는 있게 된 것입니다.[*]

약식명령에 불복해 정식재판을 청구한 사례들을 보시면 좀 더 와 닿을 것 같습니다.

---

[*]  형사소송법 제457조의2(형종 상향의 금지 등) ① 피고인이 정식재판을 청구한 사건에 대하여는 약식명령의 형보다 중한 종류의 형을 선고하지 못한다.

A씨는 자신이 실업급여를 부정한 방법으로 신청한 사실이 없다며 무죄를 주장하고자 정식재판을 청구하였습니다. A씨의 정식재판청구에 따라 법원에서는 재판이 열렸고 검사와 A씨 측은 본격적으로 자신의 주장을 펴고 증거를 제출했습니다. 이러한 공방을 거쳐 재판부는 결국 A씨에게 무죄를 선고하였습니다.

그 이유는 검사가 제출한 증거라고는 고용노동청의 '부정수급 의심자 명단'과 이에 첨부된 '고용보험사업장상세조회'뿐인데 이러한 자료만으로는 A씨가 호프집에 재취업한 사실이 확인되지 않았던 것입니다. A씨가 재취업하여 일하고 있다는 사실을 직접 확인할 만한 자료는 없었고 수사기관은 호프집 사업주나 사업장에 관한 조사를 해 보지도 않았습니다.

반면 A씨는 자신이 해당 기간에 문제의 호프집에 취업하지 않았음을 증명하는 국세청의 민원회신을 제출하였습니다. 국세청 서류에 따르면 호프집 사업주가 착오를 일으켜 해당 기간에 A씨를 고용한 것으로 잘못 기재한 일용근로소득지급명세신고를 세무서에 제출하였던 것이며, 그 후 경정신고로 착오내용이 바로잡힌 사실을 확인할 수 있었습니다.

즉 호프집 사업주가 착오로 잘못 신고한 세무 자료를 바탕으로 검사는 약식명령을 청구하고 법원도 약식명령을 하였지만, 사실 A씨는 호프집에서 아르바이트를 하지 않았던 것입니다.

이처럼 약식명령 과정에서는 구체적인 주장과 입증 과정이 생략되기 때문에 억울한 일이 발생할 수 있습니다. 이럴 때는 당연히 정식재판을 청구해 적극 다투어야 하는 것입니다.

 **CASE 8.** LED 램프 절도범 약식명령 불복 사건

이씨는 2017년 10월 경기도 화성시에 있는 한 마트에서 3만 7,000원짜리 LED 램프를 훔친 혐의를 받았습니다. 그는 같은 해 4월에도 비슷한 범죄를 저질러 벌금 70만 원의 약식명령을 받았지만 6개월 만에 또 다시 절도범행을 저지른 것으로 조사됐습니다. 검사는 다시 이씨에 대해 벌금 50만 원의 약식명령을 청구했고 법원도 약식명령을 하였습니다. 그런데 이씨는 이에 불복해 정식재판을 청구했습니다.

단기간에 절도 범행을 연이어 저지른 이씨는 벌금 50만 원도 과하다며 정식재판을 청구한 것인데, 정식재판을 거친 재판부의 판단은 어땠을까요?

　　재판부는 약식명령의 벌금형 50만 원의 2배에 해당하는 벌금 100만 원을 선고하였습니다. 재판부는 판결문에서 "이씨는 절도죄로 처벌받은 지 얼마 지나지 않아 또 범행을 저질렀고 생계를 위해 그런 것으로 보이지도 않는다"며 "계속 선처할 경우 절도의 습벽이 개선될 수 없고 범행 경위와 이후 정황 등 제반 사정들을 종합할 때 약식명령의 벌금액은 너무 가볍다고 판단된다"고 밝혔습니다.

　　이씨의 4월 첫 범행에 대한 약식명령 때까지만 하더라도 피고인이 약식명령에 불복하여 정식재판을 청구한 경우 재판부는 벌금형 금액도 상향할 수 없었습니다. 그러나 이후 개정된 형사소송법에 따라 비록 벌금형을 징역형으로 바꾸지는 못하지만 벌금형 금액을 상향할 수 있게 됨에 따라 이제는 이처럼 벌금형을 2배로 올리는 판결도 나오게 된 것입니다.

# 위법하게 수집한 증거란 무엇인가요?

## 위법수집증거와 증거능력 배제 기준

위법하게 수집한 증거는 증거로 쓸 수 없습니다. 여기서 말하는 증거는 물건뿐만 아니라 사람의 진술도 포함됩니다. 따라서 수사기관은 물건이든 진술이든 증거를 수집할 때 적법한 절차를 거쳐 나가야 합니다.

위법하게 수집한 증거를 증거의 세계에서 추방시켜 버리는 이유는 무엇일까요? 먼저 범죄를 저지른 사람을 수사하고 재판하는 국가기관이 똑같이 위법한 행위를 해서는 안된다는 이념 때문입니다. 또 하나는 무리한 시도로 진술을 받을 경우 오히려 그 진술이 사실과 다른 허위일 수 있어 진실 발견을 더욱 어렵게 만들기 때문입니다.

그렇지만 절차 위반이 있다고 해서 무조건 증거로 쓸 수 없는 것은 아닙니다. 사소한 위법을 이유로 중요한 증거까지 쓸 수 없으면 안되죠. 결국 중대한 위법이 있을 경우에 한해 위법한 증거를 배제시키는 것입니다. 영장주의를 위반하거나 법률이 정하는 절차를 위반한 경우가 중대한 위법이 있는 경우라고 할 수 있습니다. 쉽게 손에 안 잡히죠? 구체적인 CASE를 통해 알아볼까요?

**CASE 9.** 휴대전화 버튼이 잘못 눌려 녹음된 대화 내용

직업군인으로 근무하던 A씨는 2012년 3월 부대 회식을 마친 뒤 2차로 같은 부대에서 근무하는 여성 장교 B씨와 단 둘이 노래방에 갔다가 B씨를 강제추행한 혐의로 기소되었습니다. A씨는 혐의를 부인하였습니다. 하지만 당시 노래방에는 A씨와 B씨 단 둘만 있었기 때문에 A씨의 결백을 증언해 줄 사람이 없었습니다. 설상가상으로 "아내가 추행을 당할 때 들려온 소리를 녹음한 통화 내용이 있다"며 B씨의 남편이 제출한 휴대전화 녹음 파일까지 증거로 나왔습니다. 검찰은 문제의 녹음파일을 근거로 A씨를 기소했고요.

휴대전화 녹음 파일은 어떻게 나온 것일까요? 사건 현장에서 B씨의 휴대전화 버튼이 우연히 잘못 눌려 통화가 연결된 상태에서 B씨의 남편이 녹음한 것이었습니다. 파일 속에는 A씨와 B씨의 대화 내용과 숨소리, 마찰음 등이 담겨 있었습니다. B씨의 남편은 조사과정에서 "아내와 A씨의 불륜을 의심해 녹음했는데 아내가 강제추행을 주장했다"고 말했습니다.

이 사건의 쟁점은 '우연히 통화가 연결된 상태에서 녹음한 휴대전화 녹음 파일을 증거로 쓸 수 있는가'입니다. 법원은 어떻게 판단했을까요?

대법원은 휴대전화 녹음 파일을 증거로 쓸 수 없다면서 A씨의 무죄를 선고한 원심을 확정하였습니다. 재판부는 "통신비밀보호

법 제14조 1항은 '누구든지 공개되지 않은 타인간의 대화를 녹음할 수 없다'고 규정하고, 제14조 2항 및 제4조는 이렇게 위반한 녹음으로 취득한 내용을 재판 또는 징계절차의 증거로 사용할 수 없다고 규정하고 있다"며, "A씨의 강제추행 혐의에 대해 증거로 제출된 녹음 내용은 공개되지 않은 타인간의 대화를 대상으로 한 것으로 증거능력이 없고, 그 외 피해자의 진술과 상해진단서 등만으로는 공소사실이 증명되지 않는다"고 판시하였습니다.

설사 처음부터 의도적으로 녹음한 것이 아니라 우연히 통화가 연결된 상황에서 녹음을 시작하였다고 하더라도, 타인간의 대화를 녹음하는 행위는 '통신비밀보호법'이라는 법률의 규정을 정면으로 위반하는 것이므로, 그 녹음 파일은 증거로 사용할 수 없는 것입니다.

 **CASE 10. 아파트 경비실에서 받아 온 CCTV 영상**

이씨는 2017년 6월 서울 서대문구의 한 아파트 상가 앞 노상에서 최씨와 실랑이를 하던 중 자리를 뜨려는 최씨를 계속 따라가며 옷을 잡아끄는 등 폭행한 혐의로 기소되었습니다. 이씨는 1심에서 벌금 100만원을 선고받자 항소하면서, "경찰이 (사건 현장) CCTV 영상을 관리책임자인 관리소장의 승인 없이 경비실에서 받아 왔다"면서, "불법 수집한 증거이니 이 영상은 증거능력이 없다"고 주장하였습니다.

경찰이 아파트 단지 안에서 일어난 폭행 사건을 수사하는 과정에서 아파트 관리소장 승인 없이 경비실에서 CCTV 영상을 받아 온 경우 이 CCTV 영상은 증거로 쓸 수 있을까요?

항소심 재판부는 "위법수집증거배제법칙은 수사기관이 헌법과 법률이 정한 절차에 따르지 않고 증거를 수집하고 절차위반 행위가 적법절차의 실질적인 내용을 침해한 때에 증거능력을 부인하는 것"이라며, "아파트 관리소장의 승인을 받지 않았다고 해서 적법절차를 위반했다고 보기 어렵고, 달리 수사기관이 CCTV 영상을 확보함에 있어 위법행위를 했다고 볼 만한 사정이 없다"며, 이씨의 주장을 받아들이지 않았습니다. 다만 형이 무겁다는 이씨의 주장을 받아들여 벌금을 50만 원으로 감액하였습니다. 대법원도 "원심 판단에 위법수집증거의 증거능력을 오해한 잘못이 없다"며 원심 판결을 확정하였습니다.

CCTV 영상도 개인정보입니다. '개인정보보호법'에 따르면 '개인정보처리자'는 개인정보를 제3자에게 제공하여서는 안되지만, 예외적으로 '범죄의 수사와 공소의 제기 및 유지를 위하여 필요한 경우' 등 일정한 경우에는 제3자에게 제공할 수 있습니다. 이 사건에서도 경찰은 범죄의 수사를 위해 CCTV 영상 제공을 요청하였고, 아파트 관리사무소 측은 CCTV 영상을 제공해 주었습니다. 이씨 측의 주장은 개인정보 제공을 하더라도 제공의 주체는 '개인정보처리자'여야 한다는 것이었습니다. 아파트 단지 CCTV 영상의 경우 관리자, 즉 개인정보처리자는 아파트 관리소장이므로, 아파트 관리소장이 직접 제공을 승인하여야 한다는 취지입니다. 그러나 아파트 단지 CCTV 영상의 개인정보처리자가 아파트 관리소장이라 하더라도 일일이 아파트 관리소장이 승인할 필요까지는 없고, 아파트 관리소장의 관리하에 있는 경비실이 제공하였다면 딱히 법률의 규정을 위반하였다고 볼 수는 없죠. 또한 이런 경우에까지 유력한 증거인 CCTV 영상을 증거로 사용하지 못하게 되면, 상당히 부당한 결과에 이르게 됩니다. 대법원은 이러한 점들을 감안해 이씨의 주장을 받아들이지 않은 것입니다.

 **CASE 11.** 뇌물공여자 참고인 조사와 진술거부권

　검찰은 2010년 '군의회 의원 양씨가 공무원 강씨로부터 승진을 시켜주겠다며 천만 원을 받아 쓰고 2년이 넘도록 승진을 시켜주지 않고 있다'는 내용의 익명 탄원서를 접수하였습니다. 검찰은 우선 강씨를 참고인으로 소환해 조사하였습니다. 이 과정에서 강씨는 진술거부권을 고지받지 못한 채 진술서와 진술조서를 작성하였습니다. 이어서 검찰은 양씨를 피의자로 소환해 조사하였습니다. 양씨를 상대로 조사하는 중에도 강씨를 계속 참고인으로 불러 조사하였습니다. 검찰은 다음해 1월부터는 강씨를 피의자 신분으로 조사하기 시작하였으며, 결국 양씨와 강씨를 함께 기소하였습니다.

참고인 조사와 달리 피의자 조사(신문)를 할 때는 수사기관이 진술거부권을 고지하여야 합니다. 피의자신문 전의 진술거부권 고지는 형사소송법이 규정하고 있는 수사기관의 의무입니다.[*] 수사기관이 사용하는 피의자신문조서 양식 첫머리에는 진술거부권 고지 내용이 아예 고정 문구로 기재되어 있습니다. 그런데 이 사건에서 검찰은 강씨를 여러 차례 조사하면서도 피의자신문이 아닌 참고인 조사 형식으로 진행하였고, 그러다 보니 진술거부권을 고지하지 않은 채 진술서와 진술조서를 받게 되었던 것입니다.

문제는 이렇게 검찰이 확보한 강씨의 참고인 진술서나 진술조서가 위법하게 수집된 증거인가라는 점이었습니다.

1, 2심은 "검찰이 진술거부권 고지를 피할 의도로 강씨에 대해 피의자신문이 아닌 참고인 조사의 형식을 취한 것으로 볼 만한 사정이 없고, 참고인으로 조사를 받으면서 수사기관으로부터 진

---

[*] 형사소송법 제244조의3(진술거부권 등의 고지) ① 검사 또는 사법경찰관은 피의자를 신문하기 전에 다음 각 호의 사항을 알려주어야 한다.
　　1. 일체의 진술을 하지 아니하거나 개개의 질문에 대하여 진술을 하지 아니할 수 있다는 것
　　2. 진술을 하지 아니하더라도 불이익을 받지 아니한다는 것
　　3. 진술을 거부할 권리를 포기하고 행한 진술은 법정에서 유죄의 증거로 사용될 수 있다는 것
　　4. 신문을 받을 때에는 변호인을 참여하게 하는 등 변호인의 조력을 받을 수 있다는 것
② 검사 또는 사법경찰관은 제1항에 따라 알려 준 때에는 피의자가 진술을 거부할 권리와 변호인의 조력을 받을 권리를 행사할 것인지의 여부를 질문하고, 이에 대한 피의자의 답변을 조서에 기재하여야 한다. 이 경우 피의자의 답변은 피의자로 하여금 자필로 기재하게 하거나 검사 또는 사법경찰관이 피의자의 답변을 기재한 부분에 기명날인 또는 서명하게 하여야 한다.

술거부권을 고지받지 못했더라도 그 이유만으로 진술서나 진술조서가 증거능력이 없다고 볼 수 없다"며 유죄 판결했습니다.

그러나 대법원은 강씨에 대하여 유죄를 선고한 원심을 파기하고 사건을 원심 법원으로 돌려보냈습니다. 대법원은 "강씨의 진술서나 진술조서 내용은 강씨가 양씨에게 승진청탁을 하면서 돈을 줬다는 것과 이를 받은 양씨가 승진을 시켜주지 않았다는 것과 관련된 사실들로, 뇌물공여와 알선뇌물수수는 서로 필수적으로 수반되는 행위일 뿐만 아니라 뇌물공여가 알선뇌물수수보다 법정형이 더 무거운 죄이므로 양씨의 피의사실에 관한 조사·수사는 강씨에 대한 뇌물공여 피의사실 및 그에 대한 조사·수사라고 봐야 한다"고 밝혔습니다. 뇌물죄는 뇌물을 준 사람과 받은 사람 모두 처벌됩니다. 따라서 한쪽에 대한 조사는 반대쪽에 대한 참고인 조사이자 조사 대상 본인에게는 피의자신문이 될 수밖에 없는 구조입니다.

이 사건에서 뇌물을 준 강씨에게는 뇌물공여죄가 성립하고, 뇌물을 받은 양씨에게는 알선뇌물수수죄[*]가 성립합니다. 강씨에 대한 조사는 양씨의 알선뇌물수수죄에 관한 참고인 조사이자 강씨 본인의 뇌물공여죄에 관한 피의자신문이 될 수밖에 없는 것입니다.

---

[*] 자신이 직접 담당하지 않는 업무(승진 업무)에 관하여 직접 담당하는 자(강씨의 인사권자)에게 영향력을 행사해 목적을 달성하도록 해 주겠다며 뇌물을 받는 죄

이어서 대법원은 "당시 수사기관이 강씨를 소환해 뇌물 공여·수수 사실을 확인하고 이에 관해 구체적인 내용을 진술하도록 조사한 것은 이미 강씨에 대해서도 뇌물공여의 범죄혐의가 있다고 보고 수사하는 행위를 한 것이어서 당시 강씨는 이미 피의자의 지위에 있었다고 봐야 한다"며, "비록 강씨가 수사기관에서 한 진술들이 참고인 진술서나 진술조서 형식을 취해 작성됐더라도, 실질적으로는 피의자신문조서의 성격을 가지므로 진술거부권을 고지하지 않고 작성된 진술 내용은 위법하게 수집된 증거로서 그 증거능력이 부인돼야 한다"고 설명하였습니다.

결국 뇌물죄의 본질상 강씨는 처음부터 순수한 참고인이 아닌 피의자가 될 수밖에 없으므로, 검찰이 참고인 조사 형식으로 조사를 진행했다 하더라도 그 조사의 실질은 모두 피의자신문이라는 것입니다. 그렇다면 당연히 첫 조사 때부터 진술거부권을 고지하여야 합니다. 하지만 진술거부권을 고지하지 않았고, 이는 **법률**이 정하는 절차를 위반한 것입니다. 그렇기 때문에 작성된 진술서와 진술조서가 모두 위법하게 수집된 증거가 되어 증거로 쓸 수 없게 된 것입니다.

 **CASE 12.** 서버에 저장된 카카오톡 대화 내용의 증거능력

검찰은 국가보안법상 이적단체 구성 등의 혐의로 모 단체 공동대표 이씨와 김씨, 재정담당자인 또 다른 이씨를 기소하였습니다. 검찰은 이

씨 등이 다른 이적단체와 연계해 여러 활동을 한 혐의, 단체 산하 지역 조직을 결성한 혐의, 단체 기관지를 소지하고 조직원들에게 배포한 혐의가 있다고 주장하면서, 이들이 주고받은 카카오톡(카톡) 대화 내용 등을 증거로 제출하였습니다.

1, 2심은 "이 단체는 이적단체로 북한의 주장을 되풀이하고 있다"며, "이씨 등은 모두 핵심조직원으로 이 단체를 결성하는 데 중요한 역할을 했고 결성 후 관리·운영에서 활동에 이르기까지 핵심적 역할을 수행했다"면서 유죄 판결을 내렸습니다.

그런데 대법원에서는 수사기관이 입수한 카톡 대화 내용을 증거로 사용할 수 있는지가 중요한 문제가 되었습니다. 그동안 수사기관은 카톡 대화 내용의 감청이 필요하면 법원에서 '통신제한조치 허가서'를 발부받아 카카오에 집행을 위탁하였습니다. 카톡 대화는 서버에 저장됐다 일정 기간이 지나면 삭제되는데, 카카오는 카톡 대화를 실시간으로 감청할 설비가 없어 서버에 저장된 대화 내용을 정기적으로 추출해 수사기관에 제출해 왔습니다. 이 사건에서도 수사기관은 이씨 등이 주고받은 카톡 대화 내용을 확보하기 위해 법원에서 '통신제한조치 허가서'를 발부받아 카카오에 집행을 위탁하였고, 카카오는 서버에 저장된 대화 내용을 3~7일마다 정기적으로 추출해 수사기관에 제공하였습니다.

앞서 1, 2심은 이렇게 수집된 카톡 대화 내용은 수사기관이 법원에서 '통신제한조치 허가서'를 발부받아 적법한 절차에 따라 집행을 위탁해 제공받은 자료라며 증거능력을 모두 인정하였습니다.

그러나 대법원은 "원심이 증거능력을 인정한 카톡 대화 내용은 수사기관으로부터 통신제한조치의 집행을 위탁받은 카카오가 통신제한조치 허가서에 기재된 '실시간 감청'의 방식을 준수하지 않고 허가기간 동안 이미 수신이 완료돼 전자정보의 형태로 저장되어 있던 대상자들의 카톡 대화 내용을 3~7일마다 정기적으로 서버에서 추출해 수사기관에 제공하는 방식으로 위법하게 수집된 증거이므로, 유죄 인정의 증거로 삼을 수 없다"고 판시하였습니다.

통신비밀보호법은 원칙적으로 전기통신의 감청을 금지하면서도 일정한 범죄 유형에서 다른 방법으로는 증거의 수집이 어려운 경우에 한하여 법원이 통신제한조치를 허가하여 전기통신의 감청이 가능하도록 하고 있습니다. 이러한 통신제한조치는 대상자들이 일정한 기간에 걸쳐 송수신하는 전기통신을 대상으로 허가될 수 있습니다.* 따라서 수사기관이 할 수 있는 전기통신 감청의 범위는 일정한 기간 내에 현재 이루어지고 있는 대화 내용을 실시간으로 확인할 수 있다는 것에 불과합니다. 영화나 드라마에서 종종 아이 유괴범이 아이 부모에게 전화를 하면 그 옆에 있던 형사들이 일제히 헤드셋을 착용하고 유괴범과 부모 간의 대화를 듣는 장면을 본 적이 있을 것입니다. 바로 이렇게 대화 당사자 간

---

* 통신비밀보호법 제5조, 제6조

에 실시간으로 이루어지는 대화 내용을 들을 수 있다는 것이 통신제한조치 허가의 내용입니다.

대법원은 이 점을 지적하였습니다. 즉 수사기관이 발부받은 '통신제한조치 허가서'는 카톡 대화 당사자들이 현재 대화하고 있는 내용을 실시간으로 확인할 수 있다는 취지이지, 이미 대화가 이루어져 전자정보 형태로 저장되어 있는 대화 내용을 서버에서 추출할 수 있다는 의미는 아니라는 것입니다. 그렇다면 이 사건에서 수사기관이 이미 대화가 완료돼 전자정보의 형태로 저장되어 있던 대상자들의 카톡 대화 내용을 제공받은 것은 영장주의를 위반하거나 통신비밀보호법을 위반한 경우에 해당합니다. 따라서 카톡 대화 내용은 위법하게 수집된 증거로서 증거로 사용할 수 없게 됩니다.

이 사건에서 대법원은 카톡 대화 내용을 제외한 다른 증거들만으로도 이씨 등의 혐의가 인정되기에 충분하다고 보고 유죄를 선고한 원심의 결론 자체는 정당하다고 판시했습니다. 하지만 이렇듯 수사기관의 관행에 제동이 걸리면서, 카톡 감청 설비를 따로 마련해 실시간으로 감청하지 않는 한 수사기관의 카톡 감청은 사실상 불가능하게 되었습니다.

# 형사재판의 증거는 대부분 전문증거 傳聞證據

## 공판중심주의

형사재판에서 검사는 피고인의 유죄를 입증할 증거들을 제출합니다. 그런데 검사가 제출하는 증거들 대부분은 원본증거가 아니라 전해 들은 증거, 즉 '전문증거'입니다.[*] 왜 검사는 증거 원본을 제출하지 않고 남에게 전해 들은 증거를 제출하는 것일까요?

수사를 진행하게 되면 수사기관은 피해자와 참고인을 불러 조사하면서 진술조서를 작성합니다. 그 전에 피해자나 제3자로부터 고소장이나 고발장이 제출되기도 하죠. 또한 수사기관은 피의자를 불러 조사하면서 피의자신문조서를 작성합니다. 뿐만 아니라 여러 개인이나 단체에 사실관계를 확인해 그 내용을 기재한 수사보고서를 작성하고, 감정기관에 증거물 감정을 의뢰해 감정서를 제출받기도 합니다. 피해자 측이나 피의자 측에서 진단서, 이메일, 대화 내용 녹음 파일 등의 자료를 제출하기도 합니다. 지금까지 열거한 자료들이 흔히 수사기관이 확보하는 증거들이죠. 그런데 이 증거들 모두가 원본증거가 아닌 전문증거입니다.

전해 들은 증거인지 여부는 법원을 기준으로 판단합니다. 대표

---

[*] '전문증거'에서 '전문 傳聞'은 '전해 듣는다'는 의미입니다.

적인 예로 피의자가 수사기관에 출석해 진술하고 그 내용을 수사기관이 글로 남긴 피의자신문조서는 어떨까요? 법원 입장에서는 수사기관으로부터 '피의자가 이렇게 저렇게 이야기했습니다'라고 전해 듣는 것에 불과합니다. 따라서 전문증거입니다. 또 다른 예로 피해자가 제출한 고소장은 어떨까요? 법원 입장에서는 글을 통해 피해자의 말을 전해 듣는 것에 불과합니다. 따라서 전문증거입니다. 이제 이해가 되시나요? 이와 같이 검사가 제출하는 증거는 범죄에 사용한 도구나 취득한 피해품 등의 증거물이 아닌 이상 전문증거에 해당합니다.

그런데 형사재판에는 '전문증거는 증거가 아니다'라는 '전문법칙'이 적용되고 있습니다. 법원이 직접 보고 듣지 못하고 누군가를 거쳐 전해 들은 증거는 유죄의 증거로 삼을 수 없다는 의미입니다. 그렇다면 증거들 중 대다수를 차지하는 전문증거는 그대로 무용지물이 되는 것일까요? 그렇지는 않습니다.

형사재판을 시작하면 검사는 공소사실의 요지를 진술하고, 피고인은 공소사실에 대해 인정하는지 또는 부인하는지 자신의 입장을 진술합니다. 이어서 검사는 이러이러한 증거들을 가지고 있다고 정리한 증거목록을 재판부와 피고인에게 제시합니다. 증거들을 재판부에 바로 제출하지는 못합니다. 증거목록에는 다수의 전문증거 목록이 포함되어 있죠. 바로 이때 피고인은 증거목록에 있는 증거들 중 어떤 증거는 증거로 사용하는 데에 동의하고, 어떤 증거는 증거로 사용하는 데에 부동의한다는 의견을 진술하게 됩니다.

동의한다고 진술한 전문증거는 곧바로 유죄의 증거로 사용할 수 있습니다. 그러나 부동의한다고 진술한 전문증거는 검사가 원진술자를 법정에 증인으로 불러 원진술자가 본인이 진술한 대로 기재되어 있고, 자신이 서명날인하였음을 인정하여야 비로소 증거로 사용할 수 있습니다. 예를 들어 피해자진술조서에 대해 피고인이 증거 사용에 부동의하였다고 가정해 볼까요? 그럴 경우 검사는 피해자를 증인으로 불러 법정에 출석한 피해자가 법관의 면전에서 증언하게 합니다. 피해자가 '내가 진술한 대로 기재되어 있고 서명날인하였다'라고 진술하여야 비로소 피해자진술조서를 유죄의 증거로 사용할 수 있는 것입니다. 피고인 측은 이때 법정에 출석한 피해자를 상대로 반대신문을 하여 그 진술의 신빙성을 낮추게 되는 것이죠.

형사재판은 이처럼 검사가 전문증거를 유죄의 증거로 사용할 수 있도록 증인을 불러 확인하고, 피고인은 출석한 증인을 상대로 반대신문을 하는 형태로 진행되어 가는 것이라고 해도 과언이 아닙니다.

그럼 이제부터 전문증거를 유죄의 증거로 사용할 수 있는지 여부가 문제된 CASE들을 살펴볼까요?

 **CASE 13· 정당한 이유 없는 증언 거부와 조서의 증거능력**

A씨는 2017년 3월 640만 원을 받기로 하고 B씨에게 필로폰을 건넨 혐의로 기소되었습니다. B씨는 A씨의 범행사실을 검찰에서 진술한

상태였습니다. 한편 B씨도 모두 11회에 걸쳐 필로폰을 매매한 혐의로 2017년 4월 기소돼 재판을 받고 있었습니다.

B씨는 2017년 11월과 이듬해 1월 열린 A씨의 1심 재판에 증인으로 출석해 "관련 사건인 내 사건이 항소심 계속 중에 있다"며 법정에서 선서 및 증언을 거부하였습니다. 이후 1심은 2018년 2월 "범죄의 증명이 없다"며 A씨에게 무죄를 선고하였습니다.

따로 기소된 B씨는 2018년 5월 필로폰 매매 미수 혐의로 징역 4년형이 확정됐고, 이후 열린 A씨의 항소심에 증인으로 다시 소환되었습니다. 하지만 B씨는 "선서를 거부하기로 판단했기 때문에 선서를 거부한다"며 또다시 선서 및 증언을 거부하였습니다.

검사가 A씨를 기소한 사실상 유일한 근거는 필로폰을 건네받은 B씨의 진술이었습니다. 따라서 A씨는 검사가 B씨를 조사해 받은 진술조서를 증거로 사용하는 데에 부동의하였고, 이에 따라 검사는 B씨 진술조서를 유죄의 증거로 사용하기 위해 B씨를 증인으로 부른 것이었습니다. 그러나 증인으로 출석한 B씨는 1심에 이어 항소심에서도 선서 및 증언을 거부하였습니다.

물론 원진술자인 B씨가 증언을 하지 않으므로 전문증거인 B씨 진술조서도 유죄의 증거로 사용하지 못하는 것이 원칙입니다. 그런데 이 사건의 쟁점은 원진술자가 사망·질병·외국거주·소재불명 그 밖에 이에 준하는 사유로 인하여 진술할 수 없는 때에는 그 조서를 증거로 할 수 있다는 형사소송법 제314조가 적용될 수 있는가 하는 점이었습니다.[*] 원진술자가 수사 단계에서 진술한 이후 사망하였다든가, 중병에 걸렸다든가, 외국에 거주한다든가, 소재를 알 수 없게 된 경우에는 법정에 출석할 수 없는 사정이 발생한 것이므로, 이때에는 원진술자가 법정에 출석해 진술하지 않더라도 전문증거를 유죄의 증거로 사용할 수 있다는 것이 위 규정의 취지입니다. 이 사건에서 B씨에게 법정에 출석할 수 없는 사정이 발생한 것은 아닙니다. 하지만 정당한 사유 없이 증언을 거부하기 때문에, 이를 위 규정의 '그 밖에 이에 준하는 사유'로 보고, B씨 진술조서를 A씨 유죄의 증거로 사용할 수 있는 것 아니냐가 쟁점이 되었습니다.

대법원 전원합의체는 "증인이 정당하게 증언거부권을 행사한 것으로 볼 수 없는 경우에도 피고인이 증인의 증언거부 상황을 초래했다는 등의 특별한 사정이 없는 한 형사소송법 제314조의 '그 밖에 이에 준하는 사유로 인하여 진술할 수 없는 때'에 해당하지 않는다"며, "따라서 수사기관에서 그 증인의 진술을 기재한 서류는 증거능력이 없다"고 판단하였습니다.

---

[*]  형사소송법 제314조(증거능력에 대한 예외) 제312조 또는 제313조의 경우에 공판준비 또는 공판기일에 진술을 요하는 자가 사망·질병·외국거주·소재불명 그 밖에 이에 준하는 사유로 인하여 진술할 수 없는 때에는 그 조서 및 그 밖의 서류(피고인 또는 피고인 아닌 자가 작성하였거나 진술한 내용이 포함된 문자·사진·영상 등의 정보로서 컴퓨터용 디스크, 그 밖에 이와 비슷한 정보저장매체에 저장된 것을 포함한다)를 증거로 할 수 있다. 다만, 그 진술 또는 작성이 특히 신빙할 수 있는 상태하에서 행하여졌음이 증명된 때에 한한다.

재판부는 "형소법은 '사건 실체에 대한 심증 형성은 법관의 면전에서 이뤄져야 한다'는 실질적 직접심리주의와 전문법칙을 채택하고 있다. 이에 대한 예외는 형소법이 정한 필요한 최소한도에 그쳐야 한다"며, "'증인이 정당하게 증언거부권을 행사한 경우'와 '증언거부권의 정당한 행사가 아닌 경우' 모두 피고인의 반대신문권이 보장되지 않는다는 점에서 차이가 없다. 오히려 수사기관에서 자신이 한 진술을 법정에서 재현하지 못하는 것은 수사기관에서의 진술이 허위일 수 있다는 의심을 불러일으키고, 이 경우 (재판에서) 반대신문을 통하여 증인이 수사기관에서 한 진술의 진위 여부를 음미하여야 할 필요성이 크다"고 판시하였습니다.

이러한 대법원 전원합의체의 태도는 전문증거를 유죄의 증거로 사용하기 위해서는 원진술자가 법관의 면전에서 일정한 진술을 하여야 하고, 그 예외는 최소한에 그쳐야 한다는 입장을 분명히 한 것입니다. 이는 결국 법관은 수사기관이 누군가의 진술을 듣고 기재한 조서에 의지하지 않고 법정에서 직접 진술을 듣고 심증을 형성하여야 한다는 공판중심주의를 충실히 구현하고자 하는 의지의 표명이라 할 수 있습니다.

---

 **CASE 14. 공연음란 신고자 가명 진술서**

진씨는 2017년 7월 새벽 3시 30분께 서울 성북구의 한 길거리에서 옷을 벗고 신체를 만지는 등 공연음란 행위를 한 혐의로 기소되었습니다.

---

진씨는 1심에서 "범행 20분 후 범행장소에서 50m 이상 떨어진 곳에서 체포됐으므로 현행범체포 요건을 갖추지 못해 불법체포에 해당한다"고 주장하였습니다. 그러나 재판부는 "현행범체포가 위법하다고 하더라도 이는 그 위법한 절차에 의해 수집된 증거를 배제할 이유는 될지언정 공소제기의 절차 자체가 위법해 무효인 것은 아니다"라며 진씨에게 벌금 100만 원을 선고하였습니다.

진씨는 항소하면서 "신고자가 작성한 진술서가 가명으로 작성됐으므로 증거능력이 부정돼야 한다"고 주장하였습니다.

진씨의 공연음란 행위를 신고한 사람은 경찰에서 진술서를 작성해 제출하게 되었는데, 신고자는 진술서에 본명을 기재하기를 원하지 않아 가명을 기재하였습니다. 물론 본명을 기재한다 하더라도 검사의 공소 제기가 이루어진 다음에 피고인 측이 수사기록을 열람·복사할 때에는, 피해자나 신고자 등의 이름과 인적사항은 가리고 복사해야 합니다. 그럼에도 불구하고 신고자 입장에서는 본명을 기재하기 싫을 수 있죠.

진씨는 이 점을 문제 삼았던 것입니다. 가명을 기재한 진술서이므로 자신의 공소사실에 관하여 유죄의 증거로 사용할 수 없다고 주장하였습니다.

그러나 항소심 재판부는 "진술자의 성명을 가명으로 기재해 진술서가 작성됐다고 해서 증거능력이 부정되는 것은 아니다"라며, "신고자가 진술서를 작성하고 열람을 마친 직후 신원조회 결과 다른 이름으로 확인되자 경찰이 신원을 확인해 본명이 기록에 곧바로 현출됐고, 공연음란죄는 성폭력범죄의 처벌 등에 관한 특례법에서 규정하는 성폭력범죄에 해당하므로, 공연음란죄의 신고자에 대해서도 가명조사가 가능하다"며 진씨의 항소를 기각하였습니다. 대법원도 원심 판단이 정당하다며 항소심 판결을 확정하였습니다.

---

### ⚖ CASE 15. 증인소환장 송달불능과 조서의 증거능력

2012년 8월 김씨는 남씨의 부탁을 받고 성매매 영업을 하는 충청북도의 한 모텔에 A씨의 취업을 부탁하였습니다. 김씨는 다음해 2월 "A씨가 60만 원 상당의 명품 가방을 훔쳐 달아났다"며 경찰에 신고하였습니다. 그러나 A씨는 검찰 조사에서 "나에게 호감이 있는 김씨가 선물로 준 것이다"라고 진술하였습니다. 남씨도 앞서 경찰조사에서 "성매매 업소 취직을 원하는 A씨를 김씨에게 소개해 줬다"고 진술하였습니다. 검사는 김씨를 직업안정법 위반과 무고 혐의로 기소하였습니다.

---

김씨는 "내가 취직을 알선해 준 것이 아니라, 나를 찾아온 사창가 업주에게 A씨가 자신을 써달라고 부탁을 한 것"이라며 혐의를 부인하였습니다. 검찰은 김씨를 기소하고 A씨와 남씨를 증인으로 신청하였습니다. 하지만 A씨는 소재를 알 수 없었고, 남씨는 집 현관문이 잠겨 있어 송달이 불가능하였습니다. 이후 검

찰은 더 이상의 소재조사를 하지 않은 채 피의자신문조서 등만 제출해 재판을 진행했으나, 1심은 무죄를 선고하였습니다.

이 사건의 쟁점은 증인소환장이 송달불능이 됐는데도 검사가 소재탐지촉탁 등 소재수사를 하지 않은 경우 증인이 수사기관에서 한 진술 기재 조서를 재판에서 유죄의 증거로 사용할 수 있는가 하는 것입니다.

피고인이 증거로 사용하는 데에 부동의하는 전문증거를 유죄의 증거로 사용하기 위해 검사는 원진술자를 증인으로 불러달라며 재판부에 증인신청을 합니다. 그러면 재판부는 증인소환장을 원진술자에게 보내 몇 월 며칠 몇 시에 무슨 법원 몇 호 법정으로 출석해 달라는 요구를 하게 됩니다. 민사재판이든 형사재판이든 증인이 출석하지 않으면 과태료를 부과할 수 있습니다. 그럼에도 불구하고 증인이 출석하지 않으면 감치에 처할 수 있는 근거 규정을 두고 있습니다.

민사재판의 경우에는 증인이 출석하지 않으면 재판부에서 증인신청을 한 원고나 피고에게 증인신청 철회를 요청하지, 굳이 증인에게 과태료를 부과하는 등의 조치는 취하지 않으려고 합니다. 그러나 형사재판의 경우에는 전문법칙으로 인하여 증인이 출석하여야 전문증거를 유죄의 증거로 사용할 수 있습니다. 그래서 증인이 출석하지 않으면 실제로 과태료를 부과하고, 그래도 출석하지 않으면 감치에 처하는 경우까지 종종 있습니다. 이에 따라 형사재판의 증인은 대부분 법정에 출석하게 됩니다.

이 사건에서는 검사의 증인신청에 따라 재판부가 발송한 증인소환장이 송달불능되고, 결국 증인들이 법정에 출석하지 않았습니다. 그 과정에서 검사는 별달리 증인들의 소재를 파악하려고 노력하지도 않았습니다.

　결국 항소심은 1심과 같이 무죄를 선고하였습니다. 항소심 재판부는 "경찰·검찰 조사를 받은 참고인들이 증인으로 법정에 출석할 경우 수사기관에서의 진술과 같은 내용으로 진술할 것으로 예상된다는 주관적 사정만으로는 진술조서 기재내용의 신빙성을 충분히 담보할 수 없다"며, "검사나 경찰이 송달불능이 된 참고인들의 휴대전화로 연락을 해 법정 출석의사가 있는지를 확인하는 등 법정출석을 위해 상당한 노력을 기울였다고 볼 사정이 없으므로 경찰 진술조서와 검찰 피의자신문조서는 증거능력이 없다"고 밝혔습니다.

　아울러 재판부는 "공판기일에 증인이 사망·질병·외국거주 등 공판정에 출석해 진술할 수 없는 경우 그 진술 또는 서류 작성이 특히 신빙할 수 있는 상태에서 행해진 경우에만 진술서와 서류 등을 증거로 사용할 수 있다"면서, "단지 증인소환장이 주소불명 등으로 송달불능됐다는 사정만으로는 부족하며, 소재탐지촉탁 등 소재수사를 했는데도 그 소재를 확인할 수 없는 경우에만 진술 등을 증거로 인정할 수 있다"고 판시하였습니다.

**CASE 16. 디지털 저장매체에서 출력한 문서**

남씨는 총선 당시 지역구에 출마한 모 의원의 선거사무장으로 일하면서 선거사무원으로 신고되지 않은 자원봉사자들에게 선거운동 대가로 수백만 원을 준 혐의로 기소되었습니다. 검찰은 선거 캠프를 압수·수색해 확보한 USB 메모리에서 선거사무원들의 인적사항과 역할분담에 관한 문서를 출력해 증거로 제출하였습니다.

이 사건에서는 먼저 짚고 넘어가야 할 문제가 있습니다. USB 메모리와 같은 디지털 저장매체에서 출력한 문서도 전문증거일까요? 예를 들어 어떤 사람이 문서를 절취한 혐의로 기소되었다면, 이 경우 문서는 그 내용이 증거로 사용되는 것이 아니라 문서의 존재와 상태 자체가 증거로 사용됩니다. 귀중품이 도난당한 경우나 마찬가지라고 생각하면 됩니다. 이때는 문서가 증거물이므로 전문증거가 아니고, 따라서 전문법칙도 적용되지 않습니다. 반면 문서에 기재된 내용이 증거로 사용되는 일반적인 경우라면, 그 내용을 작성한 사람의 말을 기재해 둔 것이므로, 역시 전문증거에 해당합니다. 따라서 전문법칙이 적용되겠죠. USB 메모리에서 출력한 문서에는 선거사무원들의 인적사항과 역할분담에 관한 내용이 기재되어 있었습니다. 검사는 그 내용을 증거로 사용하고자 하였으므로, 역시 전문증거이고 전문법칙이 적용됩니다.

디지털 저장매체에서 출력한 문서가 전문증거라면 유죄의 증거로 사용하기 위해서는 어떤 요건을 갖추어야 할까요? 이에 대하여 대법원은 디지털 저장매체 원본에 저장된 내용과 출력한 문서의 동일성이 인정되어야 하고, 디지털 저장매체 원본에 저장된 내용의 작성자가 법정에서 자신이 작성한 대로 기재되어 있음을 진술한 경우에 한하여 증거로 사용할 수 있다고 판시한 바 있습니다(대법원 2007. 12. 13. 선고 2007도7257 판결).

문제는 이 사건에서 피고인인 남씨가 USB 메모리에서 출력한 문서에 대해 자신이 작성해 저장한 내용 그대로 기재되어 있는지 여부에 관해 진술거부권을 행사하며 아무런 언급을 하지 않는 것이었습니다.

1, 2심은 "남씨가 문서의 진정성립에 관한 진술을 거부하고 있는 이상 증거능력을 인정할 수 없다"며 무죄를 선고하였습니다. 대법원도 역시 무죄를 선고한 원심을 그대로 확정하였습니다. 대법원은 '형사소송법은 진술거부권을 피고인의 권리로 보장하고 있는 만큼 피고인이 증거서류의 진정성립을 묻는 검사의 질문에 대해 진술을 거부한 경우' 결국 USB 메모리에서 출력한 문서를 증거로 사용할 수 없다고 판시하였습니다. 검사는 남씨의 혐의를 입증할 다른 증거를 확보해 제출하여야 하나, 그렇게 하지 못함으로써 무죄 선고를 피할 수 없게 되었습니다.

# '가정폭력'에 어떻게 대처해야 하나요?

## 가정폭력 사건의 특별절차와 피해자 보호

가정폭력은 예전부터 존재해 왔지만 상대적으로 다른 범죄보다 죄의식이 낮습니다. 경찰조차 과거에는 가정 내부의 일에 되도록 개입하지 않으려는 경향을 보였습니다. 그러나 가정폭력은 폭력의 정도나 범위가 일반 형사 범죄에 결코 뒤지지 않습니다. 또한 인간 집단의 가장 기본 단위인 가정의 파탄을 불러오고, 폭력성의 세습이라는 비극을 가져오므로 반드시 근절되어야 할 범죄입니다. 현재 우리나라의 가정폭력 관련 법률과 제도는 정비되어 있으나 그럼에도 아직 피해자를 제대로 보호하지 못한다는 비판도 지속되고 있습니다.

### 피해자를 가정폭력으로부터 보호하기 위한 조치

가정폭력 신고를 받으면 경찰은 지체없이 현장에 출동해 폭력 행위를 제지하고, 가해자와 피해자를 분리해 수사하고, 긴급치료가 필요한 피해자를 의료기관으로 인도해야 하는 등의 의무가 있습니다. 통상 가해자는 자신의 거주지라며 현장에 출동한 경찰이 사건 현장인 집안으로 들어오는 것을 거부하곤 합니다. 하지만 가정폭력 신고를 받은 경찰은 영장 없이도 사건 현장에 출

입하여 조사할 권한이 있습니다.[*]

현장 상황을 파악한 경찰은 가정폭력이 재발될 우려가 있고 상황이 긴급할 경우 가해자에게 긴급임시조치를 취할 수 있습니다. '피해자 또는 가정구성원의 주거 또는 점유하는 방실로부터의 퇴거 등 격리', '피해자 또는 가정구성원의 주거, 직장 등에서 100미터 이내의 접근 금지', '피해자 또는 가정구성원에 대한 전기통신을 이용한 접근 금지' 같은 조치입니다. 이러한 조치는 가해자의 자유권을 제한하므로 법원이 심리한 다음 결정하여야 하는 것들입니다. 하지만 가정폭력은 피해자와 가해자가 같은 공간에 머물기 때문에, 시간을 지체하면 피해자가 다시금 피해를 입을 가능성이 높습니다. 예외적으로 경찰에 기본권을 제한할 수 있는 강력한 권한을 부여한 이유입니다. 가해자가 긴급임시조치를 이행하지 않을 경우 300만 원 이하의 과태료가 부과됩니다.

물론 가해자가 과태료 부과 정도는 무시하고 피해자를 찾아와 또다시 가해행위를 할 수 있어 경찰의 긴급임시조치는 무용지물이라는 비판도 있습니다. 동일한 내용의 조치이지만 위반 시 과태료가 아닌 형사처벌을 부과하기 위해서는 피해자가 법원에 '피해자보호명령'을 청구할 필요가 있습니다. 피해자가 피해자보호명령을 청구하면 법원은 가정보호사건 조사관, 보호관찰소의 장에

---

[*] 가정폭력범죄의 처벌 등에 관한 특례법 제5조, 가정폭력방지 및 피해자보호 등에 관한 법률 제9조의4 제1항, 제2항, 제3항

게 가해자, 피해자 또는 가정구성원에 대한 심문이나 가정폭력범죄의 동기·원인 및 실태 조사를 명하거나 요구하고, 정신건강의학과 의사 등 관련 전문가에게 가해자, 피해자 또는 가정구성원의 정신·심리상태에 대한 진단소견 및 가정폭력범죄의 원인에 관한 의견을 조회하여 적정한 처분을 하게 됩니다. 이처럼 법원이 충실한 심리를 거쳐 결정한 피해자보호명령을 가해자가 위반할 경우에는 과태료가 아닌 2년 이하의 징역 또는 2천만 원 이하의 벌금이나 구류의 형사처벌을 받게 됩니다.[*]

### 여성 피해자를 위한 종합보호체계

가정폭력의 피해자가 남성인 경우도 있지만, 아직까지는 피해자의 다수가 여성입니다. 이런 상황을 반영하여 지방자치단체장, 지방경찰청장, 수탁병원장 3자가 공동협약으로 가정폭력 여성 피해자에게 의료·상담·수사·법률 서비스를 한 장소에서 ONE-STOP으로 제공하는 종합보호체계가 마련되어 있습니다. ONE-STOP 지원센터에는 여성경찰이 상주하고, 전문상담원이 24시간 근무하며, 응급의료진이 대기하고 있습니다. 치료는 여기서 받고, 수사는 저기서 받고, 법률지원은 또 다른 곳을 찾아보는 등 피해자가 문제 해결을 위해 여기저기 뛰어다닐 필요 없이, 이곳

---

[*] 가정폭력범죄의 처벌 등에 관한 특례법 제55조의2 제1항, 제55조의7, 제63조 제1항 제2호

에서 상담지원, 의료지원, 수사지원, 심리평가, 법률연계 모두가 이루어집니다.

가정폭력 신고가 이루어지면 이러한 종합보호체계가 관할 경찰서 단위에서 작동하게 됩니다. 관할 경찰서는 수사를 진행하면서 구청에 생계긴급지원, 보호시설에 주거지원, 의료기관에 의료지원, 상담기관에 상담을 요청하고, 법률자문도 연계하는 등 피해자가 요청하지 않아도 상황에 적합한 보호조치들이 동시에 작동하도록 업무를 처리합니다. 필자도 법률자문 부분을 맡아 활동하였는데, 생각 이상으로 각 기관의 조치가 유기적으로 맞물려 작동하는 모습을 보고 놀란 기억이 있습니다.

### 가정보호사건의 처리

가정폭력 사건은 일반 형사사건과 달리 '가정보호사건'이라는 특유의 처리 방식을 따로 두고 있습니다. 원칙적으로 가정폭력 사건의 가해자도 상해, 폭행, 협박, 체포, 감금, 유기, 학대 등 일반 형사처벌 규정에 따라 처벌되어야 하나, 사건의 성질·동기 및 결과, 가해자의 성행 등을 고려하여 처벌 대신 환경의 조정과 성행의 교정 조치를 취하는 절차가 '가정보호사건' 처리입니다. 가정폭력 사건은 가해자를 처벌하기보다 피해자를 포함한 가정구성원이 피해를 회복하고 다시 건강한 가정을 꾸려나갈 수 있도록 돕는 것이 더 중요한 목표이기 때문입니다.

검사는 이전의 가정폭력 전력, 가해행위의 수단과 정도, 피해의 경중, 가정환경의 개선 가능성 그리고 무엇보다 피해자의 의사를 고려해 일반 형사사건처럼 가해자를 기소할지, 혹은 가정보호사건으로 처리할지 결정합니다. 가정폭력 사건이 처음 접수된 가정의 경우 통상 가정보호사건으로 처리하는 경우가 많습니다. 그러나 아무리 가정 내부에서 벌어진 일이라 할지라도 흉기를 들고 폭력을 가하는 등 강력범죄로 평가될 경우에는 곧바로 기소가 이루어집니다. 또한 피해자가 이혼을 강력히 원할 경우에도 더 이상 '보호'할 '가정'이 없게 된 것이므로, 가정보호사건으로 처리하지 않고 일반 형사사건으로 다루어 기소를 하게 됩니다.

검사가 가정보호사건으로 처리하기로 결정하면 사건을 일반법원 형사부에 기소하는 것이 아니라, 가족 문제를 다루는 관할 가정법원에 송치합니다. 가정보호사건을 송치 받은 법원은 가정보호사건 조사관이나 보호관찰소의 장에게 가해자, 피해자 등에 대한 심문이나 가정폭력의 동기, 원인 등을 조사하게 하고, 가해자, 피해자 등의 정신·심리상태에 대한 정신과 의사 등 전문가들의 소견을 조회하는 등으로 조사·심리를 진행합니다. 이를 통해 가정보호사건의 보호처분 중 어떤 처분을 하면 피해자와 가정 구성원의 인권을 보호하고 다시 건강한 가정을 꾸려나갈 수 있을지 결정하게 됩니다.

법원이 조사·심리한 결과 보호처분을 할 수 없거나 보호처분할 필요가 없다고 인정되는 경우에는 불처분 결정으로 사건을 종결합니다. 일반 형사사건처럼 가해자의 처벌이 필요하다고 판단될 때는 불처분 결정을 하면서 사건을 다시 검사에게 보내기도 합니다. 법원이 가정보호사건으로 처리함이 합당하다고 판단하면 필요한 보호처분을 선택합니다. 가해자가 피해자나 가정구성원에게 접근하는 행위와 전기통신을 이용한 접근 행위를 제한할 수 있고, 가해자의 피해자에 대한 친권 행사를 제한하기도 합니다. '사회봉사·수강명령', '보호관찰', '보호시설에 감호위탁', '의료기관에 치료위탁', '상담위탁' 같은 보호처분도 있습니다.

 **CASE 17. 가정보호사건 불처분 결정 후 공소 제기**

박씨는 2012년 10월 부인 노씨를 밀어 넘어뜨리고 마룻바닥에 이마를 부딪치게 해 전치 2주의 부상을 입혔습니다. 이 사건은 애초에 가정보호사건으로 처리되었는데, 조사·심리를 진행한 가정법원은 불처분 결정을 내립니다. 법원이 불처분 결정을 내린 이유는 명확하지 않습니다. 박씨의 태도를 보고 굳이 보호처분을 할 필요가 없다고 판단하였을 수도 있고, 반대로 가해자의 처벌이 필요하다고 판단해 검사에게 사건을 돌려보내기 위해 불처분 결정을 하였을 수도 있습니다. 법원이 불처분 결정을 하자 검사는 박씨를 일반 법원 형사부에 기소합니다.

이에 박씨는 "이 사건에 대해 이미 가정폭력처벌법에 따른 법원의 불처분 결정이 있었으므로, 검찰이 이를 다시 공소 제기하는 것은 일사부재리 원칙 위반"이라고 주장합니다.

이미 법원의 판단(가정보호사건 불처분 결정)이 나온 동일한 사건에 대해 다시 법원이 판단(형사재판)해 처벌할 수 있는가가 쟁점이 되었습니다.

1, 2심은 "가정폭력처벌법에 의해 보호처분이 확정된 경우에는 다시 공소를 제기할 수 없지만, 불처분 결정에 대해서는 공소를 제한하는 규정이 없다"며 박씨에게 벌금 70만 원을 선고하였습니다.

대법원은 어떻게 판단했을까요? 대법원도 박씨에게 벌금 70만 원을 선고한 원심을 확정하였습니다. 대법원은 "가정폭력처벌법에 규정된 가정보호사건의 조사·심리는 검사의 관여 없이 가정법원이 직권으로 진행하는 형사처벌의 특례에 따른 절차"라며, "당사자주의와 대심적 구조를 전제로 하는 형사소송절차와는 그 내용과 성질이 다르므로, 가정폭력처벌법에 따른 보호처분의 결정 또는 불처분 결정에 확정된 형사 판결에 준하는 효력을 인정할 수 없다"고 밝혔습니다. 즉 일반 형사재판은 검사와 피고인이 당사자가 되어 서로 다투어 나가지만, 가정보호사건은 검사의 관여 없이 법원 스스로 어떻게 하면 가정을 보호할까 고민해 결정하는 절차라서, 이 둘은 근본적으로 다르다는 것입니다.

이어 대법원은 "가정폭력처벌법에는 불처분 결정에 대해 공소 제기를 제한하는 규정이 없을 뿐만 아니라, 불처분 결정이 확정된 가정폭력범죄라 하더라도 일정한 경우 공소가 제기될 수 있음을 전제로 하고 있다"며, "불처분 결정이 확정된 후 검사가 동일한 범죄사실에 대해 다시 공소를 제기하거나 법원이 이에 대해 유죄 판결을 선고했다고 하더라도 이중처벌금지의 원칙 내지 일사부재리의 원칙에 위배된다고 할 수 없다"고 판시하였습니다.

---

### ⚖ CASE 18. 피해자보호명령 위반

이씨는 남편 김씨와 경제적인 이유 등으로 형식적으로 이혼을 한 다음 사실혼 관계를 유지하고 있었습니다. 그런데 김씨가 폭력과 폭언을 일삼자 결국 이씨는 별거생활을 하게 되었습니다. 이씨는 김씨와의 사이에서 태어난 6명의 미성년 아이들을 양육하고 있었습니다. 김씨는 별거 이후에도 계속 술에 취한 상태로 찾아와 이씨와 아이들을 괴롭혔습니다.

결국 이씨는 법의 도움을 받기 위해 피해자보호명령을 청구하였습니다. 법원은 김씨에게 '아내의 주거에서 100미터 이내의 접근금지'와 '아내의 휴대전화 또는 이메일 주소로 유선, 무선, 광선 및 기타의 전자적 방식에 의하여 부호, 문언, 음향 또는 영상을 송신하지 아니할 것'을 내용으로 하는 피해자보호명령을 내렸습니다.

그러나 김씨는 아랑곳하지 않고 이른 새벽에 이씨의 주거지를 찾아가 문을 열라고 고함을 지르는가 하면, 약 3개월 동안 31차례에 걸쳐 이씨의 휴대전화로 천 통의 문자 메시지를 보냈습니다. 김씨가 보낸 문자 메시지 중에는 "내가 살인을 하던 가족이 죽던 그런 방이다. 내 베개 속에 항상 흉기가 있다. 거짓말 같지"처럼 이씨의 생명이나 신체에 위해를 가할 듯한 내용도 여러 번 있었습니다. 검사는 김씨를 협박, 가정폭력범죄의처벌등에관한특례법위반 혐의로 기소합니다.

---

피해자보호명령은 일반 민사사건 접근금지가처분의 일종이라 할 수 있습니다. 특별히 '가정폭력범죄의 처벌 등에 관한 특례법'에서 따로 정하고 있습니다. 피해자가 피해자보호명령을 청구하면 법원은 전문가들의 의견을 조회하는 등 충실한 심리를 거쳐 피해자보호명령을 내리고, 이를 위반할 경우 가해자는 2년 이하의 징역이나 2천만 원 이하의 벌금 또는 구류의 형사처벌을 받게 됩니다. 일반 민사사건에서는 접근금지가처분을 어겼다고 해서 형사처벌을 하지는 않습니다.

이 사건에서 김씨에게는 어떤 형이 선고되었을까요? 법원은 김씨에게 징역 1년 2월의 실형을 선고합니다. 재판부는 "우리 사회는 가정폭력범죄의 처벌 등에 관한 특례법이 제정된 지 약 20년이 경과되었지만 아직도 가정폭력은 가정 내에서 해결하는 것이 원칙이라는 분위기가 있다"며, "이러한 사회 분위기에도 불구하고 견디다 못해 사법권의 도움을 요청하는 피해자에 대하여는 피해자를 특별히 보호하면서 피고인에 대하여 적정한 형벌권을 행사할 필요가 있다"고 판시하였습니다. 그러면서 "피고인은 피해자보호명령을 깡그리 무시하고 피해자를 방문하고 31차례에 걸쳐서 피해자에게 지속적으로 문자 메시지를 발송하였고, 더욱이 자신의 자식 6명을 키우는 여성에게 보낼 수 있는 것인가 하는 내용의 협박 문자 메시지도 여러 차례 발송하였다"고 실형을 선고하는 이유를 설명하였습니다.

# 이런 행동도 '아동학대'인가요?

## 아동학대 사건의 특별절차와 피해자 보호

아동학대는 아동(18세 미만인 사람)을 대상으로 한 신체학대, 정서학대, 성학대, 방임을 포괄하는 개념입니다. 아동학대 사건의 처리 절차와 보호조치는 가정폭력 사건과 상당히 유사합니다. 현장에 출동한 경찰과 아동보호전문기관은 폭넓은 조사 권한을 가지고 있고, 적절한 응급조치를 하여야 합니다. 필요시 경찰은 긴급임시조치를 취할 수도 있습니다. 아울러 피해아동 측은 '피해아동보호명령'을 청구할 수 있습니다.

아동학대 사건에서도 일반 형사사건과 달리 '아동보호사건'이라는 특유의 처리 방식을 두고 있습니다. 가해자인 부모나 보호자를 무조건 처벌하기보다는 피해아동 가장 가까이에 있는 이들을 교정함으로써 향후 아동이 원만하게 보호받으며 성장할 수 있는 환경을 조성하기 위해서입니다.

물론 아동학대 사건 특유의 절차와 규정도 있습니다. 아동학대 사건이 아동을 보호하는 가정이나 기관에서 발생할 경우 가해자로부터 분리한 피해아동을 보호할 제3자가 반드시 필요하므로, 지방자치단체장은 연고자를 찾거나 가정위탁을 하거나 아동복지시설에 입소시키는 등의 보호조치를 하게 됩니다. 도저히 다시 부모에게 아이의 보호·감독을 맡기기 어려울 정도로 중대한 아동학대 사건이라면, 법원에 친권행사의 제한이나 친권상실의 선고를 청구하고 후견인의 선임을 청구합니다.

'아동학대범죄의 처벌 등에 관한 특례법'은 아동학대행위로 아동을 사망에 이르게 하거나 중상해에 이르게 할 경우 형법에 비해 가중 처벌하는 규정을 두고 있습니다.[*] 아동을 보호해야 할 아동복지시설의 종사자가 아동학대범죄를 범한 경우에는 더 중하게 처벌합니다.[**] '아동복지법'은 아동을 대상으로 한 금지행위들을 포괄하여 규정하고 있습니다. 여기에는 성인을 대상으로 한 행위라면 형사처벌되지 않는 행위들(예 : 성희롱, 구걸이나 곡예를 시키는 행위)이 포함되어 있습니다.[***] 나아가 법원은 아동학대 관련범죄 전력자는 일정기간 동안 어린이집, 유치원, 학교 등 아동관련기관에 취업할 수 없도록 하는 취업제한명령을 선고할 수 있습니다.[****]

이처럼 아동학대 사건 발생 시 적용될 법률과 제도는 꼼꼼히 마련되어 있습니다. 정작 실무에서 가장 빈번하게 문제되는 쟁점

---

[*]   아동학대범죄의 처벌 등에 관한 특례법 제4조(아동학대치사) : 무기 또는 5년 이상의 징역
아동학대범죄의 처벌 등에 관한 특례법 제5조(아동학대중상해) : 3년 이상의 징역

[**]   아동학대범죄의 처벌 등에 관한 특례법 제7조(아동복지시설의 종사자 등에 대한 가중처벌) : 2분의1까지 가중

[***]   아동복지법 제71조 제1항, 제17조

[****]   아동복지법 제29조의3(아동관련기관의 취업제한 등)

은 '이 사건이 과연 아동학대에 해당하는가?'입니다. 명백하고 중대한 폭력이야 당연히 아동학대이죠. 하지만 부모 등의 보호자가 아이를 훈육하는 과정에서 이루어진 행위나 일부 정서적 학대행위에 대해서는 아동학대로 보아야 하는지 자주 논란이 됩니다. 현재 아동학대에 포섭되는 범위는 점점 넓어지는 경향을 보이고 있습니다. 지금부터 구체적인 CASE를 살펴보겠습니다.

---

**CASE 19. 아이에게 억지로 음식을 먹인 어린이집 교사**

A씨(49세 여성)는 서울의 한 어린이집에서 보육교사로 근무하고 있었습니다. A씨는 B양(2세)이 점심식사로 나온 카레떡볶이를 먹지 않자, B양에게 억지로 떡볶이를 떠먹였습니다. B양은 울음을 터뜨렸습니다. A씨는 바닥을 닦았던 휴지로 B양의 입을 강하게 닦은 뒤, B양을 데리고 나가 화장실 맞은편 의자에 44분가량 혼자 앉혀두었습니다. 그리고 반 아이들을 낮잠 재울 준비를 끝낸 뒤에야 불 꺼진 교실로 B양을 데려와 재웠습니다. 이 과정에서 B양은 평소와 달리 엄마가 보고 싶다고 심하게 보채고, 낮잠을 자고 일어난 뒤에는 5분가량 몸을 떠는 증세를 보였습니다.

---

보육교사가 원생에게 먹기 싫다는 음식을 억지로 먹이고, 말을 듣지 않자 과도한 제재를 가한 사건입니다. 법원은 이 사안을 아동학대로 보았을까요? 그렇습니다. 정서적 학대행위로서 아동

학대에 해당한다고 보았습니다.

재판부는 "B양이 분리조치된 후 엄마가 보고 싶다며 보채거나 낮잠 후 몸을 떠는 증세를 보였던 것을 보면 심적으로 상당히 위축된 것으로 보이고, 낮잠 자는 시간이라 교실을 소등한 뒤 이끌려 교실로 들어왔을 때에는 두려움을 느꼈을 것으로 보인다"고 밝혔습니다. 이어 "A씨의 행위는 피해아동의 정신건강과 발달에 해를 끼치는 정서적 학대행위에 해당한다"면서, "아동의 심신을 보호하고 건강하게 양육해야 할 보육교사가 만 2세에 불과해 세심한 주의를 기울여야 하는 아동을 학대했다는 점에서 죄질이 좋지 않다"고 판시하였습니다. 이에 따라 재판부는 A씨에게 벌금 150만 원을 선고하고, 40시간의 아동학대 치료 프로그램을 이수할 것을 명령하였습니다.

이 정도면 당연히 아동학대라고 생각하는 분들이 많을 것입니다. 그렇지만 지금은 아동학대라고 생각하는 일들을 과거에는 훈육 중 일어날 수 있는 일로 여기는 경우가 허다했습니다. 불과 10여 년 전만 하더라도 교실에서 체벌이 가능했습니다. 이 사건의 경우에도 마찬가지입니다. 비록 B양이 두 살짜리 어린아이지만 어린이집 교사인 A씨에게 다른 나쁜 의도가 있었던 것이 아니라 밥을 먹어야 하는 아이에게 밥을 먹이려다 일어난 일이고, 말을 듣지 않는다고 손찌검을 하거나 밀치는 등 폭행을 한 것도 아니므로 아동학대로 볼 수는 없다는 판단, 아마 과거에는 이러한 판단이 다수였을 것입니다.

**CASE 20.** 부모의 승낙을 받아 체벌한 학원 강사

학원 강사 A씨는 한 공부방에서 초등부 강사로 일하면서 8세 B군의 학습을 지도하였습니다. A씨는 사전에 B군 부모로부터 체벌을 허락받은 상태였습니다.

A씨는 B군이 시험을 못 쳤다는 이유로 40cm가량의 나무막대기로 발바닥을 수차례 때리고, 손바닥으로 등을 때리는 체벌을 가했습니다. 또 B군이 수학 문제를 풀지 못하자 친구들이 보는 앞에서 B군의 바지를 잡아당겨 속옷이 보이게 하는 등 성적 수치심을 유발하는 행위도 하였습니다. 이러한 사실이 B군 부모에게 전해졌고, A씨는 B군 부모의 신고로 재판에 넘겨졌습니다.

A씨 입장에서는 억울할 수도 있습니다. 부모가 체벌을 해도 좋다고 승낙해 B군을 지도하는 과정에서 필요한 체벌을 한 것인데, 정작 승낙해 준 부모가 신고해 형사재판까지 받게 되었으니까요.

A씨는 1심에서 벌금 500만 원의 선고유예를 받았습니다. 하지만 "B군의 어머니로부터 체벌에 관한 승낙을 받았기 때문에 위법성이 조각된다"며 항소하였습니다. 항소심 재판부는 어떻게 판단했을까요? 1심과 마찬가지로 A씨의 행위가 아동학대에 해당한다고 보고 아동복지법위반 유죄를 그대로 인정하였습니다.

재판부는 "아동복지법 제17조는 '누구든지 아동에게 성적·신체적·정서적 학대행위 등을 해서는 안된다'고 규정하고 있다"며,

"형법이 학대죄를 규정하고 있는데도 아동복지법에서 이처럼 특별구성요건을 정하는 이유는 아동이 학대에 대한 인지 능력이 떨어지고 스스로 저항할 수 있는 능력이 부족해 특별히 보호할 필요성이 있기 때문"이라고 지적하였습니다. 이어 "학대행위로 인해 훼손되는 아동복지권은 아동 또는 아동의 법정대리인이 처분할 수 있는 승낙의 대상이 아니다"라며, "B군 어머니로부터 체벌에 관한 승낙을 받았다고 하더라도 형법 제24조 '피해자의 승낙이 있는 행위' 또는 제20조 '사회상규에 위배되지 않거나 정당한 행위'로 위법성이 조각된다고 할 수 없다"고 밝혔습니다.

사실 피해자가 승낙한 경우 가해자가 신체에 상해를 가하더라도 위법성이 없어 처벌되지 않는 것이 원칙입니다. 그러나 신체는 생명과 더불어 개인에게 가장 중요한 법익이므로, 승낙을 했다 하더라도 사회윤리에 비추어 용인될 수 없는 경우에는 처벌됩니다. 예를 들어 채무를 변제하지 못한 채무자의 승낙을 얻어 채무 면제의 대가로 채권자가 채무자의 신체에 상해를 가하는 행위는 채무자의 승낙이 있었더라도 처벌됩니다. 즉 승낙은 만능이 아닙니다.

이 사건에서 재판부는 '아동복지권'은 애초에 승낙의 대상 자체가 될 수 없다고 보았습니다. 따라서 아동 본인이 승낙하더라도 처벌을 면하지 못하는데, 하물며 아동의 부모가 승낙하였다고 처벌을 피할 수는 없는 것입니다. 또한 친구들이 보는 앞에서 성적 수치심을 유발한 행위는 애초에 승낙 대상으로 거론되지도 않은 행위였죠.

부산의 한 초등학교 교사인 A씨(51세 여성)는 2013년 5월 자신의 반 학생 20여 명을 불러 'B(10세)양과 놀지 마라. 투명인간 취급해라. 상대도 하지 말라'고 하는 등 총 6차례에 걸쳐 B양을 정서적으로 학대한 혐의로 기소되었습니다. A씨는 교실에서 "(B양에게) 단돈 100원이라도 빌려주고 돌려받지 못한 사실이 있으면 모두 적어 내라"고 말했으며, 한 학생이 "700원을 빌려주고 돌려받지 못했다"고 답하자, "5월 말까지 한 달 동안 반성 기간"이라며 B양을 교실 뒷자리에 앉게 한 혐의도 받았습니다.

또 B양이 같은 반 친구 몇 명에게 '친하게 지내자'는 내용의 편지를 건네는 것을 보고, 학생들에게서 편지를 회수해 B양에게 편지를 찢게 하였습니다. 같은 반 학생의 어머니에게 전화해 'B양이 나쁜 짓을 하고 다니니 (자녀가) 같이 놀지 못하게 하라'는 등의 말도 한 것으로 조사되었습니다.

A씨는 "훈육 차원에서 이뤄진 것으로 정서적 학대행위에 해당하지 않는다"고 주장하였습니다. A씨가 이와 같은 행동을 한 이유는 분명하지 않습니다. 교사의 태도라고 하기에는 상당히 이례적입니다. 자신이 생각하는 나름의 이유가 있을 수 있고, 훈육 차원이라고 볼 만한 사정이 있을 수도 있습니다. 그렇지만 아무리 나름의 이유와 사정이 있다 하더라도, 교사인 A씨가 자신이 가

르치는 어린 학생에게 한 행동들은 신체학대 이상의 명백한 정서학대입니다.

1심은 "A씨는 개인의 감정을 앞세워 예민한 감수성을 지닌 10세의 B양에게 극심한 정신적 고통을 줄 수 있는 발언과 행동을 계속했다"면서, "B양이 받은 상처가 쉽게 지워지지 않을 것으로 보여 범행의 죄질이 결코 가볍다고 볼 수 없다"며 벌금 200만 원을 선고하였습니다. 2심도 "A씨의 행위는 변명의 여지가 없는 정서적 학대행위로 마땅히 법적·도의적 책임을 져야 한다"며 1심을 유지하였습니다. 대법원 역시 원심을 그대로 확정하였습니다. 각 재판부의 판시 내용을 보면 법원도 이 사건을 충격으로 받아들이면서 단호한 문구로 A씨에게 경고하고 있음을 알 수 있습니다.

---

**CASE 22· 초등학생에게 에이즈와 동성애 사진을 보여주다**

한 어린이집에 초등학교 6학년 학생들이 봉사활동을 하러 왔습니다. 그런데 어린이집 부원장 A씨와 원감 B씨는 예정에 없던 성 관련 교육을 하겠다며 학생들에게 에이즈와 동성애의 위험성을 설명하는 사진과 유튜브 동영상을 30여 분간 보여주었습니다.

검찰은 A씨와 B씨가 봉사활동을 하러 온 초등학생들의 정신건강과 발달에 해를 끼치는 정서적 학대행위를 했다고 주장하며 아동복지법 위반 혐의로 기소합니다.

---

A씨와 B씨는 "해당 영상은 동성애와 에이즈의 위험성을 알리기 위해 예방 차원에서 제작된 것"으로, "아동학대를 하려고 한 고의가 없었다"며 무죄를 주장하였습니다.

뜬금없이 어린이집 선생님들이 초등학생들에게 에이즈와 동성애 위험성 관련 사진과 영상을 보여준 이 사건, 아동학대일까요? A씨와 B씨 입장에서는 비록 자신들이 가르치는 제자는 아니지만, 학생들이라면 누구나 알고 있어야 할 내용이라 생각하고 교육 목적으로 사진과 영상을 보여주었을 수 있습니다.

법원은 어떻게 판단하였을까요? 1, 2심은 "동영상의 주된 취지는 동성애는 에이즈를 확산할 위험이 있으므로 동성애를 허용해서는 안된다는 것이지만, 이러한 위험성을 강조하면서 자세한 설명과 함께 사진을 제시하고 구체적인 성행위 방법까지 설명했다"며, "피해 아동들은 동영상 시청에 따라 수반되는 정신적인 충격이나 불안감 등을 대비하기 위해 미리 동영상이 담고 있는 내용에 대해 사전지식을 습득하는 등의 준비를 할 수 있는 기회를 전혀 가지지 못했다"고 지적하였습니다. 또 "피해 아동들은 동영상 시청에 대해 거부의사를 표현할 수 있는 기회조차 없었다"며, "피해 아동들 또래 아동이 동성애와 에이즈에 대한 사전교육을 받지 않은 상태에서 보호자 없이 이 같은 동영상을 시청하게 된다면 피고인들이 주장하는 교육적 순기능보다 심리적이고 정신적인 충격을 받게 될 것은 분명하다"고 판시하였습니다.

사진과 영상을 확인해 본 재판부는 단순 교육 목적을 넘어 지나치게 자극적인 내용들이 포함되어 있어 아이들에게는 충격으로 다가올 수밖에 없다고 판단합니다. 사전에 관련 지식을 습득하는 등의 대비 조치라도 있어야 하나, 아이들이 충격을 완화하거나 피할 겨를이 전혀 없었다는 것입니다.

징역 8개월에 집행유예 2년을 선고받은 A씨와 B씨는 상고하였지만, 대법원 역시 원심의 판단을 정당하다고 보았습니다.

# 미성년자의 범죄를 둘러싼 논란

## 미성년자 범죄에 관한 특칙

　미성년자가 범죄를 저지른 경우 성인과는 다른 특칙들이 적용됩니다.[*] 우선 미성년자 중에서도 14세 미만은 형사미성년자로서 형사처벌 대상이 아닙니다.[**] 다만 10세 이상이라면 소년법에 따른 보호처분 대상은 됩니다.[***] 우선 나이에 따른 처분 가능 유형부터 알고 있어야 그 다음 구체적인 내용들을 이해할 수 있습니다.

### 미성년자에 대한 형사처분

| 연령 | 보호처분 | 형사처벌 |
| --- | --- | --- |
| 10세 미만 | X | X |
| 10세 이상~14세 미만 | O | X |
| 14세 이상 | O | O |

[*]　여기서 '미성년자'는 19세에 달하지 않은 사람을 가리키는 민법상 개념인데(민법 제4조) 형사처분에 관한 특별법인 소년법에서 말하는 '소년'도 19세 미만인 자를 가리킵니다(소년법 제2조). 따라서 '미성년자' 또는 '소년' 모두 19세 미만인 자를 의미합니다.

[**]　형법 제9조(형사미성년자)

[***]　소년법 제4조(보호의 대상과 송치 및 통고), 소년심판규칙 제42조(10세 미만자에 대한 처분)

성인과 다른 미성년자 범죄에 관한 특칙들은 다음과 같이 정리할 수 있습니다.

### 보호사건

미성년자는 범죄를 저지르더라도 무조건 형사처벌하지는 않습니다. 보호사건으로 다루어 보호처분을 할 수도 있습니다. 아직 어린 나이인 소년에게 엄한 책임을 묻기보다 환경을 바꾸어 주고 소년의 성격과 행동을 바로잡기 위해 특별 절차를 마련해 둔 것입니다.

검사는 죄를 범한 사람이 14세 이상 19세 미만이면 일반 형사사건으로 다루어 기소할지 아니면 보호사건으로 다루어 가정법원에 송치할지 결정할 수 있습니다. 경찰서장은 10세 이상 14세 미만인 소년이 형벌 법령에 저촉되는 행위를 하였거나(촉법소년), 10세 이상인 소년이 집단적으로 몰려다니며 주위 사람들에게 불안감을 조성하는 등 앞으로 형벌 법령에 저촉되는 행위를 할 우려가 있으면(우범소년), 보호사건으로 다루어 가정법원에 송치하여야 합니다.

판사는 조사관에게 사건 본인, 보호자 또는 참고인의 심문이나 그밖에 필요한 사항을 조사하도록 명하고, 정신건강의학과 의사 등 전문가의 진단, 소년분류심사원의 분류심사 결과와 의견 등을 고려해 조사와 심리를 진행합니다. 조사 결과 보호사건 심리를 개시할 수 없거나 개시할 필요가 없다고 인정되면 심리 불개시의 결정을 합니다. 보호사건 심리가 필요하면 심리 개시의 결정을 하는데, 이때는 심리 기일을 지정합니다. 심리 기일에는 소년 본인뿐만 아니라 보호자를 소환하여야 하고, 심리는 친절하고 온화하게 하여야 합니다.[*]

보호사건 심리 기일에 출석해 보면, 판사는 마치 선생님이 학생을 꾸중하고 훈육하듯이 심리를 진행합니다. "○○야, 지금 여기 오게 된 이유를 알고 있니?", "○○가 저지른 죄는 사실 가벼운 죄라고 할 수 없어. 그렇지만 ○○가 아직 어린 나이라서 형사재판을 진행하지 않고 여기 가정법원에서 어떻게 하면 ○○가 다시 원만하게 커갈 수 있을지 살펴보고 있는 거야" 같은 표현을 목격할 수 있습니다.

판사는 심리를 마친 뒤 보호처분을 할 수 없거나 할 필요가 없다고 인정하면 **불처분** 결정을 합니다. 보호처분을 할 필요가 있다고 인정하면 **보호처분** 결정을 하는데, 그 처분 유형에는 모두 10가지가 있습니다.

1. 보호자 또는 보호자를 대신하여 소년을 보호할 수 있는 자에게 감호 위탁
2. 수강명령
3. 사회봉사명령

---

[*]  소년법 제24조(심리의 방식) ① 심리는 친절하고 온화하게 하여야 한다.

4. 보호관찰관의 단기 보호관찰

5. 보호관찰관의 장기 보호관찰

6. '아동복지법'에 따른 아동복지시설이나 그 밖의 소년보호시설에
   감호 위탁

7. 병원, 요양소 또는 '보호소년 등의 처우에 관한 법률'에 따른
   소년의료보호시설에 위탁

8. 1개월 이내의 소년원 송치

9. 단기 소년원 송치

10. 장기 소년원 송치


　미성년자 범죄 특칙에 관한 가장 많은 비판은 '14세 미만이면 아무리 흉악한 범죄를 저질러도 감옥에 못 보내는 거 아니냐'는 것입니다. 그러나 이는 반은 맞고 반은 틀린 표현이라고 할 수 있습니다. 14세 미만인 소년에게는 형사처벌을 할 수 없고, 따라서 징역형을 선고할 수 없다는 점에서는 맞는 말입니다. 그러나 사건의 조사나 심리에 필요해 판사가 소년을 소환하였는데도 소환에 불응하면 동행영장이 발부될 수 있습니다. 긴급조치가 필요하다고 인정되면 소환조치 없이 곧바로 긴급동행영장을 발부하기도 합니다. 조사를 진행하는 경찰이 긴급동행영장을 집행해 소년을 소년분류심사원에 인치한 채 조사를 이어나갑니다.* 긴급

---

*　소년법 제13조(소환 및 동행영장), 제14조(긴급동행영장), 제15조(동행영장의 방식), 제16조(동행영장의 집행)

동행영장은 성인으로 치면 수사중의 구속영장과 유사한 기능을 하는 측면이 있습니다.

또한 단기 소년원 송치(6개월 이내)나 장기 소년원 송치(2년 이내, 소년이 12세 이상이어야 함)처분이 이루어지면, 소년은 장시간 외부와 통제된 채 구금 생활을 하여야 합니다. 즉 소년원 송치는 성인으로 치면 형사재판 후 선고되는 징역형과 유사한 측면이 있습니다. 물론 소년분류심사원이나 소년원은 소년의 교정과 교육을 담당합니다. 형의 집행과 구속영장 집행이 기본 목적인 교도소나 구치소와는 본질적으로 그 기능을 달리하는 기관입니다. 하지만 소년의 입장에서는 마치 수사 단계에서 구속되거나 법원의 최종 결정으로 구금형 집행을 받는 것과 같은 느낌으로 다가올 수 있는 것입니다.

### 형사사건

미성년자가 저지른 범죄를 형사사건으로 다루더라도 소년에 대한 구속영장은 부득이한 경우가 아니면 발부하지 못합니다.[*] 불구속수사의 원칙이 소년에게는 더욱 엄격하게 적용됩니다. 성인이라면 수사 단계에서 구속되었을 사안임에도 피의자가 소년이기 때문에 구속영장 청구가 기각되는 경우가 많습니다.

죄를 범할 당시 18세 미만인 소년의 형량은 15년 이하로 제한

---

[*]  소년법 제55조(구속영장의 제한)

됩니다. 재판 결과 사형 또는 무기형에 처하여야 할 사건이라 하더라도 15년의 유기징역이 선고됩니다.[*]

소년이 법정형으로 장기 2년 이상의 유기형에 해당하는 죄를 범한 경우에는 그 형의 범위에서 장기와 단기를 정하여 선고하되, 장기는 10년, 단기는 5년을 초과하지 못합니다.[**] 이 점이 미성년자 형사사건 재판에서 가장 특이한 부분입니다. 쉽게 말해 '징역 ○년에 처한다'라고 콕 집어 형을 선고하지 못하고, '단기 ○년, 장기 ○년에 처한다'와 같이 범위를 정해 형을 선고하여야 합니다. 이렇듯 범위를 정해 형을 선고함으로써 형의 단기만 지나면 형의 집행을 종료시킬 수 있게 하였습니다.[***] 그 기간 동안 소년이 양호하게 지내고 교정의 목적을 달성하였다고 인정될 경우에 형의 집행을 종료시킬 수 있게 하였습니다. 아울러 소년에게는 그 특성에 비추어 상당하다고 인정되는 때에는 형을 감경할 수 있도록 함으로써,[****] 같은 범죄라 하더라도 성인에 비해 소년에게는 낮은 형량을 선고할 수 있도록 하고 있습니다.

지금까지 미성년자 범행 시의 특칙들을 정리하였으니, 이제 구체적인 CASE를 살펴보겠습니다.

---

[*]   소년법 제59조(사형 및 무기형의 완화)
[**]   소년법 제60조(부정기형) 제1항
[***]   소년법 제60조(부정기형) 제4항
[****] 소년법 제60조(부정기형) 제2항

**CASE 23.** 범행 시 소년이었지만 판결 시 성인이 된 피고인

A씨(1997년 2월생)는 2015년 4월 B씨와 함께 스마트폰 채팅 어플을 이용해 여성 청소년들에게 성매매를 강요하고 보호비 명목으로 돈을 뜯은 혐의(아동·청소년의성보호에관한법률위반)로 기소되었습니다. 범행 당시는 물론 1심 판결 선고 시에도 미성년자였던 A씨는 같은 해 11월 1심에서 소년 감경을 받아 장기 3년에 단기 2년 6개월을 선고받았습니다. 범행 당시 이미 성년이던 B씨에게는 징역 3년 6개월이 선고되었습니다.

미성년자 범행 시의 특칙들이 그대로 나타나죠? 같은 범행을 저지르고도 미성년자 A씨는 성인 B씨에 비해 형을 감경받았고, 나아가 콕 집어 '징역 ○년'을 선고받은 것이 아니라 '장기 3년, 단기 2년 6개월'을 선고받았습니다.

그런데 이 사건 항소심이 진행되는 도중인 2016년 2월 A씨는 만 19세로 성년이 되었습니다. 많은 분들이 오해하는 부분인데, 소년법에 따른 감경(소년법 제60조 제2항)이 적용되려면, 범행 시뿐만 아니라 판결 시에도 19세 미만 상태가 유지되어야 한다는 것이 확고한 대법원 판례의 입장입니다. 그런데 이 사건 항소심은 대법원 판례를 따르지 않고 소년법에 따른 감경 기준을 범행 시로 판단해야 한다며, A씨에게 소년법 제60조 제2항을 적용합니다. 즉 항소심이 진행되는 동안 성인이 되었지만, 범행 시 소년이었으므로 소년 감경이 적용될 수 있다고 본 것입니다. 그리하여

1심이 감경해 준 형량을 항소심에서도 그대로 유지하였습니다.

항소심이 대법원 판례를 따르지 않은 나름의 이유는 있었습니다. 항소심은 "소년 감경 규정은 심판조건이나 소송조건과 같은 절차법적 성질의 규정과는 달리 실체법적 성질을 가진다"며, "대법원 판례를 따를 경우 제1심 판결 선고 시에는 피고인이 소년이어서 소년 감경을 했다가 항소심 판결 선고 시에는 피고인이 성년이 된 경우 항소심은 소년법상의 감경을 할 수 없게 되는데, 이렇게 되면 1심에서 소년 감경을 받았다가 항소심에서 성년이 되는 피고인의 상소권을 사실상 제한하게 되는 경우도 생길 수 있다"고 밝혔습니다.

쉽게 말해 범행 당시 소년이면 족하지 판결 시까지 소년일 필요는 없다는 것입니다. 형법 제9조가 14세 미만은 형사미성년자로 형사처벌하지 않도록 한 이유는 아직 어려 자신의 행위에 따른 책임을 인식하고 행동할 능력이 부족하기 때문인 것처럼, 소년 감경 규정도 이와 마찬가지 이유로 마련된 규정이기 때문이라는 것입니다. 아울러 소년 감경 규정이 적용되기 위해 판결 시까지 소년일 것을 요구한다면, 1심에서 생각 이상으로 과한 형을 선고받은 소년이 항소했다가 항소심 진행 중 성년이 됨으로써 형이 더 높아질까봐 항소하고 싶어도 하지 못하게 만드는 결과를 초래한다는 것입니다.

항소심은 이어서 "판결을 선고할 때에도 소년인 경우만 형을 감경할 수 있다고 제한적으로 해석하는 것은 문리해석(법률을 용어의 의미에 따라 해석) 상으로도 맞지 않는다"며, "해석 여하에 따라 피고인의 처우에 현저한 차이를 가져올 수 있는데도 문언에 표시되지 않은 조건을 부가해 피고인에게 불리하게 제한적으로 해석하는 것은 형사법의 이념에도 어긋난다"고 설명하였습니다. 즉 소년 감경에 관한 소년법 제60조 제2항은 '소년의 특성에 비추어 상당하다고 인정되는 때에는 그 형을 감경할 수 있다'고 규정하고 있을 뿐, 어디에도 판결 선고 시까지 소년일 것을 요구하는 내용이 없다는 것입니다. 그럼에도 추가 조건을 요구하는 것은 규정 해석상으로도 부당하다는 주장입니다.

항소심의 이 판결 어떻게 되었을까요? 대법원은 기존 입장대로 판결 시에도 소년인 경우에만 감경 규정을 적용할 수 있다고 판시하면서 항소심을 파기하고 돌려보냈습니다.

대법원은 "소년은 인격이 형성되는 과정에 있기에 그 개선가능성이 풍부하고 심신의 발육에 따르는 특수한 정신적 동요상태에 놓여 있다"며, "소년법은 이러한 소년의 특성 때문에 현재 소년이라는 상태를 중시해 소년이 건전하게 성장하도록 돕기 위해 형사처분에 관한 특별조치 등을 규정하고 있는 것"이라고 밝혔습니다. 이어 "소년 감경은 여러 형사절차상 특별조치의 하나로 규정된 것이지, 형법 제9조와 같이 연령을 책임요소로 파악한 것이라거나 소년의 특성을 책임의 문제로 파악해 규정된 것은 아니다"라며, "이는 대법원이 누차 판시하여 온 법리이고 이 사건에서 이 법리 변경을 고려할 만한 사정은 보이지 않는다"고 설명하였습니다.

대법원은 형법 제9조 형사미성년자 규정과 소년법 제60조 제2항 소년 감경 규정은 마련된 취지가 근본적으로 다르다고 봅니다. 형법 제9조 형사미성년자 규정은 아직 어린 소년이 자신의 행위에 따른 책임을 인식하고 행동할 능력이 부족하기 때문에 마련된 것이므로, 범죄 시 14세 미만이면 판결 시 14세 이상이더라도 그대로 적용되어 형사처벌하지 않습니다. 반면 소년법 제60조 제2항 소년 감경 규정은 피고인이 판결을 선고하는 현재 아직 나이가 어려 앞으로 충분히 생각과 행동이 개선될 여지가 있으므로, 굳이 높은 형을 선고하지 않아도 된다는 생각에서 마련된 규정입니다. 따라서 반드시 판결 시에 19세 미만이어야 한다는 것입니다. 즉 소년 감경 규정은 '왜 범죄를 저질렀는가?'가 아닌 '앞으로 개선 가능한 사람인가'를 기준으로 적용 여부를 결정하여야 하므로 판결 시에도 소년이어야 합니다.

---

⚖ **CASE 24. 전자장치 부착 요건과 소년법상의 보호처분**

오씨는 2010년 10월 경기도 포천에서 버스에서 내려 혼자 걷던 박씨를 쫓아가 얼굴을 주먹으로 때리는 등 3주간의 치료가 필요한 상해를 가한 뒤 강간한 혐의로 기소되었습니다. 검찰은 오씨가 1999년 미성년자에 대한 강간치상죄로 소년보호처분을 받은 전력이 있어 재범위험성이 있다고 판단해 전자장치 부착명령을 청구하였습니다.

전자장치부착법은 전자장치 부착 요건으로 '성폭력범죄를 2회 이상 범한 때' 등을 규정하고 있습니다. 오씨가 과거 소년일 때에 보호처분을 받은 전력도 여기에 포함되는지가 쟁점이 되었습니다. 같은 쟁점을 두고 하급심에서 서로 상충된 판결이 나왔는데, 대법원은 소년보호처분을 받은 전력은 포함되지 않는다고 결론 내렸습니다.

대법원은 "죄형법정주의의 원칙상 형벌 법규는 문언에 따라 엄격하게 해석·적용해야 하고 피고인에게 불리한 방향으로 지나치게 확장해석하거나 유추해석해서는 안되는 것이 원칙이며, 이는 특정 범죄자에 대한 위치추적 전자장치 부착명령의 요건의 해석에 있어서도 마찬가지"라고 밝혔습니다. 이어서 "특정 범죄자에 대한 위치추적 전자장치 부착 등에 관한 법률(전자장치부착법) 규정은 문언상 유죄의 확정판결을 받은 전과사실을 포함해 성폭력범죄를 2회 이상 범한 경우를 의미한다"며, "피고인이 소년법에 의한 보호처분을 받은 전력이 있더라도 이는 유죄의 확정판결을 받은 때에 해당하지 않으므로 2회 이상 성폭력범죄를 범했는지를 판단함에 있어 소년보호처분을 받은 전력을 고려할 것은 아니다"라고 판시하였습니다.

즉 전자장치부착법은 유죄의 확정판결을 받은 경우를 요구하고 있는데, 보호처분은 형사처벌 절차가 아닌 소년법상 특별 절차에서 이루어진 처분이므로 전자장치 부착 요건과는 무관하다는 것입니다.

## CASE 25. 음주운전 삼진 아웃과 소년법

유씨(29세)는 2016년 10월 서울 강북구의 한 도로에서 면허취소 수준인 혈중 알코올 농도 0.134%의 상태로 승용차를 운전한 혐의로 기소되었습니다. 검찰은 유씨가 미성년자였던 지난 2006년 음주운전으로 소년보호처분을 받은 전력과 2009년 음주운전으로 약식명령을 받은 전력을 확인하고, 도로교통법 제148조의2 제1항 위반 혐의를 적용해 재판에 넘겼습니다. 당시 도로교통법 제148조의2 제1항은 음주운전을 2회 이상 한 사람이 다시 음주운전을 한 경우 1년 이상 3년 이하의 징역 등으로 가중처벌하도록 규정한 이른바 '삼진 아웃' 조항입니다.

이 사건에서도 유씨가 과거 소년일 때에 보호처분을 받은 전력이 음주운전 삼진 아웃 요건에 포함되는지가 쟁점이 되었습니다. CASE 24와 유사한 쟁점이죠?

1심은 유씨가 삼진 아웃에 해당한다고 판단해 징역 1년에 집행유예 3년을 선고했습니다. 그러나 2심은 '소년보호처분 사건은 소년의 장래 신상에 어떠한 영향도 미치지 않는다'는 소년법 조항에 따라 유씨를 삼진 아웃 대상에 포함시켜서는 안된다고 판단해 감형하였습니다.

대법원은 어떻게 판단했을까요? 대법원은 CASE 24와 달리 소년일 때에 보호처분을 받은 전력도 음주운전 삼진 아웃 요건에 포함된다고 판단하였습니다. 이유가 뭘까요?

대법원은 "도로교통법 제148조의2 제1항은 행위주체를 단순히 2회 이상 음주운전 금지규정을 위반한 사람으로 정하고 있을 뿐 음주운전 금지규정 위반으로 형을 선고받거나 유죄의 확정판결을 받은 경우 등으로 한정하고 있지 않다"며, "보호처분을 받은 전력도 음주운전을 한 사실 자체가 인정되는 경우에는 음주운전 금지규정을 위반한 전력에 포함된다"고 판시하였습니다. 즉 도로교통법 제148조의2 제1항은 음주운전으로 인해 형을 선고받거나 유죄 확정판결을 받을 것까지 요구하지 않고, 단순히 2회 이상 음주운전 금지규정을 위반한 사람이라고만 정하고 있다는 것입니다. 따라서 형사처벌을 받지 않았더라도 음주운전 금지규정을 위반해 보호처분을 받았다면 당연히 그 요건에 포함된다고 본 것입니다.

# 제2부

# TV 뉴스에
# 나온
# 사건이라고요?

# 법은 모호하지 않고 명확해야 해요

## 죄형법정주의

죄형법정주의란 쉽게 풀어쓰면 '죄'와 '형'은 '미리' '법'에 정해둬야 한다는 원칙을 말합니다. 예를 하나 들어볼까요?

형법 제329조(절도) 규정을 보면 '타인의 재물을 절취한 자는 6년 이하의 징역 또는 1천만 원 이하의 벌금에 처한다'고 되어 있습니다. 그러니까 법에 타인의 재물을 절취하는 행동 즉 절도'죄'와 6년 이하의 징역'형' 또는 1천만 원 이하의 벌금'형'을 미리 정해 놓아야 한다는 것이죠. 너무나 당연한 얘기인 것 같죠? 하지만 이 죄형법정주의는 헌법*에도 규정되어 있을 정도로 근대 형법의 가장 중요한 대원칙입니다.

왜일까요? 과거로 돌아가 보면 처벌규정이 없어도 정적을 제거하거나 국민들에게 공포감을 심어줄 생각으로 막연히 사회에 유

---

\*   헌법 제12조 제1항 누구든지 '법률'에 의하지 아니하고는 체포, 구속, 압수수색 또는 심문을 받지 아니하며, '법률'과 적법절차에 의하지 아니하고는 '처벌, 보안처분 또는 강제노역'을 받지 아니한다.

헌법 제13조 제1항 모든 국민은 '행위시'의 법률에 의하여 범죄를 구성하지 아니하는 행위로 소추되지 아니한다.

결국 행위할 때보다 '먼저' 만든 법이 있어야 이 법에 위반한 사람을 처벌할 수 있다는 원칙이 최고법인 헌법에까지 적혀 있다는 걸 알 수 있죠.

해하다며 처벌하기도 했고요, 또 갑자기 예전 행동이 잘못됐다며 법을 만들어 처벌하기도 했습니다. 결국 국가가 '형벌권'을 마음대로 사용해서 사람을 가두거나 더 나아가 사람의 목숨을 뺏을 수도 있었던 겁니다. 그래서 이 강력한 형벌권을 국가가 마음대로 사용할 수 없게 하려면 법을 미리 만들어서 국민들이 이런 행동을 하면 어떤 처벌을 받는다는 사실을 아는 경우에 한해서만 처벌이 가능하도록 해야 한다는 거죠. 그렇다면, 처벌 법규만 있으면 무조건 처벌이 가능할까요? CASE를 보시죠.

### CASE 26. 미네르바 사건

2008년 하반기 미네르바라는 필명으로 인터넷 포털 사이트에 리먼브라더스의 부실과 환율폭등 또 금융위기의 심각성 그리고 당시 대한민국 경제추이를 예견하는 글로 주목을 받았던 인터넷 논객 박모씨. 실제 당시 경제상황과 맞아떨어진 부분이 많아 누리꾼들의 관심을 많이 받게 되죠. 더 나아가서 박모씨는 정부가 주요 7대 금융기관과 수출입 관련 주요 기업에 달러 매수를 금지할 것이라는 긴급 전문을 전송했다는 글을 게시합니다. 이런 허위사실의 유포로 사회혼란이 가중된다며 검찰은 박모씨를 구속해서 기소했습니다만, 박모씨는 법원에서 무죄판결을 받았고 처벌의 근거가 된 법조항은 헌법재판소에서 위헌으로 판단해 역사 속으로 사라지게 됩니다.

당시 미네르바 박모씨를 기소한 근거법률은 전기통신기본법 제47조 제1항(공익을 해할 목적으로 전기통신설비에 의하여 공연히 허위의 통신을 한 자는 처벌한다)이었습니다. 죄형법정주의라는 원칙은 죄와 형은 미리 법률로 규정해야 한다는 원칙인데 '전기통신기본법 제47조 제1항'이라는 법에 죄와 형이 미리 정해져 있으니 별 문제가 없어 보이죠?

하지만 이 법규의 내용에는 아주 큰 문제가 있습니다. 형식적으로 '공익을 해할 목적으로 허위의 통신을 한 행동'을 처벌한다고 되어 있긴 합니다만, 도대체 어느 정도의 내용이 공익을 해하는 것인지 감이 오나요?

말 그대로 이 법의 해석은 코에 걸면 코걸이 귀에 걸면 귀걸이가 됩니다. 그렇다면 내가 어떤 행동을 하면 처벌되는지 정확하게 알 수가 없죠. 결국 법 내용이 모호하면 법이 없는 것과 마찬가지 상황이 됩니다. 죄형법정주의에서 말하는 '법'은 국민 누구나 형사법 규정을 읽고 내가 이런 행동을 하면 처벌받는다는 사실을 알 정도로 명확해야 합니다.

아까 제가 죄형법정주의는 '헌법원리'라고 말씀드렸죠? 결국 위 전기통신기본법 제47조 제1항은 헌법원리에 반하는 형사법규이니 위헌결정이 날 수밖에 없었던 것이고 미네르바 박모씨 역시 무죄판결을 받을 수 있었던 거죠.

**CASE 27. 모니터에 뜬 성관계 동영상을 촬영하다**

유흥주점 종업원이었던 여성 A씨는 내연관계로 지내던 유부남 B씨와 사귀다가 헤어지게 됩니다. A씨는 남성에게 헤어질 수 없다며 매달려 보지만 유부남 B씨는 A씨를 다시 만나주지 않습니다. 복수심에 불탄 A씨! 과거에 합의하에 촬영했던 두 사람의 성관계 동영상을 컴퓨터로 재생하면서 이 영상을 휴대폰으로 촬영해 유부남 B씨의 부인에게 보내게 됩니다. 검찰은 이 여성을 성폭력범죄 처벌에 관한 특례법 위반으로 기소해서 재판에 넘기게 됩니다.

합의하에 촬영한 성관계 동영상일지라도 나중에 상대방의 의사에 반해 이를 유포하면 처벌됩니다. 그렇다면 여성 A씨의 행동은 누가 봐도 명백히 불법이라고 생각하겠죠. 하지만 어떤 이유에선지 법원은 엄청난 고민에 빠졌고 1, 2심과 대법원의 판단이 갈리게 됩니다. 그리고 결국 이 여성은 최종적으로 무죄판결을 받습니다. 과연 뭐가 문제일까요? 먼저 관련 법조문부터 보시죠.

성폭력범죄의 처벌 등에 관한 특례법 제14조<sup>*</sup>

① 카메라나 그밖에 유사한 기능을 갖춘 기계장치를 이용하여 성적 욕망 또는

---

* 이 사건 이후 위 규정은 개정이 돼서 이제는 이런 행위 역시 처벌이 가능하도록 변경됐습니다.

수치심을 유발할 수 있는 사람의 '신체'를 촬영대상자의 의사에 반하여 촬영한 자는 7년 이하의 징역 또는 5천만 원 이하의 벌금에 처한다.

② 제1항에 의한 '촬영물'을 촬영 당시에는 촬영대상자의 의사에 반하지 아니한 경우에도 사후에 그 의사에 반하여 반포 등을 한 자는 7년 이하의 징역 또는 5천만 원 이하의 벌금에 처한다.

눈치 채셨나요? 네, 맞습니다. 이 법은 사람의 '신체'를 촬영한 '촬영물'을 처벌 대상으로 하는데 여성 A씨가 찍은 건 엄격하게 따지면 신체가 아니라 '모니터'였던 거죠. 고민 끝에 1심과 2심은 이 법을 왜 만든 것인가, 즉 입법 취지에 입각해서 법 규정을 넓게 해석해 여성 A씨에게 유죄판결을 내립니다. 이 법을 만든 이유는 성적 수치심을 줄 수 있는 신체나 성관계 촬영물을 상대방의 동의 없이 유포해서 상대방에게 엄청난 정신적 피해를 주는 것을 처벌하기 위함인데 성관계 영상 자체를 유포하나 모니터에 뜬 성관계 영상을 재촬영해서 유포하나 피해는 동일하기 때문에 1, 2심은 이 여성을 처벌해야 한다고 판단한 거죠.

하지만 대법원은 법조항에서 처벌 대상으로 규정하고 있는 것은 다른 사람의 '신체'이고 다른 사람의 '신체' 그 자체를 '직접' 촬영하는 행위만 처벌한다는 의미이기 때문에 다른 사람의 신체 이미지가 담긴 '영상'을 촬영하는 것은 이 법조항으로 처벌할 수 없다고 판단하면서 무죄취지로 원심에 파기환송하게 됩니다.

죄형법정주의에서의 '법'은 모호하지 않고 명확해야 할 뿐만 아니라 엄격하고 좁게 해석해야 합니다. 유추해석이나 확대해석이 가능하다고 하면 이 역시 '법'이 어디까지 처벌한다고 하는 것인지 알기 어렵기 때문입니다. 대법원은 아무리 처벌의 필요성이 있다고 하더라도 헌법상 원리인 죄형법정주의가 후퇴해선 안된다고 판단한 것이죠. 그럼 앞으로 저런 행동은 처벌이 안될까요? 아닙니다. 이 판결 이후 국회는 성폭력범죄의 처벌에 관한 특례법 제14조 제2항을 제1항에 의한 '촬영물 또는 복제물을 … 반포한 자'라고 개정했기 때문에 이젠 처벌된다는 것 꼭 알아두세요!

 **CASE 28. 문틈에 끼워둔 음란 편지**

경북 문경에 있는 한 원룸 건물에 살던 이모씨는 2013년 11~12월 음란한 내용의 글과 그림을 담은 편지를 옆집에 사는 여성 A씨의 집 출입문에 여섯 차례 끼워뒀습니다. 여성은 기분이 나쁜 것을 떠나 공포심까지 느끼게 되었고 결국 경찰에 신고하게 됩니다. 여성을 협박하는 내용은 없었기 때문에 협박죄로 처벌할 수 없어 결국 검찰은 이모씨를 성폭력 범죄의 처벌에 관한 특례법상 통신매체를 이용한 음란행위로 기소해서 재판에 넘기게 됩니다.

이 남성의 행동은 여성에게 성적 수치심을 넘어 공포심까지 느끼게 한 것이기 때문에 처벌의 필요성은 있겠죠. 하지만 이 사안에서도 문제가 된 건 바로 법조문이었습니다. 법조문 먼저 보시죠.

성폭력범죄의 처벌 등에 관한 특례법 제13조(통신매체를 이용한 음란행위)

자기 또는 다른 사람의 성적 욕망을 유발하거나 만족시킬 목적으로 전화, 우편, 컴퓨터, 그 밖의 통신매체를 통하여 성적 수치심이나 혐오감을 일으키는 말, 음향, 글, 그림, 영상 또는 물건을 상대방에게 도달하게 한 사람은 2년 이하의 징역 또는 2천만 원 이하의 벌금에 처한다.

결국 이 사건은 남성이 여성의 집 문틈에 편지를 끼워둔 것을 '통신매체'를 통한 음란행위로 볼 수 있느냐가 문제였죠. 1, 2심은 이 남성의 음란한 편지가 여성에게 '도달'되었다는 점과 처벌의 필요성을 강조해서 이 법조항이 금지하는 행위에 해당한다고 판단해서 처벌이 필요하다고 봤습니다.

하지만 대법원은 이 남성의 행위는 '통신매체를 이용하지 않은 채' '직접' 상대방에게 도달되게 한 것이기 때문에 아무리 이 남성의 행위에 대해 비난 여론이 크다고 하더라도 처벌의 필요성만으로 위 조항에 규정된 행동을 하지 않은 사람을 처벌할 수 없다면서 무죄취지로 파기환송하게 됩니다. 결국 처벌의 필요성이 크다고 하더라도 헌법상 원리인 죄형법정주의의 원칙을 그만큼 중요하게 생각한다는 의미죠.

 **CASE 29. 땅콩회항은 항공기항로변경?**

조현아 대한항공 부사장은 2014년 12월 5일 미국 존F케네디 국제공항에서 대한항공 항공기에 탑승했습니다. 그 이후 여러분들께서 다

아시는 것처럼 스튜어디스에게 심하게 화를 내며 '당장 기장에게 비행기를 세우라고 연락하라'고 소리를 질렀습니다.

당시 이 항공기는 지상에서 17m 가량 이동한 상태였는데 조 부사장의 위세에 눌려 비행기는 탑승구로 되돌아갔습니다. 검찰은 사회적 물의를 빚은 조 부사장을 항공보안법상 항공기항로변경죄, 항공기안전운항저해폭행죄, 강요죄, 업무방해죄 등으로 재판에 넘기게 됩니다.

이 사건에서 문제가 된 처벌조항은 바로 항공보안법상 항공기항로변경죄였습니다. 조 부사장의 지시로 기장이 '지상에서 이동한 17m의 거리'를 '항로'로 볼 수 있느냐의 문제였죠.

1심은 항공기가 운항하는 전 과정(지상 이동, 이륙, 비행)을 모두 '항로'라고 보아 유죄로 판단했습니다. 하지만 항소심은 고민에 빠졌습니다. 항공기의 지상 이동을 '항로'의 개념에 포함시킬 수 있는지 여부, 즉 '죄형법정주의 원칙' 때문이었죠.

국립국어원의 표준 국어대사전에는 항로란 '항공기가 통행하는 공로'라고 되어 있습니다. 즉, 항로의 사전적 의미는 '하늘길'입니다. 또한 다른 법률이나 실제 항공기 운항업무에서 항로를 지상이동까지 포함한 적이 없습니다. 그렇다면 이 사건에서만 항로에 지상 이동을 포함하는 것으로 해석하는 것은 죄형법정주의 원칙에 반한다고 봐야겠죠. 항소심과 대법원은 이런 취지로 조 부사장에 대한 항공보안법상 항공기항로변경죄를 무죄로 판단했습니다.

## CASE 30. 상의 탈의도 과다노출?

2015년 8월, A씨는 낮에 아파트 앞 공원에서 일광욕을 하기 위해 상의를 벗었습니다. A씨의 행동에 불쾌감을 느낀 주민이 A씨를 경찰에 신고했고 이에 양산경찰서장은 A씨를 경범죄처벌법상 과다노출 행위를 했다는 취지로 통고처분을 했습니다. 하지만 A씨는 통고처분에 따른 범칙금을 납부하지 않았고 양산경찰서장은 A씨의 범죄사실에 대한 즉결심판을 법원에 청구했습니다.

하지만 도저히 자신의 행동이 범죄라는 사실을 납득하지 못한 A씨는 법원에 정식재판을 청구했고 재판 과정에서 처벌의 근거 법령인 경범죄처벌법 제3조 제1항 제33호에 대해 위헌법률심판을 제청하게 됩니다.

공연음란죄 외에 경범죄처벌법에는 과다노출에 대해 처벌하는 규정을 두고 있습니다. 그렇다면 어떤 행동이 '과다노출'에 해당할까요? 아마 이 책을 읽고 있는 독자들 역시 다 생각이 제각각일 것 같네요. 일단 일광욕을 위해 아파트 앞 공원에서 웃통을 벗은 A씨의 행동을 과다노출이라고 판단하게 된 근거 법부터 살펴봐야겠죠? 법의 내용을 보고 A씨의 행동이 과다노출이라고 명확하게 판단할 수 있을까요? 경범죄처벌법으로 가보죠.

경범죄처벌법 제3조(경범죄의 종류) —— 개정 전

① 다음 각호의 어느 하나에 해당하는 사람은 10만 원 이하의 벌금, 구류, 과료의 형으로 처벌한다.

33호(과다노출) 여러 사람의 눈에 뜨이는 곳에서 공공연하게 알몸을 지나치게 내놓거나 가려야 할 곳을 내놓아 다른 사람에게 부끄러운 느낌이나 불쾌감을 준 사람*

경범죄처벌법상 과다노출이 인정되려면 '알몸을 지나치게 내놓거나 가려야 할 곳을 안 가리는 경우'에 일단 해당해야겠네요. 어느 정도 알몸을 내놓아야 '지나치게' 내놓는 걸까요? '가려야 할 곳'은 어떤 신체부위일까요? 정말 해석하는 사람에 따라 다 다르지 않을까요? 죄형법정주의란 법을 보고 내가 어떤 행동을 하면 처벌받는지를 명확하게 알 수 있어야 합니다. 법을 보고도 어떤 행동을 하면 처벌받는지 알 수 없다면? 죄형법정주의에 반하므로 그 법은 위헌이 되어야겠죠.

헌법재판소 역시 경범죄처벌법상 과다노출 조항을 위헌이라고 판단했습니다. 1)알몸을 지나치게 내놓는 것이 무엇인지, 가려야 할 곳의 의미는 무엇인지 파악하기 어렵고, 노출되었을 때 부끄러운 느낌이나 불쾌감을 주는 신체부위 역시 사람마다 다 다르기 때문에 '어떤 행동'을 처벌하는지 알 수 없다는 점, 2) 과거에 금기시되는 신체노출이 현재에는 유행의 일부로 받아들여지고

---

* 이 사건 당시의 법조항입니다.

약간의 부끄러움이나 불쾌감을 줄 수 있는 노출행위도 개인적 취향이나 개성의 문제로 인식되고 있다는 점(시대에 따라 평가가 달라질 수 있다는 점), 3) 조항의 불명확성을 해소하기 위해 노출이 허용되지 않는 신체부위를 특정해서 규정할 수 있기 때문에 입법 기술적으로도 어렵지 않다는 점 등을 고려해 경범죄처벌법의 과다노출 조항은 죄형법정주의의 명확성의 원칙에 위배된다고 판단한 거죠.

그래서 현재의 경범죄처벌법 상의 과다노출은 "공개된 장소에서 공공연하게 성기, 엉덩이 등 신체의 주요한 부위를 노출하여 다른 사람에게 부끄러운 느낌이나 불쾌감을 준 사람"이라고 변경되었습니다. 이젠 더 이상 일광욕을 즐기기 이해 상의를 탈의하거나 비키니를 입은 여성에 대해 과다노출 여부를 판단할 필요가 없어졌죠.

이제 죄형법정주의가 무엇인지 좀 감이 오시나요? 하나만 더 추가하면 '법'에 규정된 처벌 역시 상식적으로 납득이 될 정도로 적정해야 합니다. 예를 들어 물건을 훔친 자는 사형에 처한다는 규정이 있다면 규정 자체가 문제될 수 있겠죠? 처벌할 사람 처벌 안한다고 무조건 법원을 욕하기보다는 죄형법정주의 원칙의 중요성을 다시 한 번 되새겨볼 필요가 있습니다.

# 사람의 머릿속을 어떻게 알 수 있을까요?

## 고의

 고의는 '일부러' 아님 '의도적으로' 범죄행위를 저지른 것을 말합니다. 사람은 누구나 실수할 수 있기 때문에 '실수'를 의미하는 과실의 경우에는 법에 특별히 처벌하는 규정이 있는 경우(예를 들어, 과실치사상죄)에만 처벌합니다.

 예를 들어볼까요? 다른 사람의 예쁜 볼펜을 '의도적으로' 내 주머니에 넣는 경우 절도의 '고의'가 있으니 절도죄로 처벌되지만, 내 볼펜인 줄 알고 '실수'로 가져가면 과실절도를 처벌하는 규정이 없기 때문에 아무런 죄가 되지 않습니다(돌려만 주면 됩니다).[*]

 그만큼 '고의'는 죄가 인정되는지 여부의 핵심요소가 되고 과실범을 처벌하는 사망 사건의 경우에는 '고의'가 있으면 살인죄, 과실에 의한 사망이라면 과실치사죄가 성립하니 처벌 수위가 그야말로 하늘과 땅 차이가 됩니다. 그런데 여기서 중요한 거 하나! 고의였는지 실수였는지는 어떻게 알까요? 누가 봐도 고의가 인

---

[*]  형법 제13조는 '죄의 성립요소인 사실을 인식하지 못한 행위는 벌하지 아니한다. 단, 법률에 특별한 규정이 있는 경우는 예외로 한다'고 규정하고 있습니다. 위 규정이 바로 형법전에 있는 고의에 관한 규정입니다.

정될 상황이 아니라 애매한 상황이라면 보통 대부분의 범죄자는 실수였다고 주장합니다. 머릿속을 들여다 볼 방법은 없는데 수사기관이나 법원은 어떻게 판단을 할까요? CASE를 보시죠.

---

**CASE 31. 아내의 차에 정면 충돌한 남편**

전남 해남군의 왕복 2차선 도로에서 오후 6시경 남성 A씨가 운전하던 SUV 차량이 중앙선을 침범해 마주오던 여성 B씨가 운전하던 경차와 충돌했는데 이 사고로 여성 B씨는 안타깝게 사망하게 됩니다. 이 도로의 제한 속도는 시속 50㎞였지만 남성 A씨는 제한 속도의 두 배가 넘는 시속 100㎞로 과속운전했습니다. 알고 보니 A와 B는 이혼소송 중인 부부관계였던 걸로 밝혀졌는데 경찰은 이 사건을 살인죄로 검찰에 송치하게 됩니다.

---

보통 교통사고가 나서 누군가가 다치거나 사망하면 대부분 운전자의 실수, 즉 과실로 난 사고라고 보죠. 본인도 다칠 텐데 일부러 교통사고를 내는 경우는 흔치 않으니까요. 아까 말한 대로 일부러 그런 건지 실수인지는 본인만 알 수 있으니 결국은 객관적인 사고 당시 상황과 모든 정황을 살펴 고의 여부를 판단할 수밖에 없습니다. 우린 신이 아니니까요.

그렇다면 경찰은 이 교통사고를 왜 남편이 '고의'로 아내를 살해하기 위해 낸 것이라고 판단했을까요? 먼저 중앙선을 침범할 어떤 이유도 없었다는 점입니다. 오후 6시경이니 차선이 아주 잘 보일 시간대였죠. 거기다가 구불구불한 도로도 아닌 직선 도로였습니다. 그리고 이 남성이 술이나 마약 등을 하지도 않아 정신이 멀쩡했고요. 앞차를 추월하거나 할 상황도 아니었는데 이 남성은 제한속도 50㎞의 두 배인 100㎞로 정확히 마주 오던 아내의 차 운전석 방향을 들이받았습니다. 이상한 점은 또 있었습니다. 보통 교통사고가 나면 놀라서 브레이크를 밟게 되죠. 브레이크를 밟으면 도로에 타이어 자국이 생기는데 이걸 스키드 마크라고 합니다. 그런데 사고 현장에는 이 스키드 마크가 없었습니다. 차를 들이받고도 세우려 하지 않았다고 추정할 수 있죠. 하지만 이 정도만으로도 이 사건이 '고의'로 일으킨 사고라고 단정하긴 어렵습니다. 도대체 '왜' 이런 이해할 수 없는 행동을 한 것인지, 즉 아내를 교통사고로 위장해 살해할 '동기'가 인정되어야 합니다.

그래서 경찰은 이 사건 양 당사자의 특수한 부부관계를 들여다보게 됩니다. 가해자인 남편과 피해자인 부인은 이혼소송 중이었습니다. 그리고 이 남성은 법원으로부터 아내에 대한 접근금지명령도 받은 상황이었고요. 이러한 상황을 살인의 '동기'로 파악한 것입니다. 무엇보다 그 시간 그 도로에 아내의 차가 나타날 것이라는 걸 어떻게 알았을까요? 아내의 출근 시간과 출근길이었기 때문에 이 남성이 미리 알고 나타났다고 볼 수 있었던 거죠. 물론 이 사건 역시 가해자인 이 남성은 고의가 아니었다고 항변하고 있습니다.

이렇게 가해자에게 고의가 있었는지 여부는 굉장히 꼼꼼하게 사고 당시의 상황과 당사자 간의 관계를 조사하고 이를 기초로 수사기관이나 법원은 가해자의 고의를 '추정'하게 됩니다. 고의를 인정하는 과정 그리 만만하지 않죠?

 **CASE 32.** 세월호 선장의 미필적 고의

2014년 4월 16일 인천에서 제주로 향하던 여객선 세월호가 진도 인근 해상에서 침몰하면서 수학여행을 가던 안산 단원고 학생들을 비롯해 300여 명이 사망했습니다. 너무나 안타까운 사고여서 모든 국민들이 슬픔에 빠졌었죠. 그 당시 세월호의 이준석 선장은 승객들에게 퇴선명령도 하지 않고 먼저 배에서 내려 온 국민들이 공분했었습니다. 검찰은 이준석 선장을 '미필적 고의'에 의한 살인죄로 기소하게 됩니다.

고의의 개념을 설명하면서 '일부러' 또는 '의도적으로'라는 표현을 썼는데요. 명백하게 일부러 또는 의도적으로 한 것은 아닌 것 같고 그렇다고 단순 실수나 주의의무 위반도 역시 아닌 것 같은 경우, 즉 고의와 과실의 경계선상에 있는 가장 약한 형태의 고의를 미필적 고의라고 합니다.

예를 들어볼까요? A씨는 아파트 옥상에서 누구도 겨냥하지 않고 벽돌 하나를 밑으로 집어던집니다. 그런 과정에서 우연히 지나가던 B가 맞아 사망했습니다. 어떤가요? A는 B를 겨냥하지도 않았고 심지어 보지도 못했습니다. 이 A의 심리상태는 뭘까요? 단순 실수일까요? 확정적으로 누군가에게 벽돌을 겨눠 맞춘 것은 아니지만 A의 행동은 '뭐 지나가던 누군가가 맞아도 어쩔 수 없지'라는 생각이라고 평가될 수 있겠죠. 엄마가 젖먹이 아이에게 2일 동안 젖을 주지 않아 아이가 사망했습니다. 이 엄마의 행동 역시 '아이가 젖을 먹지 못해 죽어도 어쩔 수 없지'라고 생각했다고 평가할 수 있습니다. 이게 바로 '미필적 고의'입니다.

미필적 고의란 어떤 결과가 발생할 가능성이 있다는 걸 어느 정도 알고 그래도 어쩔 수 없다고 생각하는 심리상태를 말합니다. 실수나 부주의라 할 수 있는 과실은 '결과발생의 가능성이 있다는 건 알고 있었지만 그래도 설마 그런 일이 생기겠어?'라는 심리상태여야 하는데요. 말은 쉬운데 실제 사례에서 이 둘을 구별하는 것은 매우 어렵습니다.

세월호 선장의 사례로 가볼까요? 위에 설명 드린 미필적 고의와 과실의 개념을 대입해 본다면 이준석 선장이 본인 혼자 세월호를 탈출하면서 '나머지 승객들이 위험하지만 설마 그러기야 하겠어?'라는 생각이었다면 과실이 될 것이고, '나머지 승객들은 뭐 혹시라도 사망하더라도 어쩔 수 없지'라는 생각이었다면 미필적 고의가 되겠죠. 결국 이 역시 당시의 상황과 정황 등을 통해 판단해야 하는데요. 이 사건에서 미필적 고의와 과실을 가를 핵심 쟁점은 바로 당시 배에서 '퇴선명령'이 있었느냐였습니다.

1심은 퇴선명령이 있었다고 판단했기 때문에 배의 선장으로서 매우 부적절할지는 몰라도 배에서 내리라는 퇴선명령을 했으니 '설마 승객들이 사망하기야 하겠어?'라고 생각했을 것이라고 판단해 살인의 고의는 인정하지 않았습니다.

하지만 항소심에서는 이준석 선장이 세월호를 탈출한 순간에도 '배 안에서 대기하라'는 방송이 나왔던 점과 실제로 승객들에 대한 퇴선 조치가 전혀 이뤄지지 않았다는 점 등을 들어 '퇴선명령'이 없었다고 판단했습니다. 결국 승객의 안전을 책임져야 할 선장이 '나는 살고 혹시 다른 승객은 죽어도 어쩔 수 없지'라고 생각했다고 판단해 살인의 미필적 고의를 인정하게 됩니다. 또 이준석 선장이 탈출 당시가 아니라 육지로 이송된 후에 선장 신분을 밝힌 것 역시 미필적 고의의 인정 근거가 되었죠.

---

### ⚖️ CASE 33. 삼풍백화점 붕괴 사고

1995년 6월 29일 오후 5시경 서초동에 있었던 삼풍백화점이 무리한 확장 공사 등의 원인으로 갑자기 붕괴되어 천 명 이상의 종업원과 고객이 사망하였습니다. 붕괴사고가 일어나기 전 수개월 전부터 균열 등의 붕괴조짐이 있었으나 경영진은 당시 영업을 계속하면서 보수공사를 하기로 했죠. 붕괴사고가 발생한 그날 아침부터 바닥 돌출과 천장 침하가 있었으나 대피조치는 내려지지 않았습니다. 당시 삼풍백화점 회장 등을 미필적 고의에 의한 살인죄로 처벌해야 한다는 여론이 있었지만 당시 검찰은 업무상 과실치사상죄로 이들을 기소하게 됩니다.

---

사안만 놓고 본다면 세월호 사건과 유사해 보이죠? 그런데 삼풍백화점 붕괴 사고에서 검찰은 회장 등에게 미필적 고의가 인정되기 어렵다고 판단했습니다. 왜일까요? 삼풍백화점 사고에서도 세월호 사고의 '퇴선명령'이 없었던 것처럼 '대피조치'가 내려지지 않았는데 말이죠. 먼저 삼풍백화점 붕괴는 당시 5층이 무너지기 시작하면서 완전히 붕괴되는데 20여 초밖에 걸리지 않았습니다. 보수공사를 하면서 영업을 하기로 결정했다는 것은 건물 자체에 문제가 있었지만 무너지는 것까지 예상하진 못했음을 보여주는 정황이 되고요. 무엇보다 백화점 경영진은 만약 백화점이 무너진다면 본인들의 처벌은 말할 것도 없고 사실상 망할 수도 있는데 '무너져도 어쩔 수 없지'라고 생각했다고 보긴 어려웠다는 거죠. 결국 삼풍백화점 회장 등이 여러 가지 정황상 '건물이 좀 위험하긴 하지만 설마 무너지기야 하겠어?'라고 생각했다고 판단할 수밖에 없었던 겁니다.

고의의 판단 방법만 보더라도 우리 형사법 체계가 얼마나 꼼꼼하게 작동되는지 아시겠죠?

# 실수라도 처벌받을 수 있어요

## 과실

원칙적으로 형벌은 누군가가 '일부러' '의도적으로' 범죄행위를 하는 경우에 부과됩니다. 원칙적으로 누군가가 실수를 하는 경우까지 처벌하지는 않죠. 하지만 실수로 중한 결과가 발생한 경우(상해나 사망)에도 전혀 처벌을 하지 않는다면 아무래도 사람들이 크게 주의를 기울이지 않을 가능성이 많겠죠? 그래서 그런 경우에는 예외적으로 처벌을 하게 됩니다.

대표적인 과실 처벌 규정은 사람이 죽거나 다쳤을 때(과실치사죄, 과실치상죄), 불이 났을 때(실화죄) 등입니다. 과실범으로 처벌을 받느냐 무죄가 되느냐는 결국 사고를 방지할 주의를 다했느냐, 즉 '사고 발생을 예상할 수 있었는가' '사고 발생을 회피할 수 있었는가'를 기준(주의의무 위반 여부)으로 판단하게 됩니다. 예상할 수도 없는 결과가 일어나거나 어떤 조치를 해도 결국 사고가 발생할 수밖에 없었다면 사람이 신이 아닌 이상 처벌해선 안되겠죠. CASE로 판단 기준부터 살펴보죠.

40대 여성 A씨는 유모씨가 운영하던 스크린 골프장에서 게임을 하다 일행이 친 공에 이마를 맞아 뇌진탕 등의 상해를 입게 됩니다. 동반자가 친 공이 스크린 하단 부위에 맞고 튕겨져 나와 A씨의 머리 쪽으로 정확하게 날아 왔고 A씨가 피할 수 없었던 거죠. 사고 당시 스크린은 벽과 200cm(약 2미터) 정도만 떨어진 채 설치돼 있었고 스크린의 하단이 찢어진 채 방치돼 있었습니다. 이에 검찰은 골프공을 친 A씨의 일행이 아닌 스크린 골프장 업주 유모씨를 업무상 과실치상죄로 기소하게 됩니다.

예상하시겠지만 스크린 골프장 업주인 유모씨는 손님들이 스크린 골프를 치다가 A씨가 다친 것이니 이건 손님들이 부주의해서 일어난 사고라고 주장했습니다. 손님이 친 공이 스크린 찢긴 아래쪽에 맞아 그게 튀어서 A씨 머리에 맞을 것을 내가 어떻게 예상할 수 있겠느냐, 그리고 내가 친 것도 아닌데 내가 그걸 어떻게 발생하지 않게 막느냐고 한 거죠. 그럴듯한 주장이죠?

하지만 재판부는 유모씨의 과실을 인정했습니다. 유모씨의 주장대로 유모씨가 손님이 잘못 칠 상황을 예상할 수는 없었겠지만 처음부터 이런 사고가 발생하지 않도록 설비를 해야 한다고 본 거죠. 구체적으로 살펴보면 원래 스크린 골프장은 스크린과 스크린 뒤의 벽 사이 5m가 권장 기준입니다. 그런데 그 거리가 2m에 불과했고 또 스크린 하단부의 벽면이 경사가 져서 스크린과 벽 사이가 더 가까웠으니 공을 강하게 가격해서 스크린 하단부에 맞으면 골프공이 튀어 나올 수도 있다는 걸 충분히 '예상할 수 있었다'고 봤고요. 거기에다 스크린 하단이 찢어져 있었기 때문에 위험성이 더 높았다는 겁니다. 만약 유모씨가 기준에 맞게 적정하게 설비했다면 이런 사고를 '회피할 수 있었다'는 게 재판부의 판단이었습니다. 그래서 업무상 과실치상의 혐의를 유죄로 인정해 벌금 200만 원을 선고했습니다. 물론 유모씨는 A씨의 치료비 등 민사상 손해배상 책임도 지게 됩니다. 이렇게 비교적 과실 판단이 쉬운 경우도 있지만 애매한 경우도 상당히 많습니다. 다음 CASE를 보시죠.

 **CASE 35.** 무단횡단자 사망 사건

A씨는 2017년 12월 18일 오후 3시 50분경 1차로를 주행하던 도중 반대편 차로에서 건너온 B씨를 왼쪽 사이드미러로 치게 되었는데 A씨는 당시 제한 속도가 70km인 도로를 40~50km로 달리던 중 중앙분리대 화단에서 갑자기 튀어나온 B씨를 미처 발견하지 못해 사고를 내게 된 겁니다. 이 사고로 B씨는 결국 안타깝게 사망했고, A씨는 교통사고처리 특례법 위반(업무상 과실치사)[*]의 혐의로 기소되어 재판을 받게 됩니다.

---

[*] 운전자의 과실로 누군가가 다치거나 사망한 경우에는 특별법인 교통사고처리특

일단 교통사고로 사망이라는 결과가 발생했지만 피해자가 중앙분리대 화단 쪽에서 갑자기 튀어나와 사고가 났기 때문에 과연 이런 사고에도 운전자의 과실을 인정할 수 있는가가 쟁점이 됩니다. 우선 누군가가 무단횡단을 했다고 해서 운전자가 무조건 면책이 되는 건 아닙니다. 올림픽대로 같은 자동차 전용도로나 고속도로 그리고 육교 밑같이 사람이 무단횡단을 할 것이라고 전혀 예측할 수 없는 경우를 제외하고 일반 도로에서의 사고는 결국 개별 사건마다 운전자가 사고를 예상할 수 있었는지 그리고 스스로 회피할 수 있었는지를 기준으로 운전자의 과실 여부를 판단하게 됩니다.

운전자에겐 누구나 운전을 할 때 전방을 잘 살펴 운전할 의무가 있죠. 과연 사고 상황에서 운전자인 A씨의 부주의가 있었다고 봐야 할까요? 1심 재판부는 A씨의 과실 책임을 인정해 금고 5개월에 집행유예 1년의 유죄를 선고했습니다. 사고 당시가 대낮이었고 도로의 구조나 가로수의 상태 등에 비춰 보더라도 시야 확보에 별다른 어려움이 없었기 때문에 중앙분리대 쪽에서 전방주시 의무를 충실히 이행했더라면 교통사고를 충분히 막을 수 있었다고 본 거죠.

하지만 항소심 재판부는 1심과 반대로 운전자 A씨에게 무죄를 선고합니다. 사고 장소의 중앙분리대가 화단으로 이루어져 있

---

례법이 적용되는데 내용은 형법에 있는 과실치상죄, 과실치사죄와 동일합니다.

다는 점, 제한속도가 70km인 편도 2차로를 제한 속도에 훨씬 못미치는 40~50km로 운행하고 있었다는 점, 20m 간격의 앞 차량이 지나간 뒤 중앙분리대 쪽에서 갑자기 피해자가 무단횡단을 한 상황이었다는 점 등을 종합하면 도로에 들어오는 피해자를 충격하는 사고를 예견하거나 회피하는 것은 사실상 불가능하다고 본 겁니다.

이렇게 동일한 사안에 대해 법원도 다른 판단을 할 정도로 과실이 있는지 없는지에 대한 판단은 쉽지 않은데요. 유사한 판단이 내려졌던 사건을 하나 더 살펴보죠. 도로에 술에 취해 누워 있던 사람을 치어 숨지게 한 운전자에 대해 검찰은 과실이 있다고 판단해 기소했지만, 법원은 사고 시간이 새벽이라 시야확보가 어려운 상황이었고 사고 지점이 공사 작업자 이외에 일반인이 통행할 수 없는 곳이었음을 감안해 무죄 판결을 하게 됩니다. 결국 사고 발생 당시의 상황을 꼼꼼하게 살펴 과실 여부에 관한 판단을 할 수밖에 없는 거죠.

 **CASE 36. 만취환자 뇌출혈 사망과 의료 과실**

의사 A씨는 2014년 5월 경남 통영의 모 병원 응급실에서 당직근무를 하고 있었습니다. 당시 119 구급차로 만취 상태의 B씨가 후송됐는데요. 당시 B씨는 코피를 흘리고 있었고 화장실로 이동해 소변기에 대변을 보고 바닥에 토했습니다. 오른쪽 눈에는 멍이 들어 있었고 휠체어에 태웠지만 오른쪽 팔다리를 제대로 사용하지 못해 미끄러져 내려앉는 등의 행동을 보였습니다. 의사 A씨는 B씨가 술에 너무 취해 협조가 되지 않자 별다른 검사도 없이 B씨의 아내에게 술 좀 깨고 다시 진료하자고 하여 새벽에 B씨를 돌려보냈는데 안타깝게도 당일 오후 B씨는 두개골 외상에 의한 뇌출혈로 사망하게 됩니다. 검찰은 B씨의 사망이 의사 A씨의 과실에 의한 것이라 판단해 A씨를 업무상 과실치사 혐의로 기소하게 됩니다.

의사 A씨는 B씨가 술에 너무 취해 있었고 뇌출혈로 의심할 만한 행동을 한 것이 아니라고 판단해 CT촬영을 하자고 제안하지 않았다고 주장했습니다. 그러니까 뇌출혈로 의심할 만한 정황이 없었으니 B씨가 귀가하고 뇌출혈로 사망할 것이라는 것을 전혀 예측할 수 없었기 때문에 본인에게 과실이 없다고 주장했습니다.

법원은 어떻게 판단했을까요? 1심, 2심 그리고 대법원 모두 의사 A씨에게 과실이 있다면서 금고 8개월에 집행유예 2년을 선고했습니다. B씨가 병원에 올 당시에 있었던 증상은 '의사라면 충분히 뇌출혈을 의심할 만한 상황'(예측가능성)이었기 때문에 피해자가 아무리 만취 상태였더라도 CT촬영을 위한 최대한의 노력을 해야 했다는 거죠. 그리고 정말 부득이하게 CT촬영을 할 수 없는 상황이었다면 최소한 B씨의 보호자인 아내에게 뇌출혈의 가능성을 알려줘서 환자의 상태에 이상이 있을 경우 즉시 병원으로 올 수 있도록 해야 했는데, 그마저도 하지 않았기 때문에(회피가능성) 의사로서의 최소한의 주의의무도 기울이지 않았다고 판단한 겁니다.

CASE들을 쭉 살펴보시면 결국 과실은 사고 발생을 '예견할 수 있었는지' '회피할 수 있었는지'를 놓고 사고 당시의 상황을 종합해 판단한다는 것입니다. 독자 여러분들께서도 앞으로 이런 사고를 뉴스로 만나게 될 때 위의 두 가지 요소를 대입해 사건을 바라본다면 충분히 이해할 수 있을 거예요. 결국 판단은 우리 일반 상식의 영역으로 하는 거니까요.

# 때리면 맞고만 있으라고요?

## 정당방위

누군가 갑자기 나를 공격하려고 할 때 그 상대방의 공격을 막고 때리면 대부분 정당방위라고 생각하죠. 법률 용어 중에 일상생활에서 가장 많이 사용하는 용어이기도 합니다. 하지만 생각보다 법적으로 이 정당방위가 인정되는 경우는 많지 않습니다. 2012년 발표된 한 논문에서 1953년 형법이 제정된 이후 60여 년 동안 정당방위로 무죄가 인정된 경우는 14건에 불과하다고 하니까요. 그 이유가 뭘까요?

일단 법조항부터 볼까요? 형법 제21조 제1항은 정당방위에 대해 자기 또는 타인의 법익에 대한 '현재의' 부당한 침해를 '방위하기 위한' 행위는 '상당한 이유가 있는 경우에는' 벌하지 않는다고 규정하고 있습니다. 그런데 실무상 이 요건들을 매우 엄격하게 판단하고 있기 때문에 정당방위 인정이 어려운 겁니다. 예를 들어 볼까요? 길을 걷고 있는데 전혀 모르는 사람이 갑자기 제 얼굴을 가격한다고 가정해 보죠. 상대방이 먼저 공격을 했으니 저 역시 같이 때렸다면 어떨까요. 결론적으로 정당방위가 인정되기 어렵습니다. 저를 먼저 때렸으니 '현재의 부당한 침해'는 맞죠. 다만 이 침해를 '방어하기 위한 행위'여야 하는데 전 막는 걸 넘어서 같이 가격을 한 것이니 이건 '방어하기 위한 행위'가 아니라 '공격행위'라고 보게 됩니다. 그래서 싸움의 경우에는 누가 먼저 때렸건 상관없이 보통 '쌍방폭행'으로 둘 다 처벌을 받는 겁니다. 그럼 어느 정도가 되어야 정당방위일까요? 보통 판례에선 '소극적 저항행위' 정도만 가능하다고 하는데 옷소매나 멱살 등을 잡아서 공격하기 어렵게 막거나 뒤에서 잡는 정도*가 되어야 정당방위가 인정된다고 보는 거죠. 좀 이상하시죠? 사회적으로 정당방위 논쟁을 불러일으켰던 사고를 만나 보겠습니다.

---

**⚖ CASE 37. 도둑 뇌사 사건**

강원도 원주시의 한 주택에서 살던 20세 A씨는 2014년 3월 8일 군 입대를 앞둔 친구들과 어울리다가 새벽 3시가 넘어 집에 들어왔습니다. 그런데 집안에 인기척이 있어 살펴보니 2층 거실에서 서랍장을 뒤지는 도둑이 있었던 겁니다. A씨는 격투 끝에 50대 도둑을 잡았고 경찰에 신고하게 됩니다. 신고를 하고 나서 도둑이 도망가려 하자 주위에 있던 빨래 건조대 등으로 도둑의 뒤통수와 등을 때렸는데, 그만 도둑이 식물인간 상태가 되어 2014년 12월 25일 사망하게 됩니다. 이에 검찰은 집주인 A씨를 기소하게 됩니다.

---

\* 이런 행동은 원래 죄가 안되는 것 아닌가라고 생각하시겠지만 엄격하게 따지면 이런 행동도 형법상 폭행죄에 해당할 수 있습니다. 다만 '소극적 저항행위'로 정당방위가 되니 처벌하지 않는다는 의미죠.

A씨는 새벽에 도둑이 들어 도둑을 제압하는 과정에서 발생한 안타까운 사고이니 나의 행동은 정당방위라고 주장했습니다. 사망이라는 결과가 너무 과할지 몰라도 당시 새벽 3시경이었고 극도의 공포와 흥분 상태에서 우발적으로 발생한 것이니 죄가 없다고 한 거죠. 당시 A씨를 기소한다는 뉴스가 전파를 타면서 '아니 그럼 도둑을 놔주란 얘기냐' '물건 훔쳐 도망갈 때 배웅이라도 하라는 건가?'라는 댓글들에서 보듯이 대중들의 생각은 정당방위에 가까웠습니다.

　법원의 판단을 볼까요? 법원은 1심, 2심, 대법원 모두 A씨에게는 정당방위가 인정되지 않는다고 판단했습니다. A씨가 1차적으로 도둑을 제압했고 그 이후 도둑이 추가로 A씨를 공격하려 한 것이 아니라 단지 도망만 가려 했다는 점이 결정적이었습니다. 아까 정당방위 요건에 대해 설명하면서 '현재'의 부당한 침해가 있어야 한다고 했죠? 이 상황은 부당한 침해가 '종료'된 것이기 때문에 침해 자체가 없는 상황이라고 판단한 겁니다. 사실 A씨 입장에서는 도둑이 다시 공격할 수도 있다고 생각했을 수 있고, 무엇보다 집안에 도둑이 들어온 상황이었기 때문에 법원이 이 상황에서 A씨에게 완전히 이성적인 대응만을 요구하는 것은 아닌가라는 비판이 많았습니다. 비슷한 다른 사건 하나 더 보시죠.

**CASE 38. 아기 묻지 마 폭행범을 때린 아빠**

2021년 12월 30일 김포시의 한 식당에서 A씨와 아내 그리고 A씨의 한 살짜리 딸이 함께 식사를 하고 있었습니다. 그 과정에서 조현병을 앓고 있던 B씨는 아무 이유 없이 유아용 의자를 넘어뜨려 A씨의 딸이 함께 넘어져 다쳤습니다. 이에 격분한 A씨는 순간적으로 분노해 B씨를 따라가 뒤통수를 두 차례 때렸습니다.

B씨의 부모는 B씨가 조현병을 앓고 있으니 선처를 부탁했지만 A씨는 또 다른 피해를 막아야 한다는 취지로 B씨를 고소했습니다. 그러자 B씨의 부모 역시 A씨를 폭행죄로 고소하게 됩니다.

최근 누리꾼들을 엄청나게 분노하게 한 사건입니다. 저 역시 이 사건을 접하고 나서 나라도 아이 아빠처럼 행동했을 거라는 생각을 할 정도였으니까요. B씨에게 아무런 피해를 주지 않은 한 살짜리 아이를 내동댕이쳐 뇌진탕을 일으키는 것을 본 아이의 아빠가 과연 아무런 대응을 하지 않을 수 있을까요? 이 사건을 바라보는 거의 대부분의 누리꾼들은 정당방위 상황을 넘어 아이 아빠가 잘 대처했다고 생각하였습니다.

하지만 현재 인정되고 있는 정당방위의 법리에 따르면 그리 간단하지 않습니다. 위에서 언급한 것처럼 정당방위가 인정되기 위해서는 '현재의 부당한 침해'가 있어야 합니다. 당시 상황으로 돌아가 볼까요? 조현병을 앓고 있던 B씨가 아이의 유아용 의자를 내동댕이치는 순간 '현재의 부당한 침해'는 종료되었습니다. 그 이후 B씨가 추가로 A씨를 공격하거나 한 것이 아니라 그냥 갔으니까요. 그렇다면 A씨가 B씨의 뒤통수를 두 대 때린 것은 침해가 종료된 이후의 추가적인 공격행위가 될 수밖에 없는 거죠.

또한 아이의 아빠로서 너무나 당연한 진술이었겠지만 '가해자에게 똑같이 복수하고 싶은 마음에 때린 것'이라는 진술 역시 정당방위가 아닌 보복 폭행임을 자인한 것이 되어 버렸습니다. 이에 경찰은 A씨를 폭행죄로 검찰에 불구속 송치한 것입니다. 더 황당한 것은 A씨가 폭행죄로 입건이 되자 직장 징계위원회까지 열릴 수 있다고 하네요.

기술적으로 판단한다면 A씨에게 법적으로 정당방위가 인정되지 않을 수는 있습니다. 하지만 문제는 이 사안을 바라보는 거의 대부분의 국민들은 내가 A씨였더라도 같은 행동을 했을 것이라고 생각한다는 것이겠죠. 이런 사안까지 아이 아빠를 폭행죄로 처벌하는 것이 과연 국민들의 법 상식에 맞는 것일까요?

 **CASE 39. 37년간의 가정폭력**

A씨는 2017년 3월 새벽 한 시까지 지인들과 술을 마시고 귀가했습니다. A씨의 남편은 연락도 없이 늦게 들어왔다며 A씨의 머리채를 잡아 넘어뜨리며 폭행을 이어갔습니다. 계속되는 남편의 폭행 속에서 A씨는 장식장 위에 있던 장식용 돌 하나를 집어 남편의 머리를 여러 차

례 내리쳐 살해하게 됩니다. A씨는 37년 결혼 생활 내내 칼에 찔리기도 하고 머리를 맞아 혼절해 응급실에 실려 가는 등 가정 폭력으로 죽을 고비를 넘겨 왔습니다. 사건 당일에도 폭행이 지속되어 남편의 폭력을 방어하기 위한 행위이니 정당방위라고 주장했지만, 검찰은 A씨의 주장을 받아들이지 않고 A씨를 살인죄로 기소하게 됩니다.

37년간 죽음의 문턱을 넘나들게 한 남편의 지속적인 가정 폭력, 사고 당일에도 남편의 혹심한 폭행이 이어졌습니다. 살고자 하는 마음에 눈에 보이는 것을 집어 들어 남편을 가격한 것이라면 정당방위이거나 최소 정당방위 상황에서 좀 과하게 반격한 의미의 과잉방위에 해당할 것이라고 생각하는 분들이 많으실 것 같은데요.

법원은 이 사건에서도 1심, 2심 그리고 대법원 모두 A씨의 남편에 대한 살인죄를 유죄로 판단해 징역 4년을 선고했습니다. 왜일까요? 도둑 뇌사 사건과 유사합니다. A씨가 남편을 돌로 내리친 후 남편이 바닥에 쓰려져 기어가는 상태였으니 이제 침해가 더 이상 존재하지 않는다는 겁니다. 형식적으로 침해가 종료된 상황이니 그 이후 A씨의 행동은 '방어행위'가 아닌 일방적인 '공격행위'로 평가가 된 거죠. 물론 피해자가 사망한 사건이니 온전히 정당방위로 인정하기 어렵다고 하더라도 지속적인 가정 폭력을 당했던 A씨의 심리 상태가 반영되지 않은 점은 좀 아쉽다는 생각이 듭니다.

정당방위가 인정된 실제 사례를 간단히 살펴볼까요?

A씨와 B씨는 함께 술을 마시고 있었습니다. 술 마시던 도중 시비가 붙어 A씨가 B씨에게 욕설을 하였고, 화가 난 B씨는 A씨를 주먹으로 수회 때린 다음 피신하는 A씨를 쫓아가 플라스틱 의자로 계속 때렸습니다. A씨는 전치 4주의 부상을 입었습니다. 그 과정에서 A씨는 B씨의 지속적인 폭행을 방어하기 위해 B씨의 손과 멱살을 잡고 밀쳤습니다. 이 사례에서 법원은 A씨의 폭행혐의에 대해 정당방위를 인정해 줬습니다. 너무 당연한 판결 같지만 판결이 나왔다는 건 검찰이 A씨를 일단 폭행죄로 기소했다는 걸 의미하죠. 이런 사안조차 수사 단계에서 정당방위로 걸러지지 않는다는 것이 놀랍지 않으신가요? 이러다 보니 싸우면 맞고만 있어야 한다는 이야기가 공공연하게 들리는 것 아닐까요? 이런 관행에 일침을 가한 최근의 하급심 판결을 한 번 살펴보죠.

 **CASE 40.** 학원 강사 상해 사건

학원 강사인 A씨는 2020년 5월 대전 서구에 있는 학원에서 학원생 학부모와 자녀 문제로 몸싸움을 벌였습니다. 학부모는 A씨의 왼쪽 팔과 얼굴 부분을 때리고 머리채를 잡아 흔들게 됩니다. 이런 상황에서 벗어나기 위해 A씨는 학부모의 양쪽 팔과 왼쪽 어깨 등을 수차례 때려 전치 2주의 상해를 입히게 됐고 검찰은 학원 강사 A씨를 상해 혐의로 기소하게 됩니다.

이에 대해 재판부는 "학부모가 먼저 A씨의 머리채를 잡는 등 도발하긴 했지만 결과적으로 둘이 싸웠다. 이 과정에서 A씨 역시 일정 수준의 물리력을 가했다"라고 전제했습니다. 앞서 언급했듯이 통상 싸움의 경우 법원은 소위 '선빵'을 맞았다고 해도 정당방위를 인정하지 않아 왔습니다. 하지만 이 사건 재판부는 상해가 발생한 과정에 주목했습니다. 학부모에게 머리채를 잡힌 A씨 입장에서는 선제적인 공격에 저항하는 과정에 있었기 때문에 이는 학부모의 폭력을 방어하기 위한 행동이니 정당방위에 해당한다고 본 거죠.

기존 법원의 판결과 비교하면 정당방위의 범위를 넓게 해석한 건데요. 이런 판결을 한 이유에 대해 재판부는 이렇게 설명했습니다.

"우리 사회에서는 '싸움이 나면 무조건 맞아라'라는 말이 마치 상식처럼 통용되고 있다는 것을 부인할 수 없다. 이는 지극히 후진적이고 참담한 법률문화 단면이 노출된 것이다. A씨에게 상대방이 머리채를 잡건 어찌하건 국가 또는 법이 알아서 해결해 줄 테니 아무런 저항도 하지 말라고 말할 수 있을까? A씨의 행위는 부당한 공격에서 자신을 보호하려는 소극적 저항수단으로서 정당방위에 해당한다."

지금까지 법원에서는 외부의 공격 상황에 가장 이성적으로 방어한 경우에만 예외적으로 정당방위를 인정해 왔습니다. 사적 복수를 허용하지 않는다는 근대 법의 취지에 입각한 것이라고

백 번 양보한다고 해도 현실적으로 정당방위의 인정 범위는 너무나 인색합니다. 판사 혹은 검사가 똑 같은 상황에 처한다면 그들은 완벽하게 이성적으로 행동할 수 있을까요? 국민의 눈높이에 맞는 현실적인 기준이 마련되길 바랍니다.

# 음주운전 3m 무죄, 30㎝ 유죄?

## 긴급피난

누군가를 폭행하거나 다른 사람 집에 허락 없이 들어가면 폭행죄나 주거침입죄가 됩니다. 하지만 누구라도 그럴 수밖에 없는 사정이 있는데도 처벌하는 것은 상식에 맞지 않겠죠? 상대방이 칼을 들고 덤벼들 때 방어하기 위해 상대방을 때린 경우 정당방위에 해당하기 때문에 처벌되지 않습니다. 그런데 좀 묘한 경우가 있을 수 있습니다. 길 잃은 도사견이 갑자기 저를 공격한다고 가정해 보죠. 주변을 살펴보니 모르는 집 대문이 열려 있어 그 집으로 도피하고 문을 닫은 경우 집 주인의 동의를 받지 못했으니 주거침입죄로 처벌되어야 할까요?

우리가 알고 있는 정당방위는 불법적인 공격에 대한 방어라 처벌하지 않는 건데, 위의 사례는 도사견이 공격했지만 도사견과 아무 관계없는 집주인에게 피해를 주는 거죠. 이렇게 "자기 또는 다른 사람의 법익(생명권 등)에 대한 현재의 위난(도사견의 공격)을 피하기 위한 행위(다른 사람의 집에 무단으로 들어가는 것)로 상당한 이유 있는 행위"를 긴급피난이라고 하고 이런 행위는 벌하지 않습니다. 쉽게 말해 누구라도 그럴 수밖에 없는 경우까지 처벌한다는 건 상식에 맞지 않기 때문에 처벌하지 않는 겁니다. 하지만 불법에 직접 대항하는 것이 아니기 때문에 '상당한 이유가 있는 행위'에 해당하는지에 대해 아주 엄격하게 판단하게 됩니다. 도로교통법 위반 상황에서 종종 발생합니다.

 **CASE 41. 3m 음주운전**

    A씨는 지난해 11월 저녁에 술을 거나하게 마셨습니다. 밤 11시경이 돼서 집에 가기 위해 대리기사를 불렀습니다. 하지만 목적지 경로에 대해 서로 다툼이 생기자 대리기사는 차를 멈추고 그대로 가버렸습니다. 문제는 차를 멈춘 곳이 편도 1차로로 대로로 나가는 길목이었던 거죠. 대로에서 차는 들어오고 뒤에서도 언제 차가 나타날지 알 수 없는 상황! 결국 대로에서 들어오는 차의 진로를 확보해 주기 위해 정차지점에서 약 3m를 혈중 알콜농도 0.097% 상태로 운전하게 됩니다. 하지만 이런 상황을 몰래 보고 있던 대리기사는 A씨를 처벌 받게 하려는 목적으로 경찰에 신고했고 결국 A씨는 음주운전 혐의로 기소가 됩니다.

    우선 꼭 알아둬야 할 것 하나! 3m를 운전했기 때문에 음주운전이 인정되지 않은 것으로 오해하면 절대 안됩니다. 술을 마신 채 시동을 걸고 1m만 운전해도 음주운전이 된다는 사실은 변함이 없습니다. 다만 이런 정도의 상황에서 부득이하게 음주운전한 것을 처벌하는 것이 맞는지가 문제가 되는 거죠.

    당시 상황으로 들어가 볼까요? A씨 주변에 운전을 할 수 있는 다른 사람은 전혀 없는 상태였습니다. 편도 1차로에 A씨의 차량이 계속 서 있게 되면 교통방해와 예측할 수 없는 사고의 위험이 클 수밖에 없습니다. A씨는 교통방해와 사고의 위험을 피하기 위해 부득이하게 3m 정도 음주운전을 한 것이기 때문에 일견 긴급피난 상황이라고 볼 수 있습니다. 하지만 음주운전의 위험성 등을 감안할 때 정말 꼭 필요한 '상당한' 행동이었는지 추가로 판단하게 됩니다.

이 사건에서 법원은 "A씨의 음주운전은 3m에 불과하였고 이로 인해 다른 사람의 안전에 대한 위험이 발생할 가능성은 극히 낮은 상황이었지만 3m의 음주운전으로 인해 확보되는 이익이 우월"하다면서 "1) 당시 운전을 부탁할 사람이 전혀 없었고 A씨가 대리기사를 다시 호출해 도착할 때까지 2) 차량을 그대로 방치할 경우 당장 교통방해와 사고발생의 위험이 있었다"라고 판시하면서 A씨의 음주운전에 대해 무죄판결을 하게 됩니다. 운전 말고는 어떠한 합법적인 대안이 없었다는 거죠. 매우 비슷한데 다른 판단이 나온 다른 CASE 하나 더 보시죠.

 **CASE 42.  30cm 음주운전**

A씨는 2016년 12월 지인과 술을 마시고 본인의 화물차 운전을 위해 대리기사를 호출했습니다. 대리기사는 새벽 1시경 A씨의 화물차를 운전해 A씨 집 주변에 있는 가게 문 앞에 주차를 했습니다. 아무래도

아침에 가게 주인과 손님들이 불편을 겪을 것이 걱정돼 대리기사에게 문 앞 공간을 피해 다시 주차해 달라고 요청했지만 대리기사는 그냥 가버렸습니다. 고민하던 A씨는 혈중알콜농도 0.122%의 음주 상태에서 다시 주차를 시도하다가 경찰에 적발되었습니다. 확인해 보니 A씨의 운행거리는 불과 30cm에 불과했지만 검찰은 A씨를 음주운전죄로 기소하게 됩니다.

앞선 사례보다 운전을 한 거리는 훨씬 짧죠. 30cm면 말 그대로 시동 걸고 차량을 움직이기 시작할 즈음입니다. A씨는 가게 주인과 손님들이 겪을 불편(현재의 위난)을 피하기 위해 부득이하게 차량을 빼려고 한 것(회피하기 위한 행동)이기 때문에 긴급피난에 해당해 음주운전 혐의는 무죄라고 주장하게 됩니다.

하지만 법원은 A씨의 주장을 받아들이지 않고 음주운전 혐의를 유죄라고 판단했습니다. 왜일까요? 이 사안은 '긴급'한 현재의 위난 자체가 없다고 본 겁니다. 이 가게는 새벽엔 영업을 하지 않는 가게였습니다. 지금 당장 가게 주인이나 손님이 불편을 받지는 않습니다. 그렇다면 A씨가 스스로 운전을 해야 할 긴급한 상황이 아니었던 거죠. 다른 대리운전기사를 부르거나 경찰을 부르거나 아니면 다른 사람의 도움을 받아 차량을 이동할 수도 있었기 때문에 긴급피난에 해당하지 않는다고 판단한 것이죠. 운전을 하는 것 외에 상황을 해결할 가능성이 전혀 없는 경우에만 긴급피난이 인정되는 겁니다. 운전 거리로 판단하는 게 아니라는 건 아시겠죠?

법원은 대리운전기사가 말다툼하다가 고가도로 왕복 4차로 내리막길에 차를 세워두고 가버린 경우 차가 도로 한복판에 있어 사고 우려가 큰 상황에서 약 300m를 운전해서 고가도로를 내려온 후 2차로에 차를 세운 뒤 2km를 걸어 귀가한 것은 긴급피난에 해당한다고 판단했습니다. 교통정체와 사고의 위험성이 매우 큰 상황이었고 차량에서 내리면 운전자도 위험에 처해질 상황이었기 때문에 위험을 해소할 최소한의 이동이 불가피했기 때문입니다.

결국 긴급피난은 '현재'의 '긴박한 위험'이 있을 때 이 방법이 아니면 이 위험을 벗어날 수 없는 정도로 평가받을 수 있을 때, 즉 상당성이 있을 때만 인정된다는 겁니다. 긴급피난이 어떤 경우에 인정되는지 이제 감이 좀 오시나요? 다른 CASE 하나만 더 보죠.

---

⚖ **CASE 43. 불륜 상대의 남편을 차에 매달고 달린 내연남**

2021년 5월 말 새벽 1시경 A씨는 서울의 한 아파트 주차장에서 내연녀와 함께 차를 타고 있었습니다. 그런데 아내의 외도를 의심하던 내연녀의 남편 B씨가 차량 안에 타고 있던 두 사람을 발견했습니다.

화가 머리 끝까지 난 B씨! 자신의 아내가 타고 있던 조수석 문을 두드리며 내리라고 소리쳤습니다. 당황한 A씨는 시동을 걸고 차량을 출발시켰는데 조수석 문 손잡이를 잡고 따라가던 B씨는 넘어져 발등이 부러지고 맙니다.

검찰은 A씨를 특수상해죄로 기소했지만 A씨는 본인의 행동은 긴급 피난에 해당한다고 항변합니다.

일단 A씨는 위험한 물건인 자동차로 B씨를 다치게 했습니다. A씨는 B씨가 자동차의 손잡이를 잡고 있는 상태에서 차량을 출발하면 B씨가 넘어져 다칠 수 있다는 것은 충분히 예상할 수 있죠. 더 나아가 A씨는 B씨가 넘어져도 어쩔 수 없다는 인식을 가지고 있다고 볼 수 있습니다(미필적 고의). 그래서 일단 특수상해죄로 기소한 검찰의 판단은 타당해 보입니다.

그런데 이 사안에서 내연남인 A씨는 본인의 행동이 긴급피난에 해당된다는 항변을 합니다. "차 문을 열어주거나 내리면 나와 내연녀는 B씨에게 폭행을 당할 수밖에 없는 상황에서 차를 출발시키는 것 외에 이 상황을 모면할 방법이 없었습니다. 그럼 문을 열어주고 맞으라는 말입니까!"

그러니까 문을 열라며 화를 내고 있는 B씨(현재의 위난)를 피하기 위해 자동차를 출발시킨 행위(피난행위)는 이 상황을 모면할 유일한 방법(상당성)이었다는 주장을 한 거죠. 이 상황이 과연 긴급피난에 해당해 내연남 A씨는 무죄를 받을 수 있을까요? 재판부는 A씨의 주장을 받아들이지 않았습니다.

이 상황은 A씨 스스로 자초한 것이기도 하고 B씨가 폭행을 개시한 상황도 아니어서 긴급피난 상황인지조차 의문이 듭니다. 설령 긴급한 위난 상황이었다고 가정한다고 하더라도 A씨에게는 여러 선택지가 있었죠? 1) 차량의 문을 잠가 B씨가 문을 열지 못하게 하고 경찰에 신고하는 방법도 있을 수 있고, 2) 차량을 천천히 운전해 B씨가 넘어지지 않게 할 방법도 있었습니다. 그렇기 때문에 긴급피난의 가장 중요한 요건인 '상당성'을 충족할 수 없었습니다.

누가 봐도 A씨가 잘했다고는 생각하지 않겠지만 그래도 무조건 유죄라고 판단하는 것은 아닙니다. 긴급피난을 주장하면 왜 거기에 해당하지 않는지도 법원은 꼼꼼하게 판단합니다. 결국 A씨의 주장을 법원은 받아들이지 않았고 A씨에게 유죄를 선고했습니다.

 **CASE 44. 애완견을 발로 걷어차다니…**

A씨는 빌라 내 공용마당에서 가지치기를 한 뒤 위층으로 올라가던 중에 강아지(포메라니안)를 안고 있던 B씨와 복도에서 마주쳤습니다. B씨는 강아지가 A씨를 향해 크게 짖자 강아지를 진정시키려고 자신의 집 현관 앞에 뒀습니다. 이후 자신의 강아지가 "깨갱" 하는 소리를 들은 B씨! 급히 달려가 보니 현관 앞에 강아지가 피를 흘리며 쓰러져 있었습니다. 알고 보니 A씨가 강아지를 발로 걷어찼던 겁니다. B씨의 강아지는 코가 찢어져 동물병원에서 치료비만 140여 만 원이 나왔는데요.

A씨는 강아지가 자신을 보고 마구 짖다가 이빨을 드러내고 으르렁
대면서 갑자기 달려들어 어쩔 수 없이 자신의 몸을 지키기 위해 한 행
동이라고 주장했지만 검찰은 A씨를 재물손괴죄로 기소하게 됩니다.

A씨는 강아지가 으르렁거리며 달려들려는 상황(현재의 위난)
에서 강아지를 발로 찬 것(위난을 피하기 위한 행위)이기 때문에 긴
급피난 상황이었다는 거죠. A씨의 행위는 긴급피난에 해당할까
요? 대부분 눈치채셨겠지만 재판부는 A씨의 주장을 받아들이지
않고 유죄로 판단했습니다.

일단 재판부는 당시 강아지가 양쪽 뒷다리 무릎뼈(슬개골) 장
애를 앓고 있어 제대로 뛸 수도 없었던 상태였다며 A씨의 주장
자체가 거짓이라고 판단했습니다. 설사 강아지가 달려들었다 하더
라도(현재의 위난이 있었다고 하더라도) 맹견도 아닌 작은 애완견이
었기 때문에 A씨가 신체의 안전을 보호하기 위해 발로 차는 행
위 외의 다른 방법으로도 충분히 피할 수 있었던 점을 고려하면
위난을 피하기 위한 상당한 행위라고 볼 수 없다고 본 거죠. 결국
법도 상식의 연장선에서 유무죄 판단을 한다는 것을 긴급피난
사례들을 통해 알 수 있습니다.

# 전혀 기억이 나지 않습니다

## 심신미약

술 마시고 범죄를 저지른 사람들이 늘 주장하는 말이 하나 있죠. '술에 취해서 기억이 나지 않는다.' 왜일까요? 예를 하나 들어보죠. 평소 A씨에게 불만이 많아 A씨를 폭행해 다치게 할 목적을 가지고 얼굴을 때린 경우와 술에 취해 A씨가 누구인지도 모르고 주먹을 휘둘러 얼굴을 가격한 경우 누구의 책임이 더 중할까요? 공격할 대상에 대한 정확한 인식(사물 변별 능력)과 나의 행동으로 어떠한 결과가 발생할 것이라는 내심의 의도(의사 결정 능력)가 있는 경우에 더 큰 책임이 인정되는 것이 당연하겠죠.

쉽게 말해 멀쩡한 상태에서 모든 상황을 정확히 인식하고 통제하며 범행을 저지른 경우보다는 그 능력이 좀 떨어질 경우에는 보통 형을 낮춰 주는 게 타당하다는 겁니다. 이런 상황을 심신미약 상태라고 해요. 형법 제10조 제2항은 "심신장애로 인하여 사물을 변별하거나 의사를 결정할 능력이 미약한 자의 행위는 형을 감경할 수 있다"라고 해서[*] 심신미약 상태의 범죄의 경우에는 판사

---

[*]  과거에는 심신미약자의 경우 반드시 형을 감경하도록 했었지만 강서구 PC방 살인 사건의 가해자가 정신장애가 있다는 소식에 심신미약자를 무조건 감경하는 것에

의 판단으로 형을 감경할지 여부를 결정하도록 하고 있습니다.

여기서 중요한 것 하나! 진짜 범행 당시 정신질환이 범죄에 영향을 미쳤는지, 술을 마셔 진짜 기억이 나지 않는지 어떻게 판단해야 할까요? 범죄자들은 대부분 기억이 나지 않는다고 하는데 말이죠. 결국 '고의'와 마찬가지로 범죄자의 머릿속으로 들어가지 않으면 정확히 판단할 수 없기 때문에 범행 당시의 모든 정황과 정신 병력 등에 대한 의학적 평가 등을 총동원해서 범죄자의 심신미약 여부를 판단하게 됩니다. CASE를 보죠.

 **CASE 45.  진주 아파트 방화 흉기난동 살인**

2019년 4월 17일 새벽 4시경 경상남도 진주시의 한 아파트 4층에 거주하던 안인득은 자신의 집에 불을 지른 뒤 칼 두 자루를 가지고 집 밖으로 나와 비상계단에서 화재로 대피하는 아파트 주민 등 10여 명에게 흉기를 휘둘러 5명을 살해하고 16명에게 상해를 입혔습니다. 안인득은 현장에서 체포된 후 범행이유에 대해 횡설수설하며 임금 체불에 불만을 가지고 홧김에 범행을 저질렀다며 이해할 수 없는 진술로 일관했습니다. 경찰 조사에 따르면 범행에 사용된 흉기는 범행 한 달 전에 미리 구입한 것이었고, 불을 지를 때 사용한 휘발유는 사건 당일 새벽

대한 국민적 비판이 커지면서 지금은 판사의 판단으로 감경 여부를 결정할 수 있게 개정이 됐습니다.

에 미리 인근 셀프주유소에서 구입한 것이었습니다. 피해자들은 노인이나 여성 등 사회적 약자들이었고 평소 갈등이 있었던 5층의 가족 중 네 명의 사상자가 발생했습니다. 안인득은 조현병을 앓고 있었으나 치료가 중단된 상태였고 평소 피해망상에 사로잡혀 있었다는 사실이 확인됐습니다. 검찰은 이에 안인득을 현주건조물 방화 치사 등의 혐의로 기소하였고 사형을 구형하게 됩니다.

이 사건은 정말 끔찍하고 참담한 결과를 가져왔지만 재판의 쟁점은 단순했습니다. 피고인 안인득의 자백 등을 포함한 범행의 증거는 완벽하게 갖춰져 있었기 때문에 과연 안인득이 범행 당시 심신미약 상태였는지에 대한 판단만 필요했던 거죠.

1심은 국민참여재판으로 진행됐습니다. 배심원들은 범행 당시 상황을 기초로 안인득은 심신미약 상태가 아니었다고 판단해 사형 의견을 냈고 재판부도 이를 받아들여 사형을 선고했습니다. 1심은 '범행 당시의 상황'에 집중해 안인득의 심신미약 여부를 판단했습니다. 안인득이 조현병 환자이며 적절한 치료를 하지 않아 이 사건 범행이 일어났다고 보면서도 1) 범행 도구를 사전에 준비한 점, 2) 화재 피해가 가장 클 것으로 예상되는 새벽 시간을 범행시간으로 정한 점, 3) 도피로로 예상되는 지점에서 대기하며 범행을 준비한 점, 4) 여성이나 노인 등 사회적 약자와 평소 다툼이 있던 가족들을 노려 공격한 점 등에 주목했습니다. 쉽게 말해 상황에 대한 이해나 의도가 미약한 사람이 범죄를 철저히 준비하고 공격대상까지 특정할 수는 없다고 본 거죠. 조현병에 의한 피해 망상으로 범행을 저질렀더라도 범죄를 계획했고 누구를 공격하는지 명확히 알고 있다면 심신미약이 아니라는 취지였습니다.

하지만 항소심에서는 1심과 달리 안인득이 범행 당시 심신미약 상태라고 판단해 사형에서 무기징역으로 감형하게 됩니다. 분명 히 안인득이 범행을 철저히 계획했고 그 계획에 따라 치밀하게 범행을 저질렀는데 왜 심신미약이 인정됐을까요? 보통 계획범죄 라면 심신미약이 아니라고 판단하는데 말이죠. 항소심은 '범행 에 이르게 된 동기'와 '정신감정 결과'에 집중해 심신미약 여부에 대한 판단을 한 겁니다. 정신감정 결과 등에 따르면 안인득은 피 해망상과 관계망상이 심각해 애초부터 정상적인 판단이 불가능한 상황이었다는 거죠. 결국 범행 당시에도 조현병 증상이 영향을 미쳤기 때문에 계획범죄로 보일지라도 심신미약이 인정된다고 판단한 겁니다.

심신미약에 대한 판단 정말 쉽지 않죠? 두 번째 CASE로 갑 니다.

---

### CASE 46. 구월동 살인 사건

A씨는 2018년 7월 인천 남동구 구월동의 한 주택가에서 미리 준비 한 흉기로 아내 B씨를 수십 차례 찔러 살해했습니다. B씨는 A씨의 지 속적인 폭력에 딸들과 함께 집을 나간 후 이혼소송을 제기해 둔 상태

였습니다. A씨는 사건 발생 한 달 전부터 별거 중인 아내를 찾던 중에 우연히 한 주택으로 들어가는 딸을 발견하게 됩니다. 이에 A씨는 주변을 배회하다 집에서 나오는 아내 B씨를 살해한 건데요. 이 날은 바로 딸의 생일날이었습니다. 이에 검찰은 A씨를 살인죄로 기소하게 됩니다.

이 사건은 당시 피해자의 세 딸 중 중학교 2학년에 재학 중인 첫째 딸이 국민청원 게시판에 아빠 A씨의 엄벌을 촉구하면서 심신미약 감형 반대라는 내용의 청원을 올려 세간의 화제가 되었습니다.

딸들의 걱정대로 A씨는 재판과정에서 자신이 파킨슨병 등 정신 병력이 있어 범행 당시 사물을 변별할 능력이나 의사를 결정할 능력이 미약했다며 형이 감형되어야 한다고 주장했습니다. 범행 당시 심신미약 상태였다는 거죠. 피고인이 심신미약 주장을 하는 사건의 대부분은 범행에 관한 것은 전부 입증이 된 상태에서 심신미약 여부만이 재판의 쟁점이 되는 경우가 많습니다. CASE 45 진주 방화살인 사건도 그렇듯이 이 사건 역시 심신미약 여부가 주요 쟁점이었습니다.

법원은 어떤 판단을 했을까요? A씨는 피해자가 이혼 소송을 통해 본인의 재산을 가로채려 한다고 생각해 범행을 저질렀다고 주장했습니다. 심신미약 여부는 범행에 이르게 된 동기를 포함해 범행 당시에 범행의 의미를 정확하게 이해하고 있었는지가 문제가 되죠. 법원은 1심부터 대법원까지 모두 A씨는 심신미약 상태가 아니었다고 판단해 징역 25년을 선고했습니다. 분명히 A씨는 파킨슨병을 앓았던 전력이 있었는데 말이죠.

법원은 일단 A씨의 범행 동기는 A씨가 오해를 했거나 잘못 생각한 것일지 몰라도 정신 병력으로 인한 망상이 아니라고 본 것 같습니다. A씨는 2017년 이후 비교적 정신적으로 크게 문제가 없는 상태에서 피해자와 딸들을 찾아다녔고, 범행 이후 흉기를 처리하거나 손을 닦는 행동 등을 통해 A씨가 범행의 의미를 정확하게 파악하고 스스로 증거를 인멸하려 한 점이 인정된다는 것이죠. 쉽게 말해 A씨에게 정신 병력이 있었다고 하더라도 이 사건 당시에는 멀쩡했다고 본 거죠. 정신 병력이 있었다고 무조건 심신미약이 인정되지는 않는다는 것 이해하시겠죠? 이제 말도 많고 탈도 많은 '술' 이야기로 넘어갑니다.

 **CASE 47. 술에 취에 친구를 살해한 경찰**

항공사 승무원이던 A씨와 경찰관 B씨는 11년 지기였습니다. B씨의 결혼식 사회를 A씨가 봤을 정도로 사이가 돈독했습니다. 2019년 12월 두 사람은 함께 술을 마셨는데 집에 가려는 B씨를 A씨가 강제로 자신의 빌라로 데리고 갑니다. 그럼에도 B씨가 계속 집에 가려고 빌라를 나가려 하자 화가 난 A씨는 과거에 배운 무술 기술로 B씨를 제압한 다음 B씨의 머리를 방바닥에 수차례 내리 찍어 살해했습니다. 조사 과정에서 A씨는 한 달 전 고소를 당해 실직 위기에 놓이는 바람에 술을 너무 과하게 마셔 범행이 전혀 기억이 나지 않는다고 주장했습니다. 하지만 검찰은 A씨의 심신미약 주장을 받아들이지 않고 살인죄로 기소한 후 무기징역을 구형하게 됩니다.

이 사건 역시 범죄사실에 대한 부분은 입증이 다 되어 있던 상황이었습니다. 그래서 A씨의 주장대로 그가 술을 너무 많이 마셔 범행 당시가 기억이 나지 않는지, 즉 심신미약 상태였는지 여부가 쟁점이었습니다. 정신질환의 경우 의사 등 전문가의 소견이 심신미약 인정 여부에 아주 중요한 판단자료가 되지만, '음주 불랙아웃' 주장은 무엇으로 판단해야 할까요?

보통 술이 수반된 범죄에서 대부분의 범죄자는 기억이 나지 않는다는 주장을 합니다. 실제로 기억이 있는지 없는지는 신만이 알 수 있겠죠. 결국 당시의 정황을 꼼꼼하게 따져 주장의 진위를 판단할 수밖에 없습니다. 이 사건 재판부의 판결을 보시면 어떤 방식으로 판단하는지 이해할 수 있을 거예요.

범행 당시의 상황을 살펴볼까요? 혈흔 상태를 분석한 결과 A씨는 아무런 저항을 할 수 없는 B씨의 머리를 수차례 방바닥에 내리쳤습니다. B씨는 A씨의 공격을 받아 의식을 잃고 피투성이가 된 상황이었죠. 하지만 A씨는 자신의 몸에 묻은 B씨의 피를 수차례나 씻어 냈습니다. 그러고 나서 119신고 등 어떠한 구호조치도 하지 않은 채 옷을 갈아입고 여자 친구의 집에 가서 잠이 들었습니다.

통상 술에 취해 아무 기억이 없는 경우 범행 이후 범행의 흔적을 지우기 어렵죠. 게다가 범행 장소인 자신의 집을 나가는 경우는 흔치 않습니다. 그렇다면 A씨가 주장하는 것처럼 나중에 범행 당시가 기억나지 않는다고 하더라도, 심신미약은 '범행 당시'를 기준으로 판단하는 것임을 감안하면 최소한 범행 당시에는 자신의 범죄행위 전 과정에 대해 이해하고 있었다고 보는 것이 상식에 부합하겠죠. 결국 재판부도 범행 당시의 모든 정황을 기초로 A씨는 범행 당시 심신미약 상태가 아니었다고 판단해 징역 18년을 선고했습니다. 술을 마셔 기억이 나지 않는다고 주장하면 무조건 감형되는 게 아니라는 것 이해하시겠죠?

최근에는 정신질환 같은 심신미약 사유가 아닌 술에 의한 주취감경은 거의 받아들여지지 않습니다. 왜일까요? 정신질환은 본인의 선택이 아닌 질병이지만 술은 본인의 의지로 마신 거라는 근본적인 차이 때문입니다. 조두순 사건 다들 기억하시죠? 당시 재판부는 조두순이 범행 당시 음주로 인한 심신미약 상태라고 인정해서 12년만 선고했습니다. 성범죄의 경우 술이나 마약 등이 수반되는 경우가 많음에도 이를 감경 사유로 삼았다는 데 온 국민이 공분했었습니다. 이에 지금은 성폭력 범죄 처벌 등에 관한 특례법과 아동 청소년 성보호에 관한 법률에 음주, 약물 등으로 인한 심신미약의 경우 감경하지 않을 수 있다는 규정을 두고 있습니다. 이젠 과거와 같이 술에 관대한 시대가 아니라는 것! 오히려 감형 요소가 아닌 형의 가중 요소가 되는 경우도 많으니 이제 더 이상 '술 때문에' 라는 변명은 하지 말아야겠죠?

# 직접 때리지 않았는데도 폭행이 된다고요?

## 폭행죄

폭행죄하면 뭐가 떠오르나요? 보통은 주먹이나 발로 때리는 것을 생각하게 되죠. 보통 폭행 사건의 대부분을 이루고 있기도 하고요. 하지만 일반 상식으로 알고 있는 폭행의 개념과 형법상의 폭행은 조금 다릅니다.

형법상 폭행은 '사람의 신체에 대한 불법적인 유형력의 행사'라고 정의하고 있습니다. 일단 말이 좀 어렵죠? '유형력'이란 말은 직접적이나 간접적으로 물리력을 행사하는 것을 말합니다. 그러니까 직접 맞지 않아도 폭행이 될 수 있다는 뜻이죠. 폭행죄가 인정되면 2년 이하의 징역 또는 500만 원 이하의 벌금형으로 처벌됩니다. 다만 폭행죄는 당사자 간에 합의가 돼서 피해자가 처벌을 원하지 않는 경우에는 처벌되지 않습니다(반의사불벌죄).[*]

---

[*] 반의사불벌죄는 일단 입건이 되면 수사를 시작할 수 있지만 피해자가 처벌을 원하지 않으면 처벌하지 않는 범죄입니다. 피해자의 고소가 있어야 수사가 시작될 수 있는 친고죄와는 다른 개념입니다.

### CASE 48. 상추 폭행

2013년 강원도 홍천의 한 골프장 건설을 반대하던 A씨는 관련 공무원 B씨와 언쟁을 벌였습니다. 언쟁은 점점 심해졌고 화가 머리끝까지 난 A씨! 밥상 위에 놓여 있던 상추 한 줌을 B씨에게 집어던졌습니다. 던진 상추는 공무원 B씨의 몸에 맞지도 않았습니다. 하지만 공무원 B씨는 A씨를 폭행죄로 고소했고 검찰도 A씨를 폭행죄로 기소하게 됩니다.

A씨는 당연히 이런 주장을 합니다. "아니 던진 상추가 B씨 몸에 닿지도 않았는데 무슨 폭행이냐? 그리고 던진 상추에 맞는다고 해도 다칠 가능성이 제로인데 이런 게 무슨 폭행이냐?" 우리가 알고 있는 일반 상식으로는 폭행이 되기 어려울 것 같죠? 일단 안 맞았으니까요. 하지만 법원은 1심과 2심 모두 A씨에게 폭행죄가 인정된다고 판단했습니다. 판결 내용을 볼까요? "A씨가 던진 상추가 피해자 몸에 맞지 않았고, 몸에 맞아도 다칠 우려가 없다고 하더라도 상추를 집어 피해자를 향해 던진 행위는 '유형력의 행사'로 폭행에 해당한다." 그러니까 사람의 몸에 직접 맞지 않는다고 하더라도 사람이 있는 방향으로 상추를 던져 맞을 위험성만 있으면 폭행죄가 된다는 거죠. 마찬가지로 주먹으로 상대방의 얼굴을 직접 때리지 않고 얼굴 주변에 휘두르는 것 역시 '안 때렸지만' 폭행죄에 해당하게 됩니다.

차를 가로막는 사람을 직접 차로 치지 않고 그 사람에게 부딪칠 듯이 차를 조금씩 전진시키는 것 역시 같은 이유로 '안 쳤지만' 폭행죄가 됩니다. 다음 CASE로 가죠.

---

### ⚖ CASE 49. 물싸대기 폭행

A씨는 2015년 12월 B씨의 집에 찾아가 B씨의 딸이 빌린 돈의 이자를 갚으라고 요구했습니다. A씨와 B씨는 큰 소리로 다투게 되었고 화가 난 B씨는 집에서 나가라면서 바가지에 물을 받아 A씨에게 세게 끼얹었습니다. 이에 A씨는 B씨를 폭행죄로 고소했고 검찰 역시 B씨를 폭행죄로 기소하게 됩니다.

---

드라마에서 종종 볼 수 있었던 장면이죠? 시어머니가 가난한 예비 며느리에게 물을 뿌리는 장면. 드라마 보면서 혹시 이것도 폭행죄가 된다고 생각해 보셨나요? 주먹이나 발로 때리는 것도 아니고 위험한 물건을 든 것도 아니고 단지 물만 뿌렸을 뿐인데 모욕죄는 몰라도 폭행죄가 된다고 생각하긴 쉽지 않죠.

B씨 역시 물만 뿌린 거니 폭행이 아니라는 주장과 함께 혹시 폭행이라고 해도 부당한 불법침입에 대응한 정당방위였다는 주장을 합니다. 하지만 법원은 B씨의 주장을 받아들이지 않았습니다. 상대방에게 물을 끼얹는 행동 역시 폭행에 해당하며 정당방위도 안된다고 본 거죠. 앞서 본 상추를 던진 행동처럼 상대방

이 다칠 위험이 없다고 해도 상대방을 향해 물을 뿌리는 것만으로도 '불법적인 유형력의 행사'에 해당한다는 겁니다. 그리고 물을 끼얹는 것은 소극적인 방어행위가 아닌 적극적인 공격행위에 해당하기 때문에 정당방위도 인정되지 않는다고 판단한 거죠. 비슷한 판결로 캔커피를 상대방의 몸에 뿌린 행동도 법원은 폭행죄에 해당한다고 판단한 바 있습니다. 제 기분 탓인지 모르겠지만 '물싸대기 폭행 사건' 판결 이후에 드라마에서 확실히 상대방한테 물을 끼얹는 장면은 많이 나오지 않는 것 같네요. 불법이니까요. 이제 유형력이 무엇인지 좀 감이 오나요?

 **CASE 50. 여성의 머리카락에 침을 묻힌 남성**

A씨는 2021년 6월 6일 밤 10시경 서울 강남구의 한 아파트 앞 버스 정류장 주변을 지나다 20대 여성 B씨를 발견하고 접근합니다. 택시를 기다리던 B씨를 본 A씨! 자신의 어깨를 B씨의 등에 부딪힌 뒤 B씨의 머리카락과 등에 자신의 침을 잔뜩 묻히고 도망갔습니다. B씨는 A씨를 폭행죄로 고소했고 검찰은 A씨를 폭행죄로 기소하게 됩니다.

참 황당한 사건이죠. 폭행인지 여부를 떠나 피해자 B씨는 성적 수치심까지 느낄 만한 사건이었습니다. 일단 머리카락에 침을 묻힌 행동이 잘못된 행동인 건 너무나 당연하지만 이런 행동이 과연 처벌 대상이 될까요?

일단 B씨가 성적 수치심을 느꼈다고 하더라도 머리카락에 침을 묻힌 A씨의 행동을 강제추행죄로 보기는 어렵습니다. 일반적으로 머리카락에 침을 묻힌 행동을 '추행'이라고 보기에는 무리가 있으니까요. 그렇다고 아무 죄에도 해당되지 않을까요? 아닙니다. A씨가 B씨의 머리를 때린 건 아니지만 머리카락에 침을 묻힌 행동 자체가 'B씨에 대한 불법적인 유형력의 행사'에 해당할 수 있기 때문에 폭행죄에는 해당될 수 있습니다.

재판부 역시 A씨의 행동이 폭행에 해당한다며 '일반 폭행과 달리 강제추행과 유사한 불쾌감을 줄 수 있는 행위'라고 하면서 죄질이 좋지 않다고 판단하였습니다.

---

### ⚖ CASE 51. 말걸지 마 사건

A씨는 2019년 8월 서울의 한 교회에서 B씨의 귀에 입을 가까이 가져가더니 "말걸지 마"라고 소리쳤습니다. A씨는 상체를 숙인 채 두 손을 모아 B씨의 귀에 대고 소리를 쳤고 B씨는 깜짝 놀라 뒷걸음질치면서 고개까지 돌리고 괴로워했습니다. 이에 B씨는 A씨를 폭행죄로 고소했고 검찰은 A씨를 폭행죄로 기소하게 됩니다.

---

이 경우는 뭘 던지거나 물을 뿌리지도 않고 단지 소리만 지른 사건입니다. 우리가 알고 있는 폭행의 뜻과 전혀 어울리지 않는 사건이죠. A씨 역시 내가 소리를 질러서 B씨가 기분이 나쁠 순

있겠지만 이게 무슨 폭행이냐고 항변했습니다. 하지만 법원은 A씨에게 폭행죄가 인정된다고 판단했습니다. 혼란스러우시죠?

결국 어디까지가 '유형력의 행사'인가의 문제입니다. 법원은 유형력이란 신체적 고통을 주는 물리력이라고 정의하면서 신체의 청각기관을 직접 자극하는 음향도 경우에 따라서는 유형력에 포함될 수 있다고 판단했습니다. 단순히 면전에서 욕설을 하는 정도는 그렇지 않겠지만 지속적으로 큰 소리로 확성기를 켜 놓는 행동이나 귀에 대고 큰 소리로 상대방에게 고통을 줄 정도라면 폭행죄가 될 수 있다는 겁니다.

이 밖에도 법원은 최근에 간병인이 간병 상의 편의를 위해 환자의 머리카락을 깎은 경우에도 폭행죄가 인정된다고 판결한 바 있습니다. 폭행죄에 대한 정확한 이해가 없으면 나도 모르게 폭행의 가해자가 될 수도 있다는 것을 아셔야겠죠?

# 폭행과 상해의 차이는 무엇일까요?

## 상해죄

폭행과 상해의 차이를 정확하게 아는 분들이 생각보다 많지 않습니다. 때려서 다치면 상해니까 거기서 거기 아닌가라고 생각할 수 있습니다. 하지만 상해죄는 폭행죄에 비해 형량이 훨씬 높고* 폭행죄와 달리 반의사불벌죄가 아니기 때문에 피해자와 합의해도 처벌이 됩니다.

폭행이 사람에 대한 유형력의 행사라고 한다면 상해는 사람의 건강을 침해하는 행위입니다. 즉, 치료가 필요한 상태로 만드는 것을 말합니다. 알듯 말듯 하죠? 물리적 가해를 예로 들어볼까요? 멱살을 잡은 정도라면 치료가 필요하진 않죠. 이런 경우가 폭행입니다. 하지만 주먹으로 사람의 얼굴을 때려 코뼈가 부러졌다면 병원에서 치료를 받아야 하니 이런 경우엔 상해가 됩니다. 결국 가장 흔한 물리적 가해의 경우에는 실무상 일반적으로 진단서가 제출됐느냐에 따라 폭행과 상해를 구분하게 됩니다. 그렇다면 진단서만 제출하면 다 상해가 될까요?

---

\* 폭행죄 : 2년 이하의 징역 또는 500만 원 이하의 벌금, 구류 또는 과료.
상해죄 : 7년 이하의 징역, 10년 이하의 자격정지 또는 1,000만 원 이하의 벌금.

A씨는 2017년 11월 피해자 B씨가 운전하는 시내버스에 탑승했습니다. A씨는 버스에 탑승해서 큰 소리로 통화를 계속했고 참다 못한 버스 기사 B씨는 A씨에게 "운전에 방해가 되니 좀 조용히 부탁합니다"라는 말을 하게 됩니다. 이에 화가 난 A씨는 "버스 기사가 뭐 이러냐. 기사가 왜 승객한테 시끄럽다고 따지고 그러냐. 네가 갑이냐, 이 자식아"라고 말하며 B씨의 멱살과 팔을 잡아당기며 폭행을 하게 됩니다.

수사과정에서 피해자 B씨는 "진단일로부터 14일간의 치료를 요하는 경추의 염좌 및 긴장, 흉곽전벽의 타박상"이 기재된 상해진단서를 제출했습니다. 이에 검찰은 A씨를 운전자를 폭행해 상해를 발생시켰다면서 특정범죄 가중처벌 등에 관한 법률 제5조의 10 제2항의 죄로 기소하게 됩니다.

사람이 다치지 않을 정도의 폭행을 행사하다가 상해의 결과가 발생한 경우 폭행치상죄가 됩니다. 이 사건은 상해진단서가 제출됐으니 A씨가 운전을 하고 있는 운전자를 폭행해서 상해에 이르게 한 것이라고 봐서 검찰은 A씨를 특정범죄 가중처벌 등에 관한 법률 제5조의 10(운행 중인 자동차 운전자에 대한 폭행 등의 가중처벌)로 기소를 한 거죠.[*]

---

[*] 일반 폭행과 달리 운행 중인 운전자를 폭행하게 되면 사고 발생의 위험도 커지기 때문에 일반 형법상의 폭행보다 가중처벌을 하는 규정입니다.

형량의 차이를 한 번 볼까요? 운전자를 폭행만 한 경우에는 5년 이하의 징역 또는 2,000만 원 이하의 벌금으로 처벌되지만, 상해의 결과가 발생한 경우에는 3년 이상의 유기징역으로 처벌받게 됩니다. 벌금형도 없습니다. 법정형의 차이가 어마어마하죠.

　피고인 A씨는 버스 운전사 B씨를 폭행한 건 맞지만 B씨가 치료를 필요로 할 정도의 상황이 아니었으니 억울하다는 입장이었습니다. B씨가 진단서를 제출했다 해도 별다른 치료가 필요한 정도는 아니라고 보였으니까요. 그래서 피고인 A씨는 1심에서 국민참여재판을 신청했습니다.

　배심원들의 판단은 어땠을까요? 배심원들은 만장일치로 상해 부분에 대해서 무죄 평결을 했고 1심 재판부도 배심원들의 평결대로 운전자 폭행만 인정했을 뿐 상해 부분은 무죄로 판단했습니다. 피해자 B씨는 1심 증인신문에서 이렇게 진술했습니다. "A씨가 팔과 멱살 부분을 굉장히 강하게 잡아당겨 와이셔츠 단추 2개가 떨어졌다. 가슴팍이 뻘겋게 긁혀 있었고, 목 부분이 아리고 열도 올라왔으며, 다음날 통증이 더 심해져 병원에 내원해 입원치료를 받았다." 그러니까 A씨에게 맞아서 입원을 할 정도였으니 상해를 입었다는 주장이었죠.

　하지만 왜 배심원들은 피해자 B씨의 상해를 인정하지 않았을까요? 딱히 치료가 필요해 보이지 않아도 피해자가 통증을 호소하면 병원에서 상해진단서를 작성해 주는 경우가 종종 있습니다. 범행 당시의 폭행의 정도와 피해자의 진술, 치료과정과 진단서 작성 경위 등을 종합적으로 살펴볼 때 폭행에 수반된 상처가 극히 경미해 일상생활 중 통상 발생할 수 있는 상처나 불편 정도로서, 자연적으로 치유되며 일상생활을 하는 데 지장이 없는 경우에는 상해에 해당된다고 할 수 없다는 것이 대법원의 일관된 입장입니다. 이런 기준으로 배심원들은 피해자 B씨가 제출한 상해진단서와 B씨의 진술만으로는 형법상 '상해'라고까지 보기 어렵다는 판단을 한 거죠. 검찰이 항소했지만 2심 역시 피해자 B씨의 상해를 인정하지 않았습니다. 여기서 주의할 점 하나! 전치 2주 진단서면 무조건 상해가 아니라고 오해하면 안됩니다. 진짜 치료가 필요할 만큼 '다쳤느냐'가 판단의 기준이지 전치 몇 주 여부가 기준이 아니라는 거죠. 항소심의 판단과정을 한 번 볼까요?

항소심이 상해가 아니라고 본 이유는 1) B씨가 폭행을 당한 당일 경찰에 '상처는 없지만 와이셔츠 단추 2개가 떨어졌다고만 진술한 점, 2) 버스 CCTV를 보면 폭행의 정도가 약했고 B씨가 통증을 호소하는 모습도 없었다는 점, 3) B씨의 상처가 생활 기능에 장애를 초래할 정도로 보이지 않는 점, 4) 진단서가 피해자의 진술에 근거해 작성됐다는 사실조회서가 제출됐다는 점, 5) B씨가 입원을 하긴 했지만 의사의 권유에 의한 것이 아니고 입원 기간에 병원이 아닌 여러 다른 기지국에서 발신 내역이 있는 점 등이었습니다. 이제 조금 감이 오시죠? 원칙적으로 상해진단서 제출 여부로 폭행과 상해를 구분하긴 하지만, 폭행과 상해 사이에 처벌의 차이가 크기 때문에 예외적으로 상해진단서를 신뢰할 수 없는 경우(치료가 필요 없다고 보이는 경우)에는 상해가 인정되지 않는다는 겁니다. 결국 법원의 판단도 일반인의 상식에 접근한다는 걸 알 수 있습니다. 다음 CASE를 보시죠.

---

**CASE 53. 임산부 상해 사건 : 형법상 태아는 사람?**

30대 남성 A씨는 여자친구 B씨가 임신 소식을 알리자 아직 아이를 낳아 키울 준비가 안됐다는 이유로 임신중절 수술을 요구합니다. 하지만 여자친구 B씨는 "아이는 절대 못 지운다. 아이를 낳고 싶다"면서 A씨의 요구를 거절했습니다. 그러자 A씨는 여자친구 B씨의 얼굴을 때리고 목을 조르다가 농구화를 신은 상태로 임산부인 B씨의 배를 여러 번 걷어찼습니다. 여자친구 B씨는 많이 다쳐 치료가 필요한 상황이 되었고 배 속의 아이 역시 다칠 만한 상황이었지만 검찰은 A씨를 여자친구 B씨에 대한 상해로만 기소하게 됩니다.

---

당시 A씨의 폭행의 정도를 본다면 여자친구 B씨의 치료가 필요한 상황이라는 건 충분히 알 수 있습니다. 따라서 여자친구 B씨에 대한 상해죄가 인정되는 건 너무나 당연하겠죠. 하지만 여기서 다친 '사람'은 B씨 한 명일까요? B씨 배 안에 있던 태아 역시 A씨의 폭행으로 다치거나 사망할 수 있었겠죠. 하지만 검찰은 배 안의 아이에 대한 상해 혐의는 기소조차 하지 않았고 법원 역시 이에 대한 판단을 하지 않았습니다. 왜일까요?

형법상 아직 B씨 배 안에 있던 태아는 '사람'으로 인정받지 못하기 때문입니다. 형법상 사람으로 인정받는 시기에 대해 법원은 산모가 분만 전 진통을 느끼고 분만이 시작될 때부터라고 보기 때문에 그 전에 배 안에 있는 태아는 아직 '사람'이 아닌 거죠. '사람'이 아니기 때문에 임산부를 때려 아이가 죽거나 다쳐도 태아에 대해 별도로 죄가 되지 않는다는 것이 현재까지 법원의 입장입니다.

　이런 법원의 판단 때문에 의료과실로 아이가 사망한 경우 태아에 대해서는 살인죄가 인정되지 않죠. 또 실수로 아이가 사망한 것이지 의사가 일부러 아이를 낙태한 것이 아니니 낙태죄도 아닙니다. 낙태죄는 과실범 처벌 규정이 없으니까요. 그렇다고 한 생명이 죽었는데 의사가 처벌을 받지 않는다는 것 역시 국민의 법 감정에 반하기 때문에, 검찰은 아이가 사망한 것을 엄마가 다친 것으로 볼 수 있다고 우회적으로 판단해 의사를 살인죄나 낙태죄가 아닌 업무상 과실치상죄(엄마에 대한 상해)로 기소한 적이 있습니다. 법원은 어떻게 판단했을까요?

　태아는 엄마의 신체의 일부는 아니죠. 장차 태어날 별개의 인격체입니다. 대법원 역시 이렇게 판단하면서도 사람이 되는 건 임산부가 분만을 개시할 때로 보고 있으니 의료과실로 엄마 몸의 다른 부분에 이상이 생겼다면 모르겠지만 태아만 사망했다면 '엄마에 대한' 업무상 과실치상죄도 인정되지 않는다고 판시했습니다. 결국 민사상 손해배상 청구의 문제는 될지 몰라도 형사처벌의 대상은 아니라는 겁니다.

좀 이상하죠? 하지만 형법상 사람으로 인정하는 시기에 대한 판단의 변화가 없다면 이런 법원의 판단이 앞으로도 바뀌기는 어렵습니다. 바로 '죄형법정주의' 원칙 때문인데요. 최근에 낙태죄에 대해 일률적으로 처벌할 것이 아니라 임신 이후 일정시기 (대략 임신 22주)가 지난 낙태만을 처벌하는 것이 임산부의 자기결정권과 태아의 생명권 양자가 존중될 수 있다는 헌법재판소의 결정이 나왔죠. 그 결정을 뒤집어 본다면 임신 후 일정 시기가 지나면 '사람'으로 볼 수 있다고 해석할 수 있지 않을까요? 형법 조문을 바꾸는 것이 아니라 언제부터 사람이 되는가에 대한 해석만 바뀌면 되는 부분이니까요.

 **CASE 54. 갑질 상사의 폭언**

물리치료사 A실장은 약 4개월간 병원 후배 직원 B씨에게 인격을 심하게 무시하는 폭언을 총 12회에 걸쳐 했습니다. 폭언은 짧게는 1분에서 길게는 6분 30초까지 지속됐는데요. A실장은 다른 직원이 듣고 있는 가운데 "상판대기 하고는, 나쁜 X, 더러운 X, 생긴 거 하고는 뭐같이 생겨가지고" "외모 비하? 아니, 내 의견을 이야기하는 거야. 너가 생긴 게 참…" 등의 발언으로 B씨에게 모욕감을 줬습니다. 심지어 환자들이 듣고 있을 때에도 폭언을 이어갔습니다.

또 "소리 지르는 거? 아무것도 아냐. 내가 뭐라 했어? 끝을 보고 간다 했지? 난 한 번 시작하면 끝을 보고 가. 너가 상상하는 그 이상의 끝을 보고 간다"라는 등 B씨가 스스로 퇴사하지 않으면 폭언을 반복하겠다고 협박했습니다. 피해자 B씨는 정신과 치료를 받는 상황까지 되었고 이에 검찰은 A실장을 모욕죄, 협박죄, 그리고 상해죄로 기소하게 됩니다.

일단 A실장이 직원들, 심지어 환자들이 보는 앞에서 B씨에게 모욕적인 표현을 했으니 모욕죄가 성립하는 건 너무나 당연합니다. 또 퇴사할 것을 종용하며 B씨에게 공포심을 주었으니 협박죄 역시 당연히 성립하죠. 그런데 A실장은 B씨의 몸에 손도 대지 않았는데 과연 '상해죄'가 인정될 수 있을까요?

형법 교과서에는 몸이 아프지 않고 정신과적 치료만 필요한 경우에도 상해죄가 이론상 가능하다고 기술되어 있습니다. 하지만 그동안 실무상 폭언 등의 갑질은 협박죄나 모욕죄만으로 처벌해 왔습니다. 물리적으로 때리지 않았는데 치료가 필요하다는 것을 입증하기가 쉽지 않다는 문제와 우울증이나 외상 후 스트레스 장애 같은 정신과적 문제를 '상해'라고 쉽게 인정하지 않는 사회 분위기 때문이었습니다.

이 사건에서 법원은 물리치료사 A실장의 지속적인 폭언으로 인해 피해자 B씨가 6개월 이상의 약물치료가 필요한 외상 후 스트레스 장애, 양극성 장애, 우울증 의증 등의 '상해'를 입었다고 판단해 A실장에게 모욕죄, 협박죄뿐만 아니라 상해죄도 인정된다고 판단했습니다. 2018년 10월 인격을 무시한 지속적인 폭언을 한 상사에 대해 상해죄를 인정한 이후 법원의 생각이 변했다는 것을 단적으로 보여준 판결이었죠.

'폭언으로 인한 정신적인 문제'가 형법 교과서를 넘어 실제 법원의 판결에서 상해로 인정되면서 소위 지속적인 폭언 등 괴롭힘에 대한 처벌 역시 국민의 눈높이에 맞게 내릴 수 있는 길이 열렸다고 볼 수 있을 것 같네요. 이제 '때리지 않아도' 상해죄로 처벌받을 수 있습니다.

# 심한 욕설은 협박죄에 해당할 수 있어요

## 협박죄

보통 심한 욕설＝협박이라고 생각하는 분들이 많죠. 그런데 욕설이 언제나 협박이 되는 건 아니고 아무 말을 하지 않아도 협박이 되는 경우도 있습니다. 굉장히 자주 쓰는 용어지만 협박인지 여부에 대한 법적 판단은 그렇게 쉽지 않습니다. 법률 용어로 협박은 상대방에게 '해악을 고지'하여 상대방이 '현실적으로 공포심을 느낄 정도'라고 합니다. 어렵죠? 법률 용어를 왜 이리 어렵게 표현하는지 저도 종종 이해가 되지 않는데요. 쉽게 말하면 '아, 저 사람이 나한테 뭔가 해를 입힐 수 있겠구나. 무서운 걸?' 정도가 되겠네요. 구체적인 사례를 봐야 이해가 되겠죠?

---

**CASE 55. 입을 찢어 버릴라 사건**

1) A씨와 B씨 사이에 언쟁이 오가던 중 A씨가 B씨에게 "입을 찢어 버릴라"라고 한 경우

2) 담배를 피우지 말아 달라는 이웃 여성에게 화가 난 80대 A씨가 "아가리를 확 찢어놔 버려" "왜 아래층 사생활에 간섭해! 똥 안 쌌는데 쌌다고 하면 기분 좋아?"라고 욕설을 한 경우

---

3) A씨가 자신의 동거남과 성관계를 가진 적이 있던 B씨에게 "사람을 사서 쥐도 새도 모르게 파묻어 버리겠다. 너까짓것 쉽게 죽일 수 있다"라고 한 경우

세 사건에서 A씨가 상대방에게 한 말들을 글자 그대로 보면 섬찟하죠? 아마 전형적으로 협박죄가 인정된 사례라고 생각하시겠지만 이 세 사건 모두 법원에서 협박죄로 인정되지 않았습니다. 왜일까요?

종종 사람들이 싸울 때 보면 상대방한테 엄청 심하게 욕설을 퍼붓는 경우가 있죠? 감정이 격해져 거의 저주를 퍼붓는 수준으로 막말을 쏟아내곤 합니다. 그럼 그 경우 모두 협박죄가 될까요? 실제로 서로 싸우다가 쌍방폭행이 인정되는 경우는 많지만 쌍방협박이 인정되는 경우는 거의 없습니다. 그 이유는 싸움 과정에서 욕설을 들은 사람이 "저 사람이 진짜 내 입을 찢으려고 하겠구나" "저 사람이 진짜 나를 청부살인하겠구나"라고 느끼는 게 아니기 때문입니다.

즉 언성을 높이며 다툼을 하다가 감정적으로 흥분해 '실현 가능성 없어 보이는' 욕설을 하거나 분노를 표시한 것일 뿐 실제 행동으로 옮길 것이라고 상대방이 느끼지 않는 상황, 즉 상대방이 공포심을 느낄 상황이 아니라는 거죠. 결국 감정적인 다툼 과정에서 나오는 욕설 정도는 협박죄의 협박에 해당하지 않습니다. 보통은 감정적으로 흥분해서 욕한 걸 다 실현하지는 않으니까요.

"어? 저 사람 진짜 나한테 말한 대로 할 수도 있겠는데?"를 기준으로 판단하면 이해가 쉽습니다. 특히 두 번째 사건의 경우 A씨는 창문을 통해 이웃집 여성에게 욕설을 했을 뿐 직접 집에 찾아가거나 폭력적인 행동을 하지는 않았습니다. 그렇다면 피해 여성 입장에서 볼 때 A씨가 말한 대로 자신에게 해를 가할 것이라고 느끼기 어려웠다는 거죠. 다음 CASE를 보시죠.

---

### ⚖ CASE 56. 조상천도제를 지내라며 겁을 준 역술인

A씨는 집안에 자꾸 우환이 생겨 역술인을 찾아갔습니다. 역술인은 A씨의 아내와 미리 짜고 A씨에게 "작은아들이 자동차를 운전하면 교통사고가 나 크게 다치거나 죽거나 하게 된다. 조상천도를 하면 교통사고를 막을 수 있고, A씨의 아픈 곳도 다 낫고 사업도 잘되며 모든 것이 잘 풀려 나갈 수 있다"라고 하면서 A씨에게 겁을 줬습니다. 이에 겁먹은 A씨에게 조상천도제를 지내면 이런 집안의 화를 다 면할 수 있다면서 조상천도제 비용을 받았습니다.

또 다른 피해자 B씨에게 이 역술인은 "묘소에 있는 시아버지 목뼈가 왼쪽으로 돌아가 아들이 형편없이 빗나가 학교에도 다니지 못하게 되고, 부부가 이별하게 되며 사업이 망하고 집도 다른 사람에게 넘어가게 된다"라고 겁을 줬고, 역시 B씨로부터 조상천도제 비용을 받았습니다. 이에 검찰은 상대방을 '협박'해 금품을 받아낸 것이라며 이 역술인을 공갈죄로 기소하게 됩니다.

---

이 역술인의 이야기 굉장히 기분 나쁘죠? 자식이 교통사고가 난다느니 사업이 망한다느니. 역술인의 말을 신봉하는 분들 입장에서는 엄청나게 겁이 나겠죠. 이런 무서운 얘기를 해서 피해자들을 겁먹게 한 것이니 검찰은 역술인의 말을 협박으로 본 것입니다. 그래서 검찰은 협박을 통해 돈을 받아낸 것으로 보고 이 역술인을 공갈죄로 기소한 거고요.

협박이라는 것이 상대방에게 '해악을 고지'해서 상대방이 '공포심을 느낄 만한 경우' 성립하는 것이니 이 역술인의 말 정도라면 충분히 협박이 될 것 같죠? 하지만 법원은 이런 역술인의 말을 협박이라고 보지 않았습니다.

왜일까요? 이 역술인이 피해자에게 했던 말들이 역술인 개인 능력으로 실현 가능하지 않기 때문입니다. 그리고 역술인도 조상천도제를 지내지 않으면 '내가' 어떻게 하겠다는 것이 아니라 '조상신이나 하늘이' 아들이 교통사고가 나게 한다는 등 안 좋은 일이 생기게 할 것이라고 한 겁니다. 협박이란 칼을 든 사람이 당신을 찌르겠다는 것처럼 가해자 스스로 좌지우지할 수 있는 경우에만 성립하는 겁니다.

대법원의 판결 내용을 볼까요? "협박이란 객관적으로 사람의 의사결정의 자유를 제한하거나 의사실행의 자유를 방해할 정도로 겁을 먹게 할 만한 해악을 고지하는 것을 말하고, 그 해악에는 인위적인 것뿐만 아니라 천재지변 또는 신력이나 길흉화복에 관한 것도 포함될 수 있으나 다만 천재지변 또는 신력이나 길흉화복을 해악으로 고지하는 경우에는 상대방으로 하여금 행위자 자신이 그 천재지변 또는 신력이나 길흉화복을 사실상 지배하거나 그에 영향을 미칠 수 있는 것으로 믿게 하는 등 명시적 또는 묵시적 행위가 있어야 한다. 그런데 이 사건에서 조상천도제를 지내지 않으면 좋지 않은 일이 생긴다는 취지의 해악의 고지는 행위자에 의해서 직접, 간접적으로 좌우될 수 없는 것이고, 가해자가 현실적으로 특정되어 있지도 않으며 해악의 발생가능성이 합리적으로 예견될 수 있는 것이 아니므로 협박으로 평가될 수 없다."

대법원의 판결 내용이 좀 어렵지만 결국 이 사건이 협박이 되려면 "조상천도제를 지내지 않으면 내가 아들을 다치게 하겠다"라거나 "조상천도제를 지내지 않으면 내가 조상신을 불러 아들이 교통사고가 나게 하겠다"라는 것처럼 이 역술인이 본인의 힘으로 해를 끼칠 수 있다고 해야 협박이 될 수 있다는 거죠. 좀 감이 오시나요? 다음 CASE로 갑니다.

 **CASE 57. 택시 기사의 보복운전**

2019년 5월경 자정이 지난 시간에 B씨가 운전하는 승용차가 A씨가 몰던 택시 앞으로 갑자기 끼어들었습니다. 이에 A씨는 급브레이크를 밟을 수밖에 없었고 그 바람에 택시에 타고 있던 승객이 앞좌석에 코를 부딪히는 사고가 났습니다. 화가 난 택시 기사 A씨! 사과도 없이 그냥 가버린 B씨의 승용차를 2km가량 추격해 추월한 후 급정거를 하

> 게 됩니다. 이에 검찰은 A씨를 특수협박 혐의로 약식명령 처분했지만
> A씨가 불복해 정식재판으로 가게 됩니다.

택시 기사 A씨는 B씨의 차가 갑자기 끼어들어 승객이 다쳤기 때문에 B씨는 업무상 과실치상죄의 현행범이고, 또 B씨가 그대로 도망가면 승객의 손해배상청구권을 확보할 수 없었기 때문에 B씨를 잡으러 따라간 거지 협박한 건 아니었다고 주장했습니다.

1심은 택시 기사 A씨의 손을 들어줬습니다. 하지만 2심은 전혀 다른 결론을 내게 되는데요. 차량이 갑자기 끼어들어 급정차하면 무섭죠? 급정차해 차에서 내릴 수밖에 없게 하는 행동은 그 이후 욕이나 폭행 등을 가할 의도가 있음을 뚜렷이 드러내는 것이니 협박에 해당한다고 판단한 겁니다. 말로 하는 것뿐만 아니라 행동으로 상대방에게 해를 끼칠 것처럼 하는 것도 협박이 될 수 있습니다.

그렇다면 1심에서 받아들인 택시 기사 A씨의 주장을 2심은 왜 받아들이지 않았을까요? A씨 차량의 블랙박스를 보니 B씨의 차량을 추격하는 과정에서 겁을 주기 위해 불필요하게 차로를 자주 변경했고, 신호 대기 중 차에서 내려 달려가는 등 승객의 손해배상청구권을 위한다거나 단순히 현행범을 체포하겠다는 의도가 아닌 악감정을 가지고 한 것으로 보였기 때문입니다.

결국 협박이란 "단순한 폭언이나 욕설이 아니고 본인이나 다른 사람을 통해 실제로 해를 끼칠 만하다고 느낄 정도"가 되어야 성립하는 범죄라는 점 기억하시면 되겠죠?

# 스마트폰은 '위험한 물건'인가요?

## 위험한 물건

폭행죄나 협박죄 그리고 상해죄 등에 '특수'자가 종종 붙죠. 특수폭행죄, 특수상해죄, 특수협박죄처럼. 무언가 '특수'하니까 그런 거겠죠? '특수'자가 붙는 경우는 법조문이 다 동일하니 특수폭행죄를 한 번 살펴보겠습니다. 특수폭행죄란 1) 단체 또는 다중의 위력을 보이거나, 2) 위험한 물건을 휴대하고 폭행을 가한 경우를 말합니다. 보통 언론에 등장하는 특수폭행죄, 특수협박죄, 특수상해죄를 보면 대부분 '위험한 물건'을 휴대한 범죄가 많은데 과연 위험한 물건이 뭘까요?

먼저 떠오르는 건 사람을 죽이거나 심하게 다치게 할 수 있는 총이나 칼 같은 흉기일 겁니다. 그런데 위험한 물건 = 흉기라면 굳이 흉기라는 표현 대신 위험한 물건이라고 할 이유가 없죠. 하지만 사람을 죽이거나 다치게 하려고 만든 '흉기'말고도 쓰기에 따라서는 흉기와 동일한 효과를 낼 수 있는 물건(예 : 술병)도 있기 때문에 흉기와 위험성이 동일한 다른 물건을 사용한 공격도 포함시키기 위해 '흉기'라는 표현 대신 '위험한 물건'이라고 좀 넓게 규정한 겁니다. 즉 위험한 물건이란 흉기뿐만 아니라 원래 사람을 살상하기 위해 만든 물건은 아니지만 사용 방법에 따라 사람을 살상할 수도 있는 것을 포함하기 때문에 사안에 따라 판단할 수밖에 없습니다.

---

⚖️ **CASE 58.** 경주 스쿨존 교통 사고

2020년 5월 25일 경주의 한 어린이 보호구역에서 흰색 SUV 차량이 9살 어린이가 타고 가던 자전거를 덮치는 사고가 발생했습니다. 사고 당시의 상황을 살펴보니 사고 전 놀이터에서 가해자의 딸과 피해 어린이가 다툼이 있었는데 이 일로 화가 난 가해자가 300m나 피해 어린이가 탄 자전거를 따라가 차로 친 것이었습니다. 아이를 차로 치고도 가해자는 다친 아이를 돌봐주기는커녕 그 자리에서 그 아이를 나무랐습니다. 아이는 다리를 다쳐 병원에서 치료를 받아야만 했습니다. 사고 당시의 영상이 공개되면서 많은 국민들의 분노를 자아내었는데요. 이 사고에 대해 경찰은 특수상해 혐의를 적용해 검찰로 송치했습니다.

---

우선 이 사건의 경우 가해자는 아이를 다치게 할 의도가 없었고 실수로 난 사고였다고 주장했습니다. 상해의 고의를 부정한 거였죠. 하지만 경찰은 사고 영상과 사고 당시의 상황을 고려할 때 가해자의 주장과 달리 '상해'의 고의를 가지고 차로 아이를 들이받은 것이라고 판단했습니다. 언론을 통해 당시의 상황과 이 영상을 접한 분들은 대부분 가해자에게 아이를 다치게 할 의도가 있었다고 생각할 겁니다. 결국 이 사건의 포인트는 차를 운전

한 것을 '위험한 물건을 휴대한 것'으로 봐서 가해자를 특수상해죄로 처벌할 수 있는지 여부겠죠.

법원은 위험한 물건에 대해 "구체적인 사안에서 사회통념에 비추어 그 물건을 사용하면 상대방이나 제3자가 생명 또는 신체에 위험을 느낄 수 있는지 여부에 따라 판단하여야 한다"고 합니다. 그렇다면 자동차는 어떨까요? 자동차는 우리 삶의 편의를 위해 만든 것이니 '흉기'는 아니지만 자동차 사고가 나면 사람이 죽거나 심하기 다칠 수 있기 때문에 자동차 역시 경우에 따라 형법상 '위험한 물건'에 해당할 수 있습니다.

그런데 여기서 또 하나의 난관이 있습니다. 형법에 특수상해죄는 "위험한 물건을 휴대하여 사람에게 상해를 가한 것"을 말하는데 과연 자동차를 운전한 것을 자동차를 '휴대한 것'으로 볼 수 있을까요? 우리가 아는 휴대는 보통 주머니 등 몸에 지니는 것을 의미하니 좀 애매하죠. 이에 대해 법원은 휴대란 몸에 지니거나 '널리 이용하여'라는 의미로 해석해 자동차 운전 역시 위험한 물건을 휴대한 것으로 보고 있습니다. 사실 휴대의 개념을 사전적 의미보다 넓게 해석한 것이라 죄형법정주의에 반한다는 지적이 있는 것도 사실이지만, 자동차를 이용한 고의 사고를 중하게 처벌하지 않는다면 더 큰 부작용을 낳을 우려가 있죠. 자동차를 이용한 사고만을 중하게 처벌하는 특별법을 만들기도 좀 애매하고요. 그래서 법원은 해석을 통해 휴대의 개념을 넓히는 방향으로 결론을 내렸지만, 원칙적으로는 휴대라는 표현을 '이용하여'로 변경하는 것이 죄형법정주의에 더 충실한 방법이겠죠? 다음 CASE는 좀 더 어렵습니다.

---

### ⚖️ CASE 59. 얼린 과일이 담긴 비닐백

A씨는 회사 사무실에 있는 냉장고가 얼린 과일이 담긴 비닐백 때문에 문이 안 닫힌다며 비닐백을 꺼내 바닥에 집어던졌습니다. 그러자 같은 직장에 근무하던 B씨(63세 여성)가 "왜 음식을 바닥에 버리느냐. 우리 팀원 것이다"라며 주우려 했는데요. 그러자 A씨는 얼린 과일이 담긴 다른 비닐백을 B씨를 향해 던졌습니다. B씨는 이를 막으려다 왼쪽 새끼손가락을 맞아 6주간의 치료가 필요한 골절상을 입게 됩니다.

A씨는 또 B씨가 자리로 돌아가 앉자 우산 끝으로 겨누며 협박까지 했습니다. 이에 검찰은 A씨를 특수상해죄와 특수협박죄로 기소하게 됩니다.

---

얼린 과일이 담긴 비닐백을 던져 사람이 맞으면 다칠 수 있다는 것은 충분히 알 수 있기 때문에 A씨에게 상해의 고의를 인정하는 것은 어렵지 않습니다. 또 우산으로 상대방을 찌를 것 같은 태도를 보이면 상대방이 겁을 먹을 수 있기 때문에 협박의 고의 역시 쉽게 인정이 되겠죠. 결국 이 사건 역시 '얼린 과일이 담긴 비닐백'과 '우산'을 위험한 물건이라고 볼 수 있는지에 따라 죄명에 '특수'자가 붙는지 결정이 됩니다.

책을 읽는 독자 여러분들도 한 번 생각해 보시죠. 법원의 어려운 용어는 잠시 잊고 '내가 저걸로 저 상황에서처럼 맞으면 많이 다칠 수 있겠구나' 여부로 위험한 물건인지를 판단하면 거의 맞습니다. 사과같이 딱딱한 과일을 누가 던져서 맞으면 많이 아플 텐데 얼린 사과라면 생각하기도 싫죠? 네, 맞습니다. 우산도 앞쪽 뾰족한 부분으로 찌르면 많이 다칠 수 있습니다. 우산 역시 사용 방법에 따라 충분히 위험한 물건이 될 수 있죠. 법원 역시 둘 다 '위험한 물건'이라고 판단했습니다.

법원은 50대 여성 A씨에게 특수상해죄와 특수협박죄를 모두 인정하였습니다. 그리하여 징역 1년과 벌금 50만 원에 집행유예 2년을 선고하고 80시간의 사회봉사를 명령했습니다. 이제 위험한 물건이 뭔지 조금씩 이해되시죠?

하지만 꼭 주의해야 할 점! 얼린 과일, 우산 = 위험한 물건이 아니라 이 물건들이 당시에 '어떻게 사용되었는지'까지 고려해서 판단해야 한다는 점이죠. 동일한 물건(스마트폰)에 대한 두 가지 CASE를 보시죠.

 **CASE 60. '위험한 물건' 스마트폰**

A씨는 2019년 2월경 평소 감정이 좋지 않았던 직장 동료 두 명과 회식을 하는 도중 말다툼을 벌이게 됩니다. 이 과정에서 A씨는 자신의 스마트폰으로 한 동료의 눈 부위를 때려 전치 5주의 골절상을 입혔고, 싸

움을 말리던 다른 동료의 뒤통수도 스마트폰으로 때려 전치 2주의 두피 상처를 입혔습니다. 이에 검찰은 A씨를 특수상해죄로 기소하게 됩니다.

A씨는 재판 과정 내내 스마트폰으로 두 명을 때려 다치게 한 점은 인정하면서도 스마트폰은 사람을 죽게 하거나 다치게 할 만한 위험한 물건이 아니라고 주장했습니다. 스마트폰 자체만 놓고 판단하기에는 좀 애매하죠? 하지만 이 사건에서 법원은 A씨의 주장을 받아들이지 않고 스마트폰을 위험한 물건이라고 판단했습니다. 법원은 왜 이런 판단을 했을까요? 지금부터가 중요합니다.

법원은 A씨가 스마트폰 '모서리'로 사람의 '머리나 얼굴 부위'를 수차례 직접 가격했는데 통상 스마트폰이 사람을 살상할 만한 물건이 아니라고 하더라도 이 사건에서 A씨가 스마트폰을 이용해 상대방에게 상해를 입힌 상황을 본다면 상대방이나 제3자 입장에서 충분히 살상의 위험을 느낄 수 있다는 것이 일반인의 상식이라고 판단했습니다. 그러니까 위험한 물건이 될지 말지 애매한 물건은 범행 당시의 사용 방법을 고려해 '상황에 따라' 판단한다는 거죠.

2022년 3월 온 국민을 공분하게 했던 지하철 9호선 폭행녀 사건 기억하시나요? 당시 술에 취한 여성이 아버지뻘인 60대 남성에게 "나 경찰에 빽 있다!"고 하며 자신의 휴대전화 모서리로 남성의 머리를 수차례 가격한 사건이었죠. 이 사건에서 1심법원은 이 여성에게 특수상해죄가 인정된다며 징역 1년을 선고한 바 있습니다. 또 다른 스마트폰 사례 하나 더 볼까요?

 **CASE 61.** '위험한 물건'이 아닌 스마트폰

절도 혐의로 도주 중이던 A씨는 2013년 1월 자신을 잡으러 온 경찰과 검찰 수사관 5명에게 달려들어 그 중 한 명의 머리를 스마트폰 모서리로 한 번 세게 쳤습니다. 이에 검찰은 A씨를 '위험한 물건'인 스마트폰을 사용해 공무집행 중인 공무원에게 상해를 입혔다고 판단해 특수공무집행방해치상죄로 기소하게 됩니다.

첫 번째 사례와 거의 비슷하죠? 그런데 이 사건에서 법원은 스마트폰을 위험한 물건으로 보지 않았습니다. 왜일까요?

법원은 이 사건의 전 과정을 상세히 분석하면서 스마트폰으로 한 차례 때린 정도로 사람이 죽거나 심하게 다치진 않는다고 판단한 겁니다. 실제로 이 사건에서 피해자가 그리 심하게 위협을 느끼지 않았고 상해 정도도 경미했습니다. 그렇다면 이 범죄에서는 스마트폰이 '위험한 물건'이 아닌 거죠.

책을 쭉 읽으면서 느끼셨겠지만 결국 법도 일반인의 상식의 테두리 안에 있다는 걸 '위험한 물건'의 판단 과정만 봐도 알 수 있답니다. 하이힐을 이용해 상대방의 머리를 가격하거나 신용카드를 조각 내 타인의 목에 겨눈 경우 역시 '위험한 물건'이라고 판단

하기도 했습니다. 물건을 보고 판단하는 것이 아니라 그 물건이 어떻게 사용됐는지에 따라 위험한 물건인지 결정한다는 점! 이제 사건 사고 기사를 보면 이 사건이 '특수'자가 들어가는 범죄인지 충분히 판단할 수 있겠죠?

# 집주인이라도 주거침입이 될 수 있어요

## 주거침입죄

주거침입죄를 간단하게 말하면 '다른 사람'의 '주거'에 '동의'를 받지 않고 '침입'하는 범죄죠. 굳이 설명이 필요 없어 보이는 죄라고 생각하실 것 같은데요. 사실 일반인의 상식과 가장 다른 죄가 주거침입죄가 아닐까 싶습니다. 언뜻 보면 아무 죄도 안될 것 같은데 주거침입죄에 해당하는 경우가 참 많습니다.

---

### ⚖ CASE 62. 집주인의 주거침입

집주인 A씨는 B씨와 계약기간을 2년으로 하고 보증금 1,000만 원, 월세 150만 원으로 하는 원룸 임대차 계약을 체결하였습니다. 그런데 임차인 B씨는 다섯 달째 월세를 내지 않고 A씨의 연락도 전혀 받지 않았습니다. 주택임대차보호법 상 2기의 월세를 미납하는 경우 임대차 계약을 해지할 수 있어 A씨는 내용증명 우편으로 임대차 계약을 해지하겠다고 B씨에게 통보했습니다. 그럼에도 B씨는 아무런 대응도 하지 않았습니다.

결국 A씨는 자신이 가지고 있는 집 열쇠로 B씨에게 임차한 원룸 문을 열고 들어갔고 이에 검찰은 A씨를 주거침입죄로 기소하게 됩니다.

---

주거침입죄가 인정되기 위해서는 '다른 사람'의 주거에 들어가야 하죠. 임대인 A씨는 이런 주장을 합니다. 일단 이 원룸을 B씨에게 빌려주긴 했지만 내 소유의 원룸이니 내 집에 내가 들어간 것뿐이다. 그리고 B씨가 계속해서 월세를 체납해서 계약 해지까지 통보했기 때문에 B씨는 더 이상 이 원룸에 거주할 권리가 없다. 결국 B씨가 내 원룸을 불법으로 점유하고 있는 것이기 때문에 나에겐 주거침입죄가 성립하지 않는다. 그럴듯한 주장이죠?

　하지만 검찰과 법원은 A씨의 주장을 받아들이지 않았습니다. 왜일까요? 주거침입죄에서 '주거'는 지금 현실적으로 그 공간을 지배하는 사람에게 인정되기 때문입니다. 따라서 현재의 주거권자인 B씨가 비록 불법점유를 하고 있다고 해도 B씨의 '주거의 평온'을 보호하기 위한 법 규정이어서 A씨는 집주인이라고 하더라도 주거침입죄가 인정됩니다.

　법원의 판결을 볼까요? "주거침입죄는 사실상의 주거의 평온을 보호법익으로 하는 것이므로, 그 주거자가 거주할 권리가 있는지가 범죄의 성립을 좌우하는 것이 아니며, 점유할 권리가 없는 자의 점유라고 하더라도 그 주거의 평온은 보호되어야 할 것이다. 따라서 권리자가 법적인 절차에 의하지 않고 무단으로 들어가는 경우에는 주거침입죄가 성립한다 할 것이다."

　그렇다면 이런 의문이 들 수 있겠죠. 아니 내 집 무단으로 점유하고 돌려주지도 않고 심지어 임대차 계약기간이 끝났는데도 안 나가면 어떻게 해야 하나. 결국 민법과 민사소송법에 정해진 절차대로 명도 소송을 진행해서 해결해야 한다는 거죠. 마찬가지로 법원은 "내 집이 경매로 다른 사람에게 넘어갔다가 경매 절차가 무효가 돼서 지금 점유하는 사람이 집을 점유할 아무런 권리가 없다고 하더라도 민사 절차를 통해 집을 다시 넘겨 받아야지, 내가 임의로 들어가면 주거침입죄가 성립한다"고 판단한 바 있습니다.

내 집이라고 마음대로 임차인의 집에 들어가면 안된다는 사실! 꼭 명심하셔야 됩니다.

 **CASE 63. 다세대주택 계단에 몰래 들어가면?**

A씨는 다가구용 단독주택인 빌라의 대문이 잠기지 않은 틈을 타서 공용계단을 통해 3층까지 올라갔습니다. 그리고 3층에 있는 문을 두드려 본 후 다시 1층으로 내려왔습니다. A씨는 다른 사람의 집에 직접 들어가진 않았기 때문에 별 문제가 없다고 생각했지만 검찰은 A씨를 주거침입죄로 기소하게 됩니다.

우리가 일반적으로 생각하는 '주거'란 보통 내가 오롯이 사용하는 공간이라고 생각하죠. 문이 열려 있는 빌라의 대문으로 들어와 남들과 함께 사용하는 계단과 복도를 오간 경우도 주거침입에 해당할까요?

A씨는 빌라의 대문이 열려 있어 누구나 들어갈 수 있는 곳이

었고 다른 사람이 실제 주거로 사용하는 공간 밖에서 문만 두드렸을 뿐이기 때문에 억울하다는 입장이었습니다. 실제로 원심은 A씨의 주장을 받아들였습니다. A씨가 다른 사람의 주거에 침입하기 전에 문만 두드려 보았을 뿐 침입을 위한 구체적인 행위를 시작하지 않았고 객관적으로 주거의 평온을 해할 정도의 행동을 하지 않았다면서 무죄를 선고했습니다. 하지만 대법원의 생각은 달랐습니다.

대법원은 "주거침입죄에 있어서 '주거'란 정원 등 위요지(토지를 둘러싼 땅)를 포함하는데 공공주택 안에서 공용으로 사용하는 계단과 복도는 주거로 사용하는 각 가구 또는 세대의 전용부분에 필수적으로 부속하는 부분으로 거주자들의 일상생활에서 감시, 관리가 예정돼 있고 사실상 주거의 평온을 보호할 필요성이 있는 부분"이라고 판단하면서 원심을 파기했습니다. 그러니까 다른 사람 집 현관문 안쪽으로 들어가지 않았다고 하더라도 거주자의 의사에 반해 계단이나 복도를 돌아다니기만 해도 주거침입죄에 해당한다는 거죠.

얼마 전 혼자 사는 여성을 따라 원룸 복도까지 들어갔지만 여성의 집에는 들어가지 못했던 사건에서 주거침입죄가 인정된 것 역시 바로 이런 이유 때문입니다. 주거의 범위가 생각보다 넓죠? 다음 CASE로 갑니다.

A씨(남)는 평소 B씨(여)를 흠모해 왔습니다. A씨의 사랑 고백에도 B씨는 마음을 열지 않았는데요. A씨는 B씨의 마음을 열기 위해 많은 노력을 기울였지만 허사였습니다. A씨의 구애에도 불구하고 B씨는 A씨를 만나주지 않았는데요. 결국 B씨의 집 앞에서 기다리던 A씨는 B씨의 집에 불이 켜지자 창문을 열고 얼굴을 들이밀어 B씨를 쳐다보았고, 놀란 B씨는 A씨를 주거침입죄로 고소하게 됩니다.

혼자 사는 여성 입장에서는 정말 무서울 만한 상황이죠. 이런 행동을 한 남성이 성범죄를 할 생각이었다고 하더라도 그 생각만으로 성범죄로 처벌할 수는 없습니다. 그래서 이런 경우 보통 주거침입 혐의로 기소를 하는데요. 여기서 의문 하나! '침입'이라는 건 어딘가에 무단으로 들어가는 걸 말하는데 '얼굴'만 들이민 경우에도 '침입'이 될 수 있을까요?

보통 우리가 생각하는 침입은 다른 사람 집에 무단으로 들어가는 건데 얼굴만 들어갈 정도의 작은 유리창으로는 몸이 전부 들어갈 수도 없죠. 하지만 그 집에 살고 있는 여성의 입장에서 본다면 남성이 집에 들어온 것만큼이나 무서울 겁니다. 그래서 법원은 "주거침입죄란 주거의 평온을 보호하기 위해 범죄로 규정한 것이기 때문에 신체의 일부만 다른 사람의 주거에 침입했다고 하더라도 주거자의 주거의 평온이 해할 정도라면 주거침입이 성립한다"

라고 판단하고 있습니다. 다만 일부라도 몸이 들어가야 침입으로 인정받기 때문에 집 밖에서 소리를 지르거나 물건을 던져 유리창을 깨뜨린 경우에는 손괴죄 등이 성립할 수는 있지만 주거침입죄는 성립하지 않습니다.

---

### ⚖️ CASE 65. 내연남이 내연녀의 집에 머무른 경우

A씨는 크리스마스 이브 오후 내연관계인 B씨의 집에 머물다가 다음날 새벽 5시 반쯤 집으로 돌아갔습니다. 이후 A씨는 5차례 비슷한 시간대에 B씨의 집에 머물다가 귀가하기를 반복했습니다. 물론 A씨는 B씨가 문을 열어줘서 들어갔습니다. 하지만 B씨의 남편 C씨는 A씨를 주거침입 혐의로 고소했고 검찰 역시 A씨를 주거침입죄로 기소하게 됩니다.

---

A씨는 남편이 있는 유부녀 B와 내연관계였고 자연스럽게 B씨의 남편 C가 없을 때 B씨가 문을 열어줘 함께 있었습니다. B씨가 문을 안 열어주는데 강제로 열고 들어간 것도 아니었고요. A씨의 행동은 당연히 비난받아야 마땅하고 과거에 간통죄가 있던 시절에는 간통죄로 처벌받을 만한 행동이라는 것은 의문의 여지가 없습니다.

하지만 간통죄가 없어진 상황에서 A씨의 행동이 범죄가 될 수 있을까요? 과거에는 이 경우 A씨에게 주거침입죄가 성립했었습니다. 문을 열어준 사람 말고 이 집에 사는 사람 모두에게 주거권이 인정된다는 전제하에 내연관계인 유부녀 B의 허락을 받았더라도 남편인 C의 허락을 받지 않았다면 남편 C의 주거권을 침해했다는 이유였습니다. 그래서 간통죄가 사라진 이후 주거침입죄로 처벌받는 경우가 많았습니다. 그런데 좀 이상하지 않나요? 몰래 들어간 것도 아니고 강제로 들어간 것도 아닙니다. 내연녀가 친절하게 문을 열어줘서 들어간 거죠. 이게 과연 '침입'일까요? A씨의 행동이 비난받을 만하다는 점은 이론의 여지가 없습니다. 하지만 비난받을 만한 행동을 했다는 것만으로 '침입'이라는 개념을 확대해석해서 처벌하는 것은 죄형법정주의 원칙에 반할 수 있죠.

이에 대법원도 2021년 9월 9일 전원합의체 판결로 기존의 판례를 변경했습니다. 판결 요지를 볼까요? "외부인이 공동거주자의 일부가 부재 중에 주거 내 현재하는 거주자의 현실적인 승낙을 받아 통상적인 출입 방법에 따라 공동주거에 들어간 경우라면 그것이 부재 중인 다른 거주자의 추정적 의사에 반하는 경우에도 주거침입죄가 성립하지 아니한다." 즉 집에 현재 있는 사람의 승낙을 받아 들어간 것이라면 사전적 의미의 '침입'이 아니기 때문에 주거침입죄가 인정되지 않는다는 겁니다. 이 판결을 시작으로 설사 도덕적으로 문제가 있는 의도나 범죄의 목적으로 다른 사람의 주거에 들어간다고 하더라도 들어가는 방법에 문제가 없는 경우에는 다른 죄가 성립될지는 몰라도 주거침입죄는 성립하지 않는 것으로 법원의 판결 방향이 변경됐습니다.

그렇다면 이런 상황에서 억울한 남편이 할 수 있는 건 없을까요? 결국 남편이 할 수 있는 것은 내연남을 상대로 하는 위자료 청구 소송뿐입니다. 아쉬운 것은 간통죄도 사라지고 주거침입죄도 인정되지 않는다면 법원이 위자료라도 증액해 주는 것이 시민들의 법적 상식에 맞을 것 같은데 아직 법원의 변화가 없다는 점입니다.

# 손등만 만져도 강제추행이 된다고요?

## 강제추행죄

성폭행범죄의 종류는 크게 강간죄와 유사강간죄[*] 그리고 강제추행죄로 구분됩니다. 유사강간죄는 2012년 이전에는 강제추행의 일종으로 처벌했었지만 피해의 정도가 강간죄와 유사하므로 강간죄와 비슷한 형량으로 처벌하기 위해 신설됐습니다.

강간죄와 유사강간죄는 폭행이나 협박을 통해 피해자(남성도 포함)와 성관계나 유사성행위를 하는 것을 처벌하는 범죄죠. 어떤 행동이 이에 해당하는지는 그리 어렵지 않습니다. 하지만 강제추행죄의 '추행'이 무엇을 의미하는지는 사실 법조인인 저도 판단하기가 쉽지 않습니다. 일단 추행의 사전적인 뜻부터 볼까요?

추행이란 성욕의 흥분, 자극 또는 만족을 목적으로 하는 행위로서 건전한 상식이 있는 일반인으로 하여금 성적 수치나 혐오의 감정을 느끼게 하는 일체의 행위를 말합니다. 아리송하죠? 어디까지가 추행인지는 결국 그 시대의 사회적 평가에 따라 달라질 수밖

---

[*] 형법 제297조의2(유사강간) 폭행 또는 협박으로 사람에 대하여 구강, 항문 등 신체(성기는 제외한다)의 내부에 성기를 넣거나 성기, 항문에 손가락 등 신체(성기는 제외한다)의 일부 또는 도구를 넣는 행위를 한 사람은 2년 이상의 유기징역에 처한다.

에 없습니다. 과거에는 여성의 옷 위로 가슴을 만진 사건에서 폭행이 없었다는 이유로 무죄가 나오기도 했었는데 지금 여러분의 상식으로 도저히 이해가 안 가죠? 그 이후 가슴이나 엉덩이를 피해자의 의사에 반해 만진 행위 그 자체를 폭행으로 인정하게 되었습니다. 그리하여 폭행과 추행이 동시에 이루어진 행위(기습추행)로 평가해 지금은 당연히 강제추행으로 인정됩니다. 하지만 현재 법원은 성적인 신체의 부위라고 할 수 있는 성기, 가슴, 엉덩이를 만진 경우뿐만 아니라 다른 신체에 대한 접촉도 '추행'이라고 인정하는 경우가 종종 있습니다. 어디까지가 추행인 걸까요?

또 이 추행은 범죄의 특성상 은밀한 공간에서 일어나거나 목격자가 없는 경우에 주로 발생하죠. 그렇다면 어느 정도 입증이 되어야 강제추행죄가 인정될지 논란이 됐던 사건을 하나 보죠.

---

**⚖ CASE 66. 곰탕집 성추행**

2017년 11월 대전의 곰탕집에서 한 남성이 일행을 배웅하다가 옆에 있던 한 여성과 접촉이 있었습니다. 그 직후 여성은 바로 남성에게 왜 자신의 엉덩이를 움켜쥐었냐며 항의했습니다. 이 남성은 "제가요?"라고 반문하며 부인했습니다. 하지만 여성은 남성을 강제추행 혐의로 고소하였고 검찰은 이 남성을 기소했습니다. 당시 CCTV 영상만으로는 남성이 여성을 추행했는지 확인할 수 없었고 성추행이 있었다는 접촉의 시간은 단 1.333초였습니다.

---

이 곰탕집 성추행 사건은 당시 가해자로 지목된 남성의 부인이 국민청원 게시판에 "제 남편의 억울함을 풀어주세요!"라는 게시물을 올리면서 젠더 이슈로까지 확산됐던 사건이었죠.

이 사건이 논란이 됐던 가장 큰 이유는 피해자의 주장 이외에 피고인이 추행을 했다고 인정할 만한 증거가 거의 없었기 때문입니다. 가게의 CCTV를 모두 살펴보아도 피고인이 여성을 성추행했는지 여부를 확인할 수 없었으니까요. 피고인은 사건 발생 초기부터 범행을 부인하며 억울함을 호소했습니다. CCTV 상으로 피고인과 피해자의 접촉시간은 단 1.333초에 불과해 피고인은 시간상으로도 피해자의 엉덩이를 움켜쥐기 어렵다는 주장도 했었죠.

하지만 법원은 1심부터 대법원까지 모두 피고인의 유죄를 인정했습니다. 심지어 1심에서는 검찰의 벌금 300만 원의 구형을 넘어 징역 6개월을 선고해 피고인을 법정구속하기도 했었죠. 사실 실제로 피고인의 추행행위가 있었는지는 신이 아닌 이상 정확하게 알 수 없습니다. 하지만 피해자의 진술 이외에 다른 증거가 부족하다는 이유로 피고인을 무조건 무죄로 판단한다면 성범죄의 특성상 대부분의 성범죄가 무죄일 수밖에 없기 때문에 법원은 피해자의 진술을 심층적으로 분석해서 최대한 진실에 부합하게 판단해야 합니다.

진술의 신빙성 판단의 기준은 뭘까요? 첫 번째, 진술의 일관성입니다. 범행 당시의 피해자 진술, 검찰에서의 진술, 법원에서의 진술이 오락가락하다면 신빙성을 인정받기 어렵겠죠. 두 번째, 경험하지 않았다면 나올 수 없는 진술이어야 합니다. 세 번째, 피고인을 무고할 만한 이유가 없어야 합니다.[*]

이 사건으로 돌아가 볼까요? 피해 여성이 추행을 당한 직후 피고인에게 바로 항의하는 모습이 어색하지 않았고 그 이후 진술의 변화가 없었습니다. 그리고 피해 상황에 대한 진술도 피해를 입지 않았다면 말하기 힘들 정도로 구체적이었습니다. CCTV 영상의 흐름 역시 피해자의 진술과 부합했고요. 마지막으로 피고인과 피해자는 서로 전혀 모르는 사이였습니다. 피고인에 대해 특별히 악감정을 가질 이유가 없었고 이 사건 발생 전에 이와 유사한 상황에서 추행을 당했다는 주장을 한 적도 전혀 없었습니다.

결국 법원은 성범죄의 특성상 피해자가 특별히 피고인을 무고할 만한 이유나 동기가 없는 상황에서 진술의 신빙성을 배척할 다른 이유가 없기 때문에 유죄판결을 할 수밖에 없었던 거죠. '의심스러울 때에는 피고인의 이익으로'라는 형사법의 원칙과 성범죄의 특수성 사이에 어떤 것을 우선해야 할까요? 강제추행의 판단이 쉽지 않죠? 다음 CASE로 갑니다.

---

[*]   제가 성범죄 혐의를 받는 피의자에 대해 무혐의 의견을 낼 때 가장 중요하게 준비하는 부분이 바로 무고할 만한 이유를 찾는 것, 즉 무고의 동기를 찾는 것입니다. 성범죄의 특성상 단 둘만 있는 상황에서 발생하는 경우가 많기 때문에 피해자가 거짓말을 한다는 주장을 하기 위해서는 '거짓말을 할 이유'를 찾아야 하는 거죠.

2015년 4월경 경기도 이천시의 한 아파트에서 영화 촬영이 있었습니다. 당시 촬영한 부분은 극중 남편 역할을 하는 남자배우가 술을 마신 상태로 아내 역할을 하는 여자배우를 폭행하고 강제로 성관계를 하는 씬이었는데요. 당시 남자배우는 여자배우의 상의 및 속옷을 찢었고 촬영 후 여자배우의 바지 버클이 풀려 있었습니다. 여자배우는 남자배우가 연기 도중 바지 속으로 손을 집어넣어 성추행했고, 그 과정에서 전치 2주의 찰과상을 입었다는 취지로 고소했죠. 남자배우는 영화의 콘티나 감독의 요청 등을 기초로 연기에 몰입하는 과정에서 생긴 일이라고 항변했지만 검찰은 남자배우를 강제추행으로 기소하게 됩니다.

일단 사건 속으로 들어가 보면 원래의 시나리오보다 실제 연기가 좀 더 과격했다는 점은 의문의 여지가 없습니다. 다만 영화는 촬영을 하는 과정에서 즉흥적인 연기가 이루어지는 경우가 많습니다. 문제가 되는 장면은 '성폭행'을 '연기'하는 과정이었기 때문에 여자배우와 합의되지 않았다고 하더라도 '어느 정도'의 즉흥연기였다면 처벌이 어렵겠죠. 당시에도 사회적으로 논란이 컸던 사건이었습니다.

어느 정도의 즉흥연기까지 허용이 되는 건지, 그리고 성적 수치심을 느꼈다는 피해자 진술의 신빙성을 인정할 수 있는 것인지가 재판의 쟁점이 됐습니다. 1심 재판부는 남자배우에게 무죄를 선고했습니다. 감독이 남자배우에게 매우 난폭하게 연기할 것을 지시했고 이를 여자배우에게 알리지 않아 문제가 된 것이기 때문에, 남자배우는 추행 '연기'를 한 것일 뿐 강제추행의 고의가 있다고 볼 수 없다는 것이죠. 또한 실제로 여자배우가 추행을 당했다고 고소를 했지만 남자배우와 감독의 충분하지 않은 사과 때문에 당시의 상황을 다소 과장해서 표현한 것이라고 판단했습니다. 피해자 진술의 신빙성을 배척한 것이죠.

하지만 항소심 재판부의 판단은 전혀 달랐습니다. 재판부는 남자배우에게 강제추행죄가 인정된다면서 징역 1년에 집행유예 2년을 선고했습니다. 왜 이런 정반대의 결론이 나왔을까요?

피해자 진술의 신빙성이 인정된 것이 첫 번째 이유였습니다. 여자배우는 수사단계에서부터 재판 내내 남자배우의 추행사실에 대해 '일관되게' 진술했습니다. 남자배우는 촬영 직후 그리고 영화에서 하차한 후 여자배우에게 사과했는데 그 내용은 '연기에 너무 몰입했던 것 같다'였습니다. 즉, 남자배우가 '성추행' 사실은 부인하지 않았다는 거죠. 그리고 이 사건이 논란이 될 경우 여자배우 역시 연기 활동에 지장이 초래될 가능성이 있는데도 감수해 가며 무고할 이유도 없다는 판단이었습니다.

하지만 피해자 진술의 신빙성이 인정된다고 하더라도 남자배우의 행동이 '연기'의 일부분이었다면 죄가 되진 않습니다. 이에 대해 재판부는 감독이 거칠게 연기하라고 지시한 사실은 인정하면서 지시의 범위를 살펴봤습니다. 감독은 여자배우의 상체 위주로 연기를 하라고 지시를 했는데 남자배우는 여자배우의 바지를 내리거나 바지 속으로 손을 집어넣는 등 전혀 예정되지 않은 행동을 했다고 본 거죠. 그렇다면 이런 남자배우의 행동은 '연기'의 일환이 아닌 강제추행이라는 겁니다. 대법원 역시 항소심과 같이 판단했습니다.

연기하는 과정이라고 하더라도 합의를 '현저하게' 넘어선 경우에는 성범죄가 인정될 수 있다는 것을 확인한 첫 번째 판결입니다. 이 역시 피해자 진술의 신빙성 판단이 중요한 요소였다는 점을 충분히 이해하셨죠? 이제 어떤 행동까지 성추행이 될 수 있는지 살펴볼까요?

---

### ⚖️ CASE 68. '손등' 문지른 것도 추행?

군 간부였던 A씨는 2019년 해군 모 해역방어사령부 사무실에서 업무 보고를 하기 위해 들어온 여성 부하 B씨의 손등을 손가락으로 10여 초 문질렀습니다. B씨는 업무상 지휘 감독자인 A씨가 본인의 의사에 반해 성적인 목적을 가지고 행동한 것이라면서 A씨를 업무상 위력에 의한 추행으로 고소했습니다. A씨는 손등의 그림을 지우라는 취지였을 뿐 전혀 추행의 의사가 없었으며 손등을 쓰다듬는 정도의 행위는 추행이 아니라고 주장했습니다. 하지만 검찰은 A씨를 업무상 위력에 의한 추행죄로 기소하게 됩니다.

아마 시계를 10년 전으로만 돌려도 이 사건은 기소조차 되지 않았을 겁니다. 손등은 일반적으로 성적 수치심을 유발할 만한 신체의 부위로 보지는 않죠. 성적 수치심을 유발할 만한 신체의 부위가 아닌 경우 예전에는 강제추행이라고 판단하지 않았으니까요. 이 사건의 유무죄를 떠나 기소한 것만으로도 법조계에서는 의견이 분분했었습니다. 이제 법원의 판단으로 한 번 들어가 볼까요?

이 사건의 쟁점은 두 가지입니다. 이런 행동이 '업무상 위력'에 해당하는지와 '추행'인지였습니다. 상명하복 문화가 강한 군대였기 때문에 부하 입장에서는 싫더라도 거절하거나 거부하기 힘든 관계였겠죠. 이런 상황이라면 통상 '업무상 위력'은 인정이 됩니다. A씨는 강제로 한 행동이 아니라고 주장했습니다만 1심부터 대법원까지 모두 업무상 위력이 있었다고 판단했습니다.

법원의 판단은 '손등을 문지른 행위'가 추행에 해당하는가에 따라 갈리게 됩니다. 1심과 2심은 일반인의 관점에서 볼 때 이 정도의 행위라면 상대방에게 성적 수치심이나 혐오감을 일으키고 성적 자유를 침해할 정도는 아니기 때문에 추행이라고 보기 어렵다고 봤습니다. 그리고 추행이라고 볼 만한 행동이 아니니 A씨에게 추행의 고의도 없다고 판단했습니다. 쉽게 말해서 A씨의 행동이 상대방의 동의 없이 한 부적절한 행동일지는 몰라도 범죄는 아니라고도 본 거죠.

하지만 대법원은 1심, 2심과는 달리 '손등을 문지른 행위'도 추행에 해당한다고 판단했습니다. 손등을 문지른 행위가 충분히 성적인 동기가 깔린 행동이기 때문에 당연히 추행의 고의도 인정된다고 본 거죠. 주의해야 할 점은 '손등을 문지르는 행위 = 추행'이 된다는 판단이 아니고 여러 가지 사정을 결합해 보면 이런 행동도 추행이 될 수 있다고 본 겁니다.

대법원은 어떤 사정을 고려한 걸까요? 피해자의 진술을 토대로 살펴보면 1) A씨가 이전부터 여러 차례 성희롱적 언동을 많이 해 힘들었다는 점, 2) 단 둘만 있던 사무실에서 A씨의 성적 의도 외에 다른 동기를 찾을 수 없다는 점 등이 인정됐습니다. 그리고 무엇보다 어떤 신체 부위냐를 기준으로 성적 수치심이나 혐오감을 일으키는지 여부가 구별되는 것은 아니라고 판단하면서 A씨의 업무상 위력에 의한 추행죄가 인정된다고 판단했습니다.

결국 당시의 상황, 피해자와의 관계, 가해자의 의도, 피해자의 감정 등을 종합해서 추행 여부를 판단하는 것이지 '어떤 신체 부위'냐는 부차적인 요소라는 거죠. 이제는 어떤 신체 부위였는가를 중요시하던 예전의 기준은 폐기됐다는 것 충분히 이해하시겠죠?

 **CASE 69. 헤드락 추행 사건**

회사 대표이사인 A씨는 2018년 5월경 한 음식점에서 회사 직원 B씨(27세 여성) 등과 함께 회식을 하고 있었습니다. 회식 도중 B씨의 결혼 여부와 관련한 이야기를 하던 도중 A씨는 갑자기 왼팔로 B씨의 머리를 감싸고 자신의 가슴 쪽으로 끌어당겨 일명 헤드락을 했습니다. B씨는

A씨의 행동으로 성적 수치심을 느꼈다면서 A씨를 강제추행죄로 고소했고 검찰은 A씨를 강제추행죄로 기소했습니다.

A씨가 접촉한 B씨의 신체 부위는 '머리와 어깨'였습니다. CASE 68과 같이 일반적으로 성적 수치심을 유발할 만한 신체 부위는 아니죠. 이제 '추행'에 해당하는지를 판단할 때 '어떤 신체 부위'인지가 주요한 판단 대상이 아니라 여러 가지 상황을 종합해서 살펴봐야 합니다.

일단 A씨의 행동이 폭행에 해당한다는 점은 이견이 없습니다. 다만 '추행'에 해당하느냐가 문제죠. 이번 사건 역시 법원의 판단은 엇갈렸습니다. 1심과 2심은 A씨의 강제추행 혐의를 무죄로 판단했습니다. 주요한 이유를 살펴보면 1) 머리나 어깨는 통상적으로 성적인 신체 부위라고 보기 어렵다는 점, 2) 음식점이 개방된 홀이었고 피해자와 단 둘이 있지 않았다는 점, 3) 현장에 있던 일행 중 한 명이 '이러면 미투다'라고 표현했지만 강제추행죄가 성립한다는 전제에서 한 진지한 평가가 아니라는 점 등을 토대로 A씨의 행동을 무죄로 판단했죠.

하지만 대법원은 A씨의 행동이 강제추행에 해당한다고 판단했습니다. 대법원은 가해자와 피해자와의 관계와 당시의 상황, 그리고 피해자의 진술에 주목했습니다. A씨는 52세의 기혼 남성이고 회사의 대표였으며 B씨는 26세의 미혼 여성으로 회사의 직원이었습니다. 싫어도 확실히 거절하기 어려운 관계였다는 겁니다.

회식 자리에서 거래처 대표가 피해자 B씨 등 여직원들에게 '결혼을 했냐'라고 묻자 A씨가 '애네는 내가 이혼하면 나랑 결혼하려고 결혼 안하고 있다'라는 취지의 성희롱적인 발언도 있었습니다. 그리고 무엇보다 헤드락을 통해 접촉한 '가해자의 신체 부위'가 가슴이었고 피해자는 이를 지적하며 엄청난 성적 수치심을 느꼈다고 진술한 점 등을 토대로 대법원은 피고인의 행동이 '추행'에 해당한다고 판단한 겁니다.

 **CASE 70. 여성 뒤에서 몰래 소변 본 남성**

A씨는 2019년 11월 밤 10시경 충북 천안의 한 놀이터에서 벤치에 앉아 있던 B양(18세)의 등뒤로 몰래 다가갔습니다. 그리고 B양 몰래 등뒤에 소변을 보았습니다. B양은 그림자로 등뒤에 사람이 있다는 정도는 인식을 했지만 당시 A씨가 자신에게 소변을 봤다는 사실을 몰랐습니다. B양은 당시 옷을 두껍게 입고 있어서 피해를 입은 사실을 몰랐다가 집에 가서 보니 옷과 머리카락이 젖어 있는 것을 발견하고 경찰에 신고했습니다. 결국 검찰은 A씨를 강제추행죄로 기소하게 됩니다.

정말 사건 사고를 다루다 보면 별 인간이 다 있구나라는 생각이 듭니다. 18세 여성 몰래 등뒤에 소변을 본 남성이 변태적 성향을 가지고 있고 처벌이 필요하다는 점은 분명해 보이긴 하는데, 당시 검찰은 A씨를 무슨 죄로 처벌해야 할지 고민에 빠졌습니다.

먼저 떠오른 것은 공연음란죄였습니다. 하지만 피해자 B양은 A씨가 성기를 노출하고 소변을 봤다는 사실을 인지하지 못했습니다. 게다가 다른 사람도 없었던 상황이라 공연음란죄의 '공연성'이 인정되지 않아 적용할 수 없었죠.

두 번째로 생각한 것이 바로 '강제추행죄'였습니다. 강제추행죄가 인정되기 위해서는 A씨가 등뒤에서 소변을 본 행동이 '폭행'이자 '추행'에 해당해야 합니다. 폭행이라는 것이 신체에 대한 유형력의 행사이지 반드시 손과 발로 누군가를 때려야 하는 것은 아니니 일단 폭행에는 해당합니다. 하지만 과연 '추행'이 될 수 있는가가 쟁점으로 떠올랐습니다.

피해자 B양은 A씨가 자신의 등뒤에 소변을 본 사실 자체를 인지하지 못했습니다. 다만 집에 가서 보니 소변 냄새가 진동했고 옷과 머리카락이 젖어 있는 것을 본 후 짜증이 나고 더러워서 혐오감을 느꼈다고 진술했습니다. 검찰은 이런 여러 정황을 토대로 A씨를 강제추행죄로 기소하게 됩니다.

결국 법원의 판단도 A씨가 소변을 볼 당시 피해자가 인지하지 못했음에도 불구하고 A씨의 행동을 '추행행위'로 인정할 수 있을 것인가가 쟁점이 됐습니다. 1심과 2심은 "피해자가 느낀 감정은 사건 발생 이후 느낀 더러움이나 혐오감이었을 뿐 B양의 성적 자기결정의 자유를 침해하는 '추행행위'라고 볼 수 없다"고 하여 A씨에게 무죄를 선고했습니다.

하지만 대법원은 "여성의 등뒤에서 몰래 성기를 드러내고 소변을 보는 것은 객관적으로 일반인에게 성적 수치심이나 혐오감을 일으키게 하고 선량한 성적 도덕관념에 반하는 행위로 피해자의 성적 자기결정권을 침해하는 '추행행위'에 해당한다"면서 "A씨의 행위가 객관적으로 추행행위에 해당한다면 행위 당시 피해자가 이를 인식하지 못했다고 하더라도 추행행위가 될 수 있다"라고 하여 1심과 2심의 판단을 뒤집었습니다. 대법원은 추행행위의 개념을 피해자가 인식하지 못했다고 하더라도 객관적으로 추행행위라고 평가될 수 있다면 강제추행죄에 해당한다고 보아 '추행'의 범위를 더 확대한 것이죠. 또한 간접적인 폭행이 있었던 경우에도 강제추행죄가 인정될 수 있다고 한 것입니다.

지금까지 살펴본 다섯 개의 CASE를 보면 확실히 강제추행이 인정되는 범위가 넓어졌다는 점을 느낄 수 있죠? 피해자의 의사에 반해서 이루어지는 신체접촉은 당시의 상황과 피해자가 느끼는 감정에 따라 '성범죄' 중의 하나인 강제추행에 해당할 수 있다는 것! 이제는 더 이상 '라떼는 말이야'는 통하지 않는다는 것을 꼭 명심하셔야 됩니다.

# 혼잣말도 모욕죄?

## 모욕죄

모욕죄하면 우선 떠오르는 건 누군가 나에게 하는 욕설이겠죠? 하지만 이건 반은 맞고 반은 틀린 겁니다. 모욕죄는 욕설을 처벌하는 것이긴 하지만 내가 욕설을 들어서 처벌하는 것이 아니라 다른 사람들에게 퍼져서 나의 사회적 평판이 떨어질 가능성이 있기 때문에 처벌하는 겁니다. 이걸 법률 용어로 공연성이라고 하는데요. 공연성이라는 건 실제로 다른 사람들에게 퍼져야 인정되는 건 아니고 전파될 가능성이 있기만 하면 인정이 됩니다. 예를 들어볼까요? 누군가가 나에게 귓속말로 "야, 이 미친 X아"라고 한 경우 이건 처벌할 수 없습니다. 나만 들었으니까요. CASE를 볼까요?

---

### ⚖ CASE 71. 혼잣말로 내뱉은 욕설

A씨는 2019년 2월 경기 수원의 한 아파트 관리사무소에서 근무하던 중 주민 B씨로부터 아파트 관리와 관련한 정보공개 신청을 받았습니다. A씨는 이를 거부하면서 B씨와 시비가 붙었는데 직원 4명이 있는 상황에서 "미친 개는 몽둥이가 약이지"라고 혼잣말로 내뱉었습니다.

---

> B씨는 A씨를 모욕죄로 고소했고(친고죄) 검찰은 A씨를 모욕죄로 기소하게 됩니다.

모욕죄는 나에 대한 욕설이 사람들에게 퍼져 나의 사회적 가치가 떨어질 우려가 있을 때 성립하는 범죄라고 했죠? 이 사건에서도 B씨 외에 네 명의 직원이 더 있던 상황이었기 때문에 모욕죄가 성립할 가능성이 있었던 겁니다. 이 사건에서의 쟁점은 1) "미친 개는 몽둥이가 약이지"라는 표현이 모욕적인 표현인지 여부와 2) 혼잣말로 내뱉은 것이 공연성이 있는지 여부입니다.

어느 정도의 표현이 모욕이 되는지는 표현의 자유를 어디까지 인정할 것인가와 관련이 있습니다. 다소 무례한 표현까지 전부 모욕죄로 처벌하는 것은 전과자를 양산할 수 있으니까요. 예를 들어볼까요? 말다툼을 하다가 "야! 이 따위로 일할래? 나이 처먹은 게 무슨 자랑이냐?"라고 한 경우 법원은 다소 무례한 표현일 뿐 사회적 평가를 떨어뜨릴 정도의 모욕적 표현은 아니라고 판단했습니다. 하지만 이 사건에서 재판부는 "미친 개는 몽둥이가 약이지"라는 표현은 단순히 무례한 표현을 넘어서 경멸적 감정을 표현한 모욕적 언사가 된다고 봤습니다.

혼잣말로 내뱉었기 때문에 공연성이 없다는 주장에 대해 재판부는 "모욕죄에서의 공연성은 불특정 혹은 다수인이 인식할 수 있는 상태를 의미한다"면서 "혼잣말로 모욕적인 표현을 내뱉었더라도 충분히 다른 사람이 들을 수 있다는 사실을 알고 있었다면 관리사무소 직원들이 이를 다른 사람들에게 퍼뜨릴 가능성이 충분하다"고 판단해 1, 2심 모두 A씨에게 모욕죄가 성립한다고 판단했습니다.

모욕적인 표현이 다른 사람들에게 퍼질 가능성이 있어 피해자의 평판이 떨어질 우려가 있다면 모욕죄가 성립한다는 걸 확인할 수 있는 사건이었죠. 다음 CASE를 볼까요?

---

**CASE 72. 주택가 골목에서 욕설을 퍼부으면 모욕죄?**

A씨는 2018년 1월말 밤 10시쯤 서울의 한 주택가 골목에서 이웃 주민 B씨와 시비가 붙었습니다. 그 과정에서 A씨는 큰 소리로 B씨에게 모욕적인 욕설을 퍼부었습니다. 그러자 B씨는 A씨를 모욕죄로 고소했고 검찰은 A씨를 모욕죄로 기소하게 됩니다.

---

이 사건의 쟁점은 공연성이 있느냐 여부였습니다. 비록 둘이 싸우는 상황에서 A씨가 욕설을 한 것이지만 그 장소가 주택가 골목이었고 다가구 주택이 밀집한 장소였기 때문에 피해자 B씨와 검찰은 다른 사람들이 충분히 들을 수 있는 상태였다고 봐서 공연성이 인정된다고 생각한 거죠.

하지만 A씨는 B씨와 말다툼하는 동안 다른 사람은 현장에 전혀 없었기 때문에 모욕적인 표현이라고 해도 모욕죄에 해당하지 않는다고 주장했습니다. 좀 애매하죠?

재판부는 A씨의 손을 들어줬습니다. 그 이유가 뭘까요? 재판부 역시 사건 현장이 다가구 주택이 밀집한 골목길로 이웃에서 발생하는 소음을 잘 들을 수 있는 공간이라고 전제했습니다. 하지만 당시는 한겨울이어서 주변 거주자들이 창문을 닫고 있었을 것이기 때문에 주민들은 A씨가 큰 소리를 친다는 것 정도는 알 수 있었겠지만 내용 자체를 알기는 어려웠다고 판단한 거죠. 실제로 모욕적인 표현을 다른 사람이 명확히 들어야 또 다른 사람에게 전파할 가능성이 있으니까요.

만약에 여름이었다면 어떻게 되었을까요? 또 다른 판단이 나왔을 수도 있었겠죠.

---

**CASE 73. 네가 최순실이냐?**

1) 국정농단 사건이 떠들썩하던 2016년 12월 회사원 A씨는 직장동료 B씨(여)와 사소한 시비가 붙었습니다. A씨는 B씨가 거짓말을 하고 다닌다면서 "네가 최순실이냐? 창피해서 회사 다니겠느냐"라며 몰아붙였습니다. 큰 모욕감을 느낀 B씨는 A씨를 모욕죄로 고소하게 됩니다.

2) 2016년 11월경 C씨는 길에서 봉사활동을 하던 참가자들에게 난데없이 "최순실 원, 투, 쓰리 같은 것들"이라면서 욕을 했습니다. 큰 모욕감을 느낀 봉사활동 참가자들은 C씨를 모욕죄로 고소하게 됩니다.

'최순실'이라는 이름을 말한 것을 과연 모욕적인 표현이라고 할 수 있을까요? 보통 모욕적인 표현이라고 하면 일반적으로 욕설을 떠올리게 되죠. '최순실'이라는 이름은 욕설이라고 볼 순 없기 때문에 과연 이 말이 모욕적인 표현인가가 문제가 됐죠.

모욕적인 표현이란 '경멸적 감정'을 드러내 상대방의 사회적 평판을 저해할 우려가 있는 표현이라고 하죠. 법원은 어떻게 판단했을까요? '최순실'이라는 표현이 사용된 사건 모두 모욕죄로 유죄 판단을 했습니다. 왜일까요? 국정농단 당시 '최순실'이라는 이름은 그 자체로 부정적인 이미지가 너무 크기 때문에 '최순실'이라는 표현은 상대방에 대한 경멸적 감정을 드러낸 것으로 그 사람의 사회적 평판을 저해하기에 충분하다고 본 겁니다.

 **CASE 74.** 확찐자가 여기 있네, 여기 있어!

A씨는 청주시장 비서실에서 다른 부서 계약직 여직원 B씨의 겨드랑이 뒷부분을 찌르면서 "확찐자가 여기 있네, 여기 있어"라고 핀잔을 줬습니다. 평소에 친분관계도 없던 사이였기 때문에 B씨는 A씨에게 불쾌감을 드러냈고 후에 A씨가 사과를 했지만 이 사과에 진정성이 없다고 느낀 B씨는 A씨를 모욕죄로 고소하게 됩니다. 경찰은 모욕적인 표현이라고 보기 어렵다면서 불기소 의견으로 검찰로 송치했지만, 검찰은 충분히 모욕적인 표현이라고 볼 수 있다면서 A씨를 기소했고 결국 국민참여재판이 열리게 됩니다.

확찐자는 코로나 19가 만들어낸 신조어 중 하나죠. 코로나 19로 외부활동을 하지 못하고 집에서 먹기만 하다가 살이 찐 사람이라는 좀 웃픈(?) 의미가 있습니다. 재미있고 위트 있는 신조어 같기도 하지만 상황에 따라서는 듣는 사람에게 모욕적인 표현이 될 것 같기도 하고요.

신조어라고 하더라도 부정적 의미가 큰 것이 명백하다면 모욕죄가 성립할 수 있겠죠. 일베충이나 한남충이라는 표현이 모욕적 표현이라고 인정된 것처럼 말이죠. 하지만 이 '확찐자'라는 표현은 이 표현만 가지고 모욕적 표현인지 단정하기 어렵습니다. 그러다 보니 경찰과 검찰의 판단 역시 일치하지 않았던 거죠.

이 사건은 국민참여재판으로 진행됐는데 이 과정에서도 반전이 있었습니다. 고심에 고심을 거듭한 국민배심원단은 만장일치로 무죄 평결을 했지만 재판부는 배심원단의 무죄 평결을 받아들이지 않고 A씨에게 모욕죄가 인정된다고 판단했습니다. 어? 배심원들이 무죄로 판단했는데 재판부가 배심원 평결을 바꿀 수 있나? 네, 바꿀 수 있습니다. 물론 거의 대부분 배심원단의 평결을 그대로 받아들이긴 하지만 말이죠.

이 사건에서 재판부는 "신조어인 확찐자라는 표현은 직, 간접적으로 타인의 외모를 비하하고 건강관리를 잘하지 못했다는 부정적인 의미를 담고 있다"면서 벌금 100만 원을 선고했습니다. 그렇다면 단지 '확찐자'라는 말 하나로 모욕죄가 인정된 걸까요? 아닙니다. 그 말을 할 당시의 상황이 반영된 겁니다. 둘이 전혀 친분관계가 없었다는 점, B씨의 옆구리를 찌르면서 경멸하는 듯한 말투로 이야기한 점 등이 반영이 돼서 모욕죄가 인정된 겁니다. 물론 이 정도 표현까지 모욕죄로 처벌하는 것이 타당한가에 대한 반론도 있습니다. 표현의 자유가 지나치게 제한될 수도 있다는 것이죠. 하지만 찬반 여부를 떠나 무심코 뱉은 부정적인 표현들이 경우에 따라서는 모욕죄가 될 수 있다는 것을 꼭 주의하셔야 됩니다.

# 사실을 말해도 명예훼손?

## 명예훼손죄

법에 대해 문외한이라고 하더라도 한 번쯤은 들어봤을 만한 범죄 중 하나가 바로 명예훼손죄입니다. 그런데 앞서 본 모욕죄와 어떻게 다른지, 그리고 어떤 경우에 명예훼손죄가 인정되는지 정확히 아는 분들은 많지 않을 거예요. 지금부터 살펴보도록 하죠.

일단 모욕죄와 명예훼손죄는 아주 유사한 범죄입니다. 두 범죄는 하나의 요소를 제외하면 완전히 동일합니다. 바로 '사실인지 거짓인지 알 수 있느냐'입니다. 무슨 소린가 하실 것 같은데요. 예를 하나 들어볼까요? A씨가 친구 B에게 "C씨가 불륜관계인 D씨와 F모텔에 들어가더라"라고 했다고 가정해 보죠. C씨와 D씨가 F모텔에 함께 갔는지 아닌지는 사실 여부 확인이 가능하죠. 이런 경우에 성립하는 범죄가 바로 명예훼손죄입니다. 반면에 "미친 개에게는 몽둥이가 약이지"라는 표현은 구체적인 사실 문제가 아닌 경멸적 감정을 추상적으로 표시한 거죠. 이런 것이 전형적인 모욕죄입니다. CASE를 보시죠.

**CASE 75.** 배드파더스 사건

이혼 이후 양육비를 지급하지 않는 사례들이 많아지면서 사회적 문제가 제기되자 구모씨 등은 배드파더스라는 온라인 사이트를 개설해 양육비 미지급자들의 이름과 얼굴을 공개하였습니다. 구씨는 이들의 사진을 게재하면서 "양육비를 주지 않는 무책임한 아빠들"이라는 설명을 달았습니다. 이에 양육비 미지급 부모로 게재된 사람들 중 5명이 구모씨 등을 정보통신망 이용촉진 및 정보보호에 관한 법률 위반(사실적시에 의한 명예훼손)으로 고소하였고, 검찰은 구모씨 등을 벌금 300만 원에 약식기소하였습니다. 법원은 '사정을 살펴볼 필요가 있다며' 정식재판을 열게 됩니다.

명예훼손의 방식이 인터넷 등을 통해 이루어지는 경우에는 형법이 아닌 정보통신망 이용촉진 및 정보보호에 관한 법률에 의해서 가중처벌됩니다. 아무래도 널리 전파될 가능성(공연성)이 크기 때문에 피해가 훨씬 가중될 수 있다고 보는 거죠. 그런데 많은 분들이 느끼는 의문점 하나. 이 사건에서 구모씨는 양육비를 '진짜 주지 않은' 부모들을 게시했죠. 사실을 알렸는데 뭐가 문젠가 생각하시겠지만 사실을 알리는 경우에도 일정한 요건 하에 명예훼손죄가 인정될 수 있습니다.

이 '사실적시에 의한 명예훼손죄'는 늘 위헌 여부가 문제가 되고 폐지론*이 대두하곤 합니다. 하지만 엄연히 현재의 형사법에서는 처벌이 됩니다. 그러니까 이 사건을 검찰이 기소했겠죠. 사생활의 자유를 보호하겠다는 취지이긴 하지만 표현의 자유를 제약하는 측면 또한 무시할 수 없습니다. 그래서 공공의 이익과 무관하게 다른 사람을 비방할 목적이 있는 경우에만 처벌합니다. 그러니까 이 사안에서 중요한 쟁점은 바로 '비방의 목적'과 '공공의 이익' 인정 여부입니다.

검찰은 "양육비를 주지 않은 무책임한 아빠들"이라는 표현에 주목했습니다. 비방의 목적이 명백하다는 거죠. 그리고 양육비를 주지 않는 아빠로 낙인 찍히면 사회적 평가가 떨어지는 것은 당연하고요. 이 재판은 국민참여재판으로 진행됐습니다. 배심원들은 만장일치로 무죄평결을 내렸고 재판부 역시 이를 받아들여 무죄로 판단했습니다. 그 이유를 살펴볼까요?

일단 구모씨는 자신의 이익이 아니라 아이들의 양육비 지급을 위해서 이 사이트를 운영했죠. 그리고 2018년 7월부터 400여 명의 양육비 미지급 부모를 공개해 그들 중 113명이 양육비를 지급했습니다. 양육비 지급 판결이 나와도 양육비를 지급하지 않던 부모들이 말이죠. 그렇다면 구모씨의 주된 목적은 양육비 미지급

---

\* 사실을 알리는 것조차 처벌하는 것은 표현의 자유를 보호하는 헌법에 반한다는 주장이 있습니다. 하지만 실제 사실이라고 해도 다른 사람에게 알려질 경우 사회적으로 비난의 대상이 되어 피해가 발생할 수 있습니다. 폐지하자는 입장은 형사처벌이 아니라 민사상 손해배상의 여부로 해결하는 것이 바람직하다는 겁니다.

문제라는 공공의 이익을 위한 게시라고 봐야 된다는 겁니다.

미투 폭로에 대한 가해자나 내부고발에 대한 대응으로 이 '사실적시에 의한 명예훼손' 고소가 이어지면서 이 범죄가 계속 존속하는 것이 타당한가에 대해서는 생각해 볼 여지가 많습니다. 여러분들은 어떻게 생각하시나요? 다음 CASE로 갑니다.

---

 **CASE 76.** SNS에 떠도는 글을 공유만 해도 명예훼손?

C씨는 SNS에 자신과 교제했던 D씨를 '작가이자 예술대학 교수 H'라고 익명으로 지칭하며 그와의 성적인 문제와 그가 폭언을 일삼았다는 글을 썼습니다. 또 다른 A씨와 B씨는 2016년 자신들의 SNS에 C씨가 작성한 글을 공유했고요.

그런데 C씨가 쓴 글 내용은 대부분 허위였습니다. 이에 D씨는 글을 올린 두 사람에게 "원 글 내용이 허위이므로 게시물을 삭제해 달라"고 항의했지만 두 사람은 별다른 조치를 취하지 않았습니다. D씨는 결국 A, B, C씨를 각각 고소했고 A씨와 B씨는 2017년 11월 검찰 조사를 받으면서 이 글들을 뒤늦게 삭제했습니다. 검찰은 "A씨와 B씨가 C씨가 올린 글이 허위임을 알면서도 D씨를 비방할 목적으로 글을 게재했다"며 명예훼손 혐의로 기소하게 됩니다.

---

일단 C씨에게 정보통신망 이용촉진 및 정보보호에 관한 법률 위반(허위사실 유포에 의한 명예훼손)이 적용된다는 건 명백하죠.

글 내용이 허위일 뿐 아니라 D씨가 자신과 교제했었다는 걸 주변 사람들이 충분히 알 수 있었기 때문에 피해자도 특정될 수 있고요. C씨에겐 벌금 500만 원의 약식명령이 확정되었습니다.

　문제는 직접 이 글을 작성하지 않고 단순히 공유만 한 A씨와 B씨에 대해서도 허위사실 유포에 의한 명예훼손죄가 인정될 수 있느냐입니다. A씨와 B씨는 직접 쓴 글이 아니라 퍼온 글이며 누가 쓴 글인지 몰라 피해자가 특정되기도 어려운데다가 진실한 사실인 줄 알았다는 취지의 주장을 했습니다.

　1심에서는 이들의 주장을 받아들여 무죄판결을 했지만 항소심은 "원래 글의 주된 내용은 전부 허위이고, 피고인들에게는 미필적으로라도 원래 글 내용이 허위라는 인식 또한 있었다고 인정된다"며 "A씨와 B씨는 C씨를 알고 있었으므로 그에게 진위 여부를 확인할 수 있었음에도 아무런 확인을 하지 않은 채 그대로 게시물을 게재했고, D씨로부터 글을 삭제해 달라는 항의를 받고도 사실관계 확인을 위한 노력 없이 1년 이상 게시물을 유지하다 뒤늦게 삭제했다"고 지적했습니다. 이어 "명예훼손죄가 성립하려면 반드시 사람의 성명을 명시해 허위의 사실을 적시해야만 하는 것은 아니므로 사람의 성명을 명시한 바 없는 허위사실의 적시행위도 그 표현의 내용을 주위사정과 종합 판단해 그것이 어느 특정인을 지목하는 것인가를 알아차릴 수 있는 경우에는 특정인에 대한 명예훼손죄를 구성한다"고 판단했습니다. "원래 글의 작성자와 내용 등을 종합하면 언급된 'H교수'가 D씨라는 사실을 충분히 알 수 있다. A씨와 B씨가 원래 글과 함께 올린 해시태그 등을 종합하면 A씨와 B씨도 H교수가 누구인지 당연히 알 수 있었다고 보는 것이 상식에 부합한다"고 설명했습니다. 그러면서 "피고인들의 행위는 D씨에 대한 감정적 비방으로 보일 뿐, 객관적 사실에 근거한 공익 목적의 제보로도 보이지는 않는다"며 각각 벌금형을 선고했고 대법원 역시 이를 받아들였습니다.

직접 글을 작성하지 않고 다른 사람의 글을 공유하더라도 직접 쓴 것과 동일하게 판단을 하니까 SNS에 도는 글들 무턱대고 전달하거나 게시해선 안되겠죠?

---

### ⚖ CASE 77. 피해자를 모르는 사람에게 한 험담

A씨는 B씨의 재산을 관리해 온 C씨가 사망하자 C씨를 대신해 B씨의 재산을 관리했습니다. 그런데 B씨 재산을 놓고 정당한 권리자가 B씨 본인인지, 아니면 재산을 관리해 온 C씨의 상속인들인지를 놓고 다툼이 벌어지게 됩니다.

이 과정에서 A씨는 B씨의 채무자들과 따로따로 만나 "C씨가 병실에 누워 있는 자리에서 부인과 아들이 재산문제로 크게 다퉜다" "C씨는 부인과 이혼했고, 부인은 C씨를 간호하지도 않고 치료도 받지 못하게 해 병원비를 내지 않았다" "부인과 아들이 C씨의 재산을 모두 가로챘다" 등의 말을 했습니다. 결국 검찰은 A씨를 허위사실 적시에 의한 명예훼손 혐의로 기소하게 됩니다.

A씨가 B씨의 채무자들에게 한 말들은 모두 거짓말이었습니다. 이혼 여부, 간호 여부, 병원비 납부 여부 등은 모두 사실인지 거짓인지 확인할 수 있는 사실이니 일단 허위사실 유포에 의한 명예훼손의 문제입니다. 언뜻 보면 너무 당연히 범죄가 될 것처럼 보이죠?

하지만 이 사건엔 아주 중요한 쟁점이 하나 있습니다. A씨가 C씨의 가족들에 대한 험담을 한 사람들은 C씨와 C씨의 가족들을 전혀 모르는 B씨의 채무자들이었습니다. 그러니까 피해자를 전혀 모르는 사람에게 피해자에 대한 험담을 한 것이 퍼질 가능성이 있는지, 즉 공연성이 있는지가 문제인 거죠.

1심과 2심은 법조문을 기계적으로 해석해 A씨에게 유죄판결을 합니다. 1, 2심은 "A씨의 말을 들은 B씨의 채무자들이 불특정 또는 다수인에게 말을 전파할 가능성 있으므로 공연성이 있다"며 벌금 500만 원을 선고했는데요. 피해자를 아는 사람이건 모르는 사람이건 간에 다른 사람들에게 전파할 가능성이 있는 건 동일하다고 판단한 겁니다.

이 사건은 결국 대법원으로 가게 되는데요. 대법원은 명예훼손 혐의로 기소된 A씨에게 벌금 500만 원을 선고한 원심을 파기하고 무죄 취지로 사건을 환송하게 됩니다. 재판에서는 A씨가 C씨의 가족을 모르는 B씨의 채무자들에게 이 같은 말을 한 것이 전파 가능성이 있는지 여부가 쟁점이 됐습니다. 1, 2심에서는 기계적으로 판단했기 때문에 문제되지 않았던 부분인데요. 대법원은 전파 가능성이 있는지 여부는 기계적으로 판단할 것이 아니라 구체적인 사정을 고려해서 판단해야 한다는 입장이었습니다. 대법원의 판단을 볼까요?

대법원은 "명예훼손죄의 구성요건인 전파 가능성 여부는 발언 경위와 당시 상황, 행위자의 의도와 발언을 들은 상대방의 태도 등을 종합해 구체적 사안에서 객관적으로 판단해야 한다"면서 "공연성을 인정하는 경우에도 미필적 고의는 필요하다"고 밝혔습니다. 그러니까 허위사실을 말한 A씨 입장에서 이 말이 퍼질 가능성이 있는지에 대한 최소한의 인식은 필요하다는 거죠.

그런데 "B씨의 채무자들은 A씨나 피해자인 C씨의 부인 및 아들과는 알지 못했던 사이인데다, A씨는 B씨의 채무자들과 따로따로 만나 각각 단 둘이 있는 자리에서 해당 발언을 했고, 발언 내용도 매우 사적인 내용"이라며 "B씨의 채무자들이 A씨의 발언 내용을 다른 사람에게 알릴 이유가 없어 보인다"고 판단했습니다. 구체적인 사정을 고려하면 이 사건에서는 전파 가능성이 인정되기 어렵다고 판단한 거죠. 예를 들어 아들에 대한 허위사실을 그 어머니에게 알리면 어머니가 자신의 아들 문제를 널리 알릴까요? 아니겠죠. 이렇듯 당사자들의 관계와 구체적인 사정을 고려해 명예훼손죄의 중요한 요소인 전파 가능성(공연성) 문제를 판단하는 겁니다. 결국 대법원은 표현의 자유 보호를 위해 제한적인 해석이 필요하다고 본 겁니다.

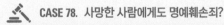

**CASE 78.  사망한 사람에게도 명예훼손죄?**

김모 총재는 국정 농단 의혹이 불거진 2016년 11월 서울역 광장 집회에서 "임기 말이 되면 대통령들이 다 돈을 걷었고, 노무현 전 대통령도 삼성에서 8,000억 원을 걷었다"라면서 "이걸 주도한 사람이 이해찬 총리이고, 펀드를 관리한 사람이 이해찬 형님이다. 그 사람들이 춤추고 갈라먹고 다해 먹었다. 근데 기술 좋게 해서 우린 잊어버렸다"라고 허언을 했습니다. 이에 이해찬 대표와 노무현 전 대통령의 아들인 노건호 씨는 김모 총재를 사자명예훼손 등의 혐으로 검찰에 고소했고 검찰은 김모 총재를 기소하게 됩니다.

사망한 사람에 대해서도 명예훼손죄가 성립할 수 있습니다. 형법 제308조는 거짓 사실을 퍼뜨림으로써 죽은 사람의 명예를 실추시킨 사람을 처벌한다고 규정하고 있습니다. 이를 사자명예훼손죄라고 하는데요. 우리가 지금까지 배운 명예훼손죄와 조금 차이가 있습니다.

일반 명예훼손죄는 사실을 알린 경우에도 인정될 수 있지만 사자명예훼손죄는 반드시 '허위사실'이어야만 합니다. 그리고 사망한 분의 유족들이 직접 고소해야만 수사할 수 있는 친고죄이기도 하죠. 그래서 범인을 안 날로부터 6개월 안에 고소를 해야 합니다. 이 사건으로 가볼까요?

결국 재판에서 핵심은 김모 총재의 발언이 허위사실인지 여부가 됩니다. 법원은 여러 증거조사 등을 통해 김모 총재의 발언이 허위사실임을 인정하면서 "주장을 정당화하기 위해 사실관계를 왜곡한 연설을 했고 사자(고 노무현 대통령)를 비롯한 피해자들의 명예를 훼손했다. 연설 당시의 국가 상황과 국민이 겪은 혼란을 생각하면 죄질이 좋지 않다"며 김모 총재에게 유죄판결을 내리게 됩니다.

허위사실이라면 역사적 인물에 대한 것도 처벌될 수 있습니다. 전두환 씨는 고 조비오 신부에 대한 사자명예훼손 혐의로 지난 2018년 5월 3일 재판에 넘겨졌는데요. 결국 유죄판단이 나왔죠. 간단할 것 같았던 재판이 길어졌던 이유, 바로 역사적 진실이 가려져야 했기 때문이죠. '허위사실' 여부가 핵심 기준이었기 때문입니다.

# 무료신문은 마음대로 가져가도 될까요?

## 절도죄

절도라는 단어를 쉽게 풀어보면 다른 사람의 재물을 훔치는 것이죠. 이건 법조인이 아니어도 누구나 상식으로 알고 있는 건데 굳이 이걸 왜 설명하나 하는 분들도 계실 것 같네요. 하지만 여러분들이 생각하는 것처럼 절도죄라는 것이 그리 간단하지 않습니다. 몇 가지 질문 드려볼까요? 1) 친구의 볼펜을 허락 없이 가져가 사용하고 다시 돌려준 경우 절도죄가 될까요? 2) 다른 사람의 전기를 무단으로 사용하면 절도죄가 될까요? 3) 다른 사람 땅에 몰래 심은 자신의 감나무에서 감을 따면 절도죄가 될까요?

1)번은 다른 사람의 재물을 훔쳐 자신의 것으로 하려는 의사(법률 용어로는 불법영득의사라고 합니다)가 없어 절도죄에 해당하지 않습니다. 2)번은 다른 사람의 재물에는 전기 같은 관리가 가능한 동력도 포함되기 때문에 절도죄가 됩니다. 그리고 3)번 역시 절도죄에 해당합니다. 감나무는 자신의 것이라도 다른 사람의 땅에 무단으로 감나무를 심는 순간 그 감나무는 땅주인의 소유가 되기 때문입니다. 생각보다 만만치 않죠? CASE를 보시죠.

**CASE 79. 독서실에서 사라진 휴대전화 충전기**

A씨는 2018년 2월 공부를 하기 위해 독서실을 찾았습니다. 핸드폰 배터리가 얼마 남지 않았던 A씨는 자신이 앉은 책상 앞 열에 꽂혀 있던 휴대폰 충전기를 빼서 자신의 휴대전화를 충전하고 있었는데요. 어머니가 기차역에 도착했다는 연락을 받고 급히 독서실을 나오면서 충전기를 원래 위치에 돌려놓지 않고 자신이 사용하던 독서실 책상 서랍 안에 두었습니다. 그런데 이 충전기는 독서실의 공용 충전기가 아니라 B씨의 것이었고 충전기가 없어진 것을 알게 된 B씨는 경찰에 신고하게 됩니다. 이 사건에 대해 검찰은 A씨에게 충전기 절도 혐의가 인정되지만 피해가 경미한데다가 피해도 모두 회복된 상황이라 기소유예처분을 하고 사건을 종결했죠. 하지만 너무나 억울했던 A씨! 난 도둑이 아니라면서 기소유예처분을 취소해 달라고 헌법재판소에 헌법소원심판을 제기하게 됩니다.

절도죄가 인정되기 위해서는 앞서 언급한 것처럼 다른 사람의 물건을 내 것으로 하려는 의사가 있어야 합니다. 이를 통상 불법영득의사라고 하는데요. 다른 사람 물건의 가치에 변화 없이 무단으로 사용하다 돌려주는 경우에는 절도죄로 처벌하지 않습니다. 내 것으로 하려는 의사가 없기 때문이죠.

다만 다른 사람의 물건을 무단으로 사용하고 자기가 가지지 않았다고 하더라도 물건이 지닌 경제적 가치를 상당 정도로 소모했거나 사용한 시간이 길어 일시적이라고 보기 어렵거나 물건을 본래 장소와 다른 곳에 돌려준 때 중 어느 하나에 해당된다면 이 경우에는 불법영득의사가 있다고 판단합니다. 다른 사람의 휴대전화를 무단으로 사용하고 돌려주지 않고 다른 곳에 두고 간 경우가 대표적이죠. 하지만 자동차나 오토바이는 어떨까요? 이건 아무리 쓰고 가져다 둔다고 하더라도 피해의 정도가 많이 크죠. 그래서 형법은 예외적으로 불법영득의사가 없더라도 소유자의 허락 없이 자동차 등을 사용하는 것은 처벌합니다.

이 사건으로 돌아가 볼까요? A씨는 '다른 사람'의 충전기를 사용하고 심지어 제 자리에 돌려놓지도 않았기 때문에 일단 외형상 이 충전기를 훔치려고 한 것처럼 보이죠. 이 사건에서 A씨에게 절도죄가 인정되는지는 결국 A씨에게 휴대폰 충전기에 대한 불법영득의사, 즉 내 것으로 하려는 의사가 있었는지에 따라 결정됩니다. 당시 검찰은 다른 사람의 충전기를 사용하고 돌려놓지 않은 것은 절도죄에 해당한다고 판단하면서도 여러 가지 사정을 고려할 때 기소는 유예하기로 결정했습니다. 쉽게 말해서 검찰은 A씨에게 절도죄가 인정되지만 한 번 봐준다고 한 거죠. 하지만 너무나도 억울했던 A씨는 절도죄가 인정된다는 전제로 내려진 검찰의 기소유예처분을 받아들일 수 없어 헌법소원을 제기했던 겁니다.

다른 사람의 물건을 내 것으로 하려는 의사가 있었는지 여부는 사실 그 사람의 머릿속으로 들어가 보지 않는 이상 정확히 알 수는 없죠. 그래서 고의나 과실에 대한 판단과 같이 그 당시의 모든 정황과 객관적인 증거들을 종합해서 판단할 수밖에 없는데요. 헌법재판소는 A씨의 주장을 받아들여 검찰의 기소유예처분을 취소했습니다. 그러니까 A씨의 행동이 절도가 아니라고 본 거죠. 이유를 살펴볼까요?

그 독서실은 공용독서실이었기 때문에 A씨는 이 충전기가 다른 사람의 소유가 아닌 공동으로 자유롭게 사용하는 공용충전기로 생각했다고 주장했는데 심지어 독서실 관리자나 피해자조차 충분히 오해할 수 있다고 진술했습니다. 그리고 충전기를 가져갔거나 자신만이 사용하는 자리에 두고 간 것이 아니라 지정석이 아닌 당일 사용했던 자유석에 두고 갔기 때문에 독서실 관리자가 수거할 수 있었습니다. 사건 다음날에도 A씨는 이 충전기를 수거하거나 하지 않고 다른 자리에 앉아 공부하고 있었습니다. 이런 걸 보면 A씨에게 이 충전기를 자신의 것으로 하려는 의사는 없었다고 판단한 겁니다. 절도죄를 포함한 재산죄에서 가장 중요한 요소라고 할 수 있는 불법영득의사. 감이 좀 오시나요? 다음 CASE로 갑니다.

---

### ⚖ CASE 80. 내연녀의 패물

A씨는 B녀와 내연관계에 있었습니다. 하지만 A씨와의 관계를 정리하려고 한 B녀는 A씨 몰래 거처를 옮겨 자신의 딸, 어머니와 함께 생활했습니다. 하지만 B녀를 잊지 못한 A씨! B녀의 아파트를 결국 찾아내

서 그곳에 갔지만 B녀는 만날 수 없었죠.

낙담한 A씨는 B녀의 집에서 다이아반지 같은 패물들을 발견하고는 이걸 가져가면 B녀가 패물을 찾기 위해 자신을 만나줄 것이란 생각에 모두 가지고 나왔습니다. 그러면서 B씨의 딸에게 전화해 이 사실을 알려줬죠. 그러자 A씨의 생각대로 B녀는 패물을 찾으러 왔지만 A씨의 기대와 달리 패물만 가져갔을 뿐 A씨의 구애는 거절했습니다. 이에 A씨는 B녀를 만나기 위해 다시금 아파트를 찾아가 또다시 B녀의 패물을 들고 나오면서 현장에 있던 B녀의 어머니에게 이 사실을 알렸습니다. 하지만 이번엔 A씨의 기대와 달리 B녀는 A씨를 절도 혐의로 고소했고 검찰은 A씨를 절도죄로 기소하게 됩니다.

아마 눈치 빠른 독자들은 이 사건의 결론을 충분히 짐작하실 것 같네요. 맞습니다. 법원은 A씨에게 무죄를 선고했습니다. 외형상 A씨는 B씨 소유의 다이아몬드 등 패물을 가지고 나와 돌려주지 않았으니 물건을 훔친 것이라고 볼 수 있겠죠. 하지만 앞서 CASE 79에서 설명한 것처럼 절도죄가 인정되기 위해서는 다른 사람의 물건을 내 것으로 하려는 의사인 불법영득의사가 인정되어야 합니다.

하지만 A씨가 이번에는 진짜 B녀의 패물들을 훔칠 의사였는지 어떻게 아느냐고 생각할 수도 있을 것 같은데요. 결국 당시의 상황을 종합해서 A씨의 머릿속으로 들어가 봐야겠죠. A씨는 첫번째로 B녀의 패물을 가져갈 당시에 B녀의 딸에게 이 사실을 얘기했습니다. 그랬더니 A씨의 예상대로 B녀는 A씨를 찾아왔고요. 비록 B녀를 설득하진 못했지만 순순히 패물들을 B녀에게 돌려줬습니다. 기소된 두 번째 상황에서도 A씨는 패물을 들고 나오면서 B씨의 어머니에게 이 사실을 알려줬고, 이 패물들을 사용하거나 처분하려고 시도한 적이 전혀 없었습니다. 이에 법원은 "A씨가 B녀의 물건을 가져와 보관한 것은 그녀와의 내연관계 회복의 목적에서 비롯됐던 것이었을 뿐 이 물건을 이용하거나 처분하려 한 것이 아니었으니 A씨에겐 불법영득의사가 없다"라고 판단하면서 무죄를 선고한 겁니다. 불법영득의사의 판단 과정 이제 좀 익숙해지셨나요? 다음 CASE로 갑니다.

---

### ⚖️ CASE 81.  아파트 공용 전기를 무단 사용하면…

A씨는 아파트에 거주하면서 전기세를 아끼겠다는 마음에 알고 지내던 전기업자에게 아파트 복도 전기 설비에서 공용 전기를 끌어다 쓸 수 있도록 해달라고 부탁했습니다. 이에 전기업자는 A씨의 부탁대로 복도 전기를 끌어 쓸 수 있는 설비를 해줬고 A씨는 무려 7년 동안 250만 원 상당의 전기료를 아낄 수 있었습니다. 아파트 주민들의 신고로 발각된 A씨를 검찰은 특수절도 혐의로 기소하게 됩니다.

---

절도죄는 다른 사람의 '재물'을 훔치는 거죠. 우리가 일반적으로 생각하는 재물은 돈이나 휴대폰같이 눈에 보이는 것을 의미

합니다. 하지만 전기는 우리 눈에 보이지 않고 형체가 없잖아요. 그래서 생각보다 많은 분들이 다른 집 전기를 끌어다 쓰거나 최근 들어 전기차 충전을 허락 없이 아파트 공용 전기로 하면서도 특별히 죄가 된다는 생각을 하지 않는 것 같습니다.

하지만 형법에서 인정하는 절도죄의 대상인 '재물'은 우리가 생각하는 유체물에 한정되는 것이 아니라 전기와 같이 계량 등을 통해 관리가 가능한 동력까지 포함합니다. 따라서 다른 사람의 전기를 허락 없이 무단으로 사용한다면 절도죄에 해당합니다. 그런데 이번 사건은 다른 집 전기를 무단으로 끌어다 쓴 것이 아니라 자신이 살고 있는 아파트 복도의 전기를 끌어다 쓴 거죠. 쉽게 말해 아파트 주민들이 '공동'으로 사용하는 전기이니 입주민이라면 이 '공용' 전기를 자유롭게 사용할 권한이 있는 것 아닐까요?

결론은 아닙니다. 공용 전기는 아파트 입주민들 모두가 전기의 소유자가 됩니다. 그리고 입주민 공동의 이익을 위해서만 사용할 수 있죠. 그런데 다른 소유자들의 동의가 없이 자신의 이익만을 위해 전기를 무단으로 끌어다 쓴다면 다른 입주민들의 전기에 대한 소유권을 침해하는 것이니 절도죄가 인정되는 거죠. 동업자금으로 구입한 자동차를 다른 동업자들의 동의 없이 가져가는 경우에 절도죄가 성립하는데 이와 유사하다고 생각하면 될 것 같네요. 쉽게 말해 우리집 전기 외에 다른 전기를 무단으로 사용하면 절도죄가 됩니다. 이 사건은 전기 사업자와 함께 공모해서 전기를 무단 사용한 것이니 '2인 이상이 함께' 절도를 한 것이 돼서 특수절도죄가 인정됩니다. 난 전기를 끌어다 쓰는 게 절도가 되는 줄 몰랐다고 하면 어떻게 될까요? 이런 법언이 있습니다. "법률의 무지는 용서받지 못한다." 몰랐다고 해도 처벌은 피할 수 없습니다. 꼭 알아 두셔야겠죠?

 **CASE 82.** 무료신문은 몇 부까지 허용되는 걸까?

이씨는 생활정보지 발행사인 A사가 무료로 배포하기 위해 가판대에 전시한 무료신문 25부를 가져가다가 발행사의 관리인과 실랑이가 벌어졌습니다. 관리인은 광고를 목적으로 한 것이고 한 사람이 한 부씩 골고루 가져갈 수 있도록 비치한 것이기 때문에 가져갈 수 없다고 했지만, 이씨는 "아니 이건 말 그대로 무료로 가져가라고 둔 신문인데 내가 한 부를 가져가든 백 부를 가져가든 무슨 상관이냐"라면서 관리인의 말을 무시하고 무료신문 25부를 가지고 갔습니다. 이에 관리인은 이씨를 절도죄로 고소했고 검찰 역시 이씨를 절도죄로 기소하게 됩니다.

좀 황당한 사건이죠? '무료'신문이기 때문에 한 부씩 가져가는 건 당연히 아무런 문제가 없겠죠. 하지만 여러 부를 가져간다면 결과가 달라질까요? 무료로 배포한다는 것은 어찌 보면 무료신문의 발행사가 이 신문의 소유권을 포기한 것으로 볼 수도 있으니 한 부를 가져가든 백 부를 가져가든 별 문제가 없을 것 같기도 하죠. 하지만 발행사는 여러 사람이 한 부씩 가져가는 것을 상정하고 그 경우만을 '무료'라고 한 것일 뿐 여러 부를 가져가는 것까지 소유권을 포기한 건 아니라는 생각이 들기도 하고요. 법원은 어떻게 판단했을까요?

당연히 이모씨는 무료신문은 말 그대로 무료이기 때문에 발행사는 소유권을 포기한 것이고 그렇다면 절도죄의 대상인 '다른 사람의 재물'이 아니기 때문에 절도죄가 성립할 수 없다고 주장했습니다. 하지만 법원은 이씨에게 절도죄가 인정된다고 판단하고 벌금 50만 원을 선고했습니다. 그 이유는 바로 무료신문의 발행 목적과 관리 때문이었습니다.

무료신문을 왜 만들까요? 무료신문을 발행하는 이유는 광고 수익 등을 위한 것이죠. 발행사는 자신의 비용을 들여 신문을 제작하고 많은 사람들에게 배포하려 합니다. 그래야 광고의 효과가 있을 것이니까요. 그래서 한 사람이 여러 부를 가져가지 못하도록 관리인까지 둬서 관리하는 겁니다. 그렇다면 한 부 또는 소량을 가져가는 것은 용인하지만 많은 부수를 가져가는 경우에까지 발행사가 무료신문의 소유권을 포기한 것이라고는 볼 수 없다는 겁니다. 그래서 법원은 '무료'신문 발행사의 관리의 취지에 반해 여러 부를 가져가는 것은 '다른 사람의 재물'을 무단으로 가져온 것이기 때문에 절도죄에 해당된다고 판단한 거죠.

카페 같은 곳에 가면 비치해 둔 냅킨이나 빨대 같은 것들 뭉텅이로 가져가는 사람을 가끔 볼 수 있죠? 가져가는 분들 생각은 아마 다 똑같을 거예요. 이건 공짜니까. 하지만 이 판결에서 알수 있듯 아무리 '무료'로 비치해 둔 것이라고 해도 많이 가져간다면 절도죄가 될 수 있다는 점을 꼭 기억해야겠습니다.

# 거짓말만으로 사기가 인정될까요?

## 사기죄

 '사기'라는 말은 일상에서 자주 사용됩니다, 어릴 적 친구들이 거짓말을 하면 "사기 치지 마!"라고 했죠? 보통 사기=거짓말이라고 생각합니다. 하지만 죄가 되는 사기는 거짓말만으로는 인정되지 않습니다, 상대방이 거짓말에 속아 스스로 재물을 내놓거나 재산상 손해를 입는 경우에만 사기죄가 인정될 수 있습니다. 뭔가 설명이 끝난 것 같죠? 하지만 사기죄는 그렇게 만만하지 않습니다. 사기죄의 요건을 하나하나 살펴보죠. 먼저 어느 정도의 거짓말(법률 용어로는 '기망행위'라고 합니다)이어야 사기죄가 인정될 수 있을까요?

 **CASE 83. 부동산 가격 부풀리기**

 부동산 중개인 A씨는 2005년 한 법무사사무실에서 B씨가 소유하고 있는 토지를 피해자 C씨에게 소개했습니다. 당시 땅의 소유자인 B씨는 이 땅을 5,400만 원에 내놨습니다. 하지만 부동산 중개인 A씨는 C씨에게 이 땅의 가격을 7,400만 원이라고 속였고, 이에 속은 C씨는 이 땅을 7,400만 원에 구입했습니다. A씨는 차액 2,000만 원을 자신

> 이 챙기고 B씨에게 5,400만 원만 지급했죠. 나중에 이 사실을 알고 화
> 가 난 C씨는 A씨를 사기죄로 고소했고 검찰은 A씨를 사기죄로 기소하
> 게 됩니다.

이 사건을 단순화해 보면 부동산 중개업자인 A씨는 땅 가격을 원래 가격보다 2,000만 원 비싸다고 속였고(거짓말: 기망행위), 매수인인 C씨는 이에 속아서 2,000만 원의 손해를 본 거죠. 위에서 설명한 사기죄의 구조와 딱 맞아 떨어지죠? 뭐 이렇게 쉬운 사례를 들었나 하실 것 같네요. 하지만 여러분들의 생각과 달리 A씨에게는 최종적으로 무죄가 선고됐습니다. 분명히 가격을 2,000만 원이나 부풀려서 거짓말을 했는데 말이죠.

사기죄에 중요한 요소인 기망행위는 거짓말을 했다고 무조건 인정되는 것이 아닙니다. '어느 정도'의 거짓말이어야 사기죄에서 기망행위가 인정될까요? 먼저 거래 관계에서 거래 여부를 결정할 만큼 중요한 요소에 대한 거짓말이어야 합니다. 부동산 거래에서 가격은 거래 여부를 결정할 만한 중요한 요소조. 하지만 더 나아가서 피해자가 '속을 수밖에 없는' 거짓말이어야 합니다. 이게 무슨 의미일까요?

보통 부동산을 살 때 어떻게 하나요? 매수인은 주변 시세 등을 통해서 해당 부동산의 적정한 가격을 알아보고 거래를 시작하죠. 그리고 주변 시세에 비해 턱 없이 비싸면 안 사거나 가격에 대해 흥정을 하게 됩니다. 시세보단 비싸지만 향후 오를 것이라

고 생각하면 본인의 생각보다 좀 비싸도 매수할 것이고, 적정한 가격이 아니라고 판단하면 거래를 거절하는 것이 통상의 부동산 거래 모습입니다. 부동산은 마트에서 파는 물건처럼 가격표 보고 그냥 사는 물건이 아니니까요. 이 사건으로 와 볼까요?

부동산 중개인 A씨가 이 땅이 7,400만 원이라고 소개했을 때 매수인인 C씨는 본인이 충분히 주변 시세를 알아보고 거래를 거절하거나 가격을 낮추려는 시도를 할 수 있었지만 그러지 않았습니다. 부동산은 '정가'라는 개념이 없기 때문에 매수인은 스스로 매도인이 팔고자 하는 가격이 적정한지 판단해서 거래 여부를 결정해야 합니다. 만약 이 CASE가 사기죄로 인정된다면 극단적으로 시세보다 조금 비싸게 부동산을 매물로 내놓을 경우 매도인들이 전부 사기죄로 처벌될 수도 있겠죠.

이에 법원 역시 "매도인이 매수인에게 기본적인 매도가를 제시했다고 해 부동산의 가치가 그 금액으로 고정되는 것도 아니고 매수인은 부동산 현황이나 주변 시세 등 제반 사정을 고려해 중개자 지위에 있는 피고인이 제시한 금액이 적정한지 스스로 판단해 매매대금을 결정하는 것"이라며 "피고인이 매도인이 제시한 금액보다 높은 매매대금을 제시했다고 해도 기망행위에 해당하지 않는다"라고 판단하게 된 겁니다.

스스로 판단해서 결정해야 하는 부분이나 확인해서 충분히 알 수 있는 부분에 대한 거짓말만으로는 사기죄의 중요한 요소인 '기망행위'가 인정되지 않습니다. 고정적인 가격이 없는 부동산 등을 거래할 때는 사는 사람이나 파는 사람이 더 꼼꼼히 판단해야지 가격을 다르게 제시했다는 이유로 사기죄가 되지는 않는다는 의미입니다. 사기죄가 생각보다 만만치 않죠? 다음 CASE로 갑니다.

---

### ⚖️ CASE 84. 과도한(?) 굿 값

A씨는 사업을 번창하게 해준다는 광고를 보고 무속인 B씨를 찾아 갔습니다. 마침 A씨가 운영하는 모텔이 영업정지를 당하고, 자신의 아들이 갑자기 아파 병원에 입원하는 등 집안에 우환이 끊이지 않았기 때문이었습니다.

A씨는 "조금만 빨리 왔어도 이렇게까지는 안됐는데, 잘못하면 아들이 죽을 수 있으니 하루빨리 굿을 해야 한다"는 무속인 B씨의 권유에 따라 2003년부터 2004년까지 무려 22차례에 걸쳐 굿을 받았고, 그 대가로 자그마치 1억 2,400만 원을 지불했습니다. 게다가 A씨는 무속인 B씨에게 3억 1,100만 원을 빌려주기까지 했는데요. 굿을 해도 아무 변화가 없었던 A씨! 뒤늦게 무속인 B씨에게 속았다고 생각해 돈을 돌려달라고 요구했지만 B씨는 돈을 돌려주지 않았습니다. 화가 난 A씨는 결국 굿 값과 빌려준 돈을 돌려 달라며 무속인 B씨에게 민사소송을 제기하게 됩니다.

---

이 CASE는 A씨가 무속인 B씨를 사기죄로 형사 고소한 사건은 아니지만 무속인 B씨에게 사기죄가 인정되는지에 따라 A씨가

돈을 돌려받을 수 있을지 결정되는 사건입니다.

A씨 입장에서 보면 무속인 B씨가 사업의 어려움과 자녀의 아픈 사정을 이용해 마치 굿을 하면 괜찮아질 것이라고 '속여' 1억 원이 넘는 굿 값을 받아 갔으니 당연히 사기라고 생각하겠죠. 아마 많은 독자분들 역시 무속인 B씨에게 사기죄가 인정되고 받은 굿 값은 A씨에게 돌려줘야 한다고 생각하실 것 같네요.

하지만! 법원은 A씨가 B씨에게 빌려준 돈 3억 1,100만 원만 돌려주라고 판단했습니다. 굿 값은 돌려줄 필요가 없다고 판단한 거죠. 왜일까요?

연초가 되면 사주나 올해의 운수 보시는 분들이 많죠? 사업상 중요한 일이 있거나 가정에 우환이 있는 경우 굿을 하시는 분들도 종종 있고요. 그런데 사주를 보거나 굿을 하면 모든 일이 다 해결되던가요? 일이 잘되면 굿 때문이라고 생각할지 모르지만 실제로 사주나 굿 때문에 해결된 것이 아니죠. 올해 운이 좋다고 하면 그것만으로도 기분이 좋아지고 굿을 하면 그 순간 마음의 위안을 얻을 뿐입니다. 굿을 하지 않으면 우환이 온다? 이 역시 우리가 속을 만한 거짓말이 아닙니다. 스스로 충분히 판단할 수 있는 것이죠.

무속인의 말대로 모든 것이 된다면 정치 지도자도 경제 지도자도 저 같은 법조인도 필요없을 겁니다. 모든 걸 무속인에게 가져가서 해결하면 되니까요. 결국 우리는 무속인의 말대로 모든 것이 되지 않는다는 사실을 '알고' 있습니다. 그렇다면 무속인이 한 말이 맞지 않는다고 해서 우리를 '속인 것'은 아니라는 거죠. 만약 무속인의 말대로 되지 않을 경우 사기죄가 된다면 거의 모든 무속인이 사기죄로 처벌받지 않을까요?

법원 역시 "굿과 같은 무속행위는 정신적이고 신비적인 세계를 전제로 해서 마음의 위안과 평정을 얻는 것을 목적으로 하기 때문에 결과가 발생하지 않았더라도 무속업계에서 이뤄지는 일반적인 굿을 한 이상 기망행위를 한 것으로 볼 수 없다"라고 판시했습니다. 굿을 한다며 거액을 받고 '굿을 하지 않았다거나' '굿 값을 지나치게 과도하게 받았다면' 사기죄가 성립할 수 있겠지만, 다소 굿 값을 비싸게 받았다는 사정만으로는 사기죄가 성립하지 않습니다.

1억 원 이상이나 되는 돈을 굿 값으로 받았다면 지나치게 과도한 것 아닌가라고 생각할 수도 있겠죠. 하지만 굿을 한 횟수가 22차례나 되니 굿 한 회당 500만 원 정도여서 법원은 통상적인 굿 값으로 판단한 겁니다. 무속인에게 감당하기 힘든 비용을 지불하면서 많은 횟수의 굿을 하는 것은 결국 모두 본인이 책임져야 한다는 것! 명심하셔야겠죠?

---

 **CASE 85. 조영남 그림 대작 사건**

세상을 떠들썩하게 했던 사건이죠. 조영남씨는 가수이자 화가로 활동하고 있는데요. 한 언론을 통해 조영남씨 자신이 본인의 작품 전체를 그린 것이 아니라 다른 대작 작가가 있었다는 사실이 보도가 됐습니다.

이에 검찰이 수사를 통해 조영남씨가 2011년 9월부터 2015년 1월까지 화가 송모씨 등이 그린 그림에 가벼운 덧칠 작업만 한 작품 21점을 17명에게 팔았다는 사실을 확인했습니다. 조영남씨는 이는 미술계의 관행이라고 주장했지만 검찰은 구매자들에게 이 사실을 알리지 않은 것을 기망행위라고 판단해 조영남씨를 사기죄로 기소하게 됩니다.

이 사건 당시에 대중의 반응은 극명하게 갈렸습니다. 미술 작품은 당연히 화가가 전부 그린 것을 전제로 하는 것이기 때문에 구매자는 다른 사람이 작품의 대부분을 그린 것을 알았다면 사지 않았을 것이라며 사기죄가 성립된다는 의견이 있었고요. 한편에서는 앤디 워홀 같은 팝아트 작가들은 조수를 두는 것이 너무나 당연한 것이고 그림의 아이디어가 조영남씨의 것이니 문제될 것이 없다고 보는 분들도 있었죠.

결국 이 사건 역시 사기죄의 중요한 요소인 '기망행위'가 인정되느냐가 쟁점이었습니다. 거래를 결정할 정도의 중요한 내용을 상대방에게 알려주지 않았다면 적극적으로 거짓말을 하지 않아도 사기죄의 '기망행위'로 인정될 수 있으니까요. 검찰과 법원 내부에서도 의견이 엇갈렸습니다. 거짓말인지 아니면 관행이었는지에 대해서 말이죠.

검찰과 1심 재판부는 화가가 직접 작품을 그려야 한다는 것을 전제로 했습니다. 그렇다면 작업에 참여한 송씨는 '조수'가 아닌 또 다른 '독자적 작가'가 되죠. 결국 조영남씨의 작품은 조영남씨가 아닌 송씨의 작품이 되는 것이기 때문에 '대작'이라고 판단했습니다. 구매자가 그림을 살 때 누구의 작품인가는 구매 여부를 결정할 때 가장 중요한 요소입니다. 조영남씨가 조수 송씨의 작품을 '본인의 것처럼 속여' 구매자들에게 팔았기 때문에 사기죄가 된다고 본 겁니다.

하지만 2심과 대법원의 판단은 달랐습니다. 화투를 소재로 한 조영남씨의 작품은 조영남씨의 고유의 아이디어이고 이 아이디어에 기초해 송씨가 기술보조, 즉 조수 역할을 한 것에 불과하다고 판단했습니다. 즉, 화가가 그림 전부를 직접 그려야만 하는 것은 아니라고 본 거죠. 제3자의 도움을 받아 그림을 완성한 것인지 여부는 그림 거래에서 중요한 요소가 아니니 구매자에게 알릴 필요가 없는 것이고 그렇다면 기망행위도 없는 것이어서 사기죄가 성립하지 않는다는 겁니다.

미술품 거래에서 '기망행위'가 인정되는 것은 위작이나 저작권 문제 같은 명확한 것이지 미술 전문가들 사이에서조차 의견이 분분한 조수나 보조 작가의 사용 여부는 사법부에서 판단할 문제가 아니라는 것 역시 조영남씨 무죄의 이유가 되었습니다.

결국 사기죄의 요소가 되는 거짓말, 기망행위는 1) 거래 관계에 있어 중요한 요소인지, 2) 그리고 '속을 수밖에 없는 거짓말'인지에 따라 인정 여부가 결정됩니다. 사기죄의 거짓말, 만만치 않죠? 다음 CASE로 갑니다.

A씨는 2014년부터 2016년까지 '로또 전문가'로 행세하면서 인터넷 사이트에 100만 원을 내고 유료 가입을 하면 당첨 예상번호를 알려주겠다고 하며 가입자에게 매주 로또 당첨 예상번호를 보내주었습니다. 그리고 2015년부터 2016년까지 1천만 원을 내면 실전 교육을 통해 로또 당첨 확률을 높이는 노하우를 전수해 주겠다면서 3명으로부터 1,120만 원을 받기도 하였습니다.

A씨는 2012년 방송에 출연해 로또 2등에 3차례, 3등에 90차례 이상 당첨된 로또 전문가라고 주장했는데 피해자들은 이에 속아 가입을 했으니 사기죄에 해당한다고 A씨를 고소했고 이에 검찰을 A씨를 사기죄로 기소하게 됩니다.

이런 사건이 발생하면 먼저 드는 생각이 있습니다. "로또 당첨 번호를 알면 본인이 사지 왜 그 번호를 다른 사람들에게 알려주나?" 하지만 최근까지도 로또 당첨번호 예측이라는 스팸문자가 오는 걸 보면 아직도 가입하는 분들이 있다는 생각도 드네요.

이 사건을 분석해 보면 1) A씨가 로또 전문가가 맞는지, 2) 실제 제공된 번호가 당첨 확률이 높은 번호인지, 3) 위 내용이 거짓말이라면 피해자들이 '속을 만한 거짓말'인지가 중요할 것 같네요. 사기죄에 해당하기 위해서는 기망행위가 있어야 하고 이에 속아 돈을 지급해야 되니까요. A씨 역시 법원에 이런 주장을 했습니다. 난 로또 전문가가 맞고 당첨 확률이 높은 번호를 제공했으니 거짓말 자체를 한 것이 아니고, 백번 양보해 이게 거짓이라고 하더라도 가입한 사람들 역시 당첨이 될 것이라고 믿은 것은 아니니 '속을 수밖에 없는 거짓말'이 아니라는 거였죠.

재판부는 실제로 A씨가 방송에서 여러 차례 로또에 당첨된 적이 있다고 주장했지만 이를 입증할 자료가 전혀 없어 이 주장은 '허위'일 가능성이 크며, 로또 당첨번호는 무작위로 추출되는 것이기 때문에 과거 당첨번호를 분석해 확률이 높은 번호를 예상한다는 것은 과학적 근거가 전혀 없고, 실제 A씨가 제공한 번호 중에 1~3등에 당첨된 번호가 없다면서 A씨의 행동은 '기망행위'에 해당한다고 판단했습니다. 사실 로또 당첨번호를 과학적으로 추출한다는 것은 불가능하죠. 이게 가능하다면 로또 제도 자체가 사라져야 마땅하니까요. 결국 A씨 역시 이게 불가능하다는 걸 알았다고 봐야겠죠(사기의 고의).

다만 기망행위가 인정되기 위해서는 '속을 수밖에 없는 거짓말'이어야 하는데 과연 로또 당첨 예상번호 제공을 이렇게 볼 수 있을까요? 재판부는 A씨가 본인이 로또 2등에 3차례, 3등에 90차례 당첨된 적이 있다며 특별한 비법이 있다고 사람들을 속였고 과거 당첨번호를 '과학적'으로 분석해 당첨 예상번호를 추출하는 것이라고 하여 과학적 근거가 있는 것이라고 했기 때문에 피해자들이 '속을 수 밖에 없는 거짓말'이라고 판단했습니다. 쉽게 말해 재판부는 A씨의 거짓말은 허무맹랑하다 할지라도 피해자들이 속을 만큼 치밀하게 거짓말을 한 것이라고 본 거죠.

게다가 피해자도 많고 피해액이 상당히 큼에도 불구하고 피해가 거의 회복되지 않았기 때문에 재판부는 A씨에게 실형 선고가 불가피하다며 징역 1년 8개월을 선고했습니다. 허무맹랑한 거짓말이지만 여러 피해자들이 속을 정도로 나름 치밀한 거짓말이라면 이 역시 '속을 수밖에 없는 거짓말'로 판단한다는 겁니다. 이제 독자분들에게 오는 로또 당첨 예측번호에 눈길도 주면 안되겠죠?

---

### ⚖️ CASE 87. 피해자 모르게 처분한 부동산

A씨는 법적으로 무지한 땅주인 B씨에게 토지거래 허가에 필요한 서류라고 속여 근저당권설정계약서에 서명하게 하고 인감증명서를 받았습니다. 그 이후 이를 이용하여 A씨는 채권최고액 10억 5천만 원의 근저당권을 대부업자에게 설정해 준 뒤 7억 원을 빌려 B씨에게 큰 손해를 입혔습니다. B씨는 A씨를 사기죄로 고소했고 검찰은 A씨를 기소하게 됩니다.

---

A씨는 B씨를 속여 결과적으로 7억 원을 취득했고 B씨가 토지거래허가에 필요한 서류가 아니라 근저당권설정계약서라는 사실을 알았다면 절대 서명할 이유가 없으니 당연히 사기죄라고 생각하시겠죠? 뭐 이리 당연한 사건을 소개하나 하실 텐데 이 사건

에는 엄청난 함정이 숨어 있습니다. 바로 사기죄의 또 다른 요건인 피해자의 처분행위가 인정될 수 있느냐인데요.

사기죄가 성립하기 위해서는 1)다른 사람을 속여(기망행위) 재산을 취득하여야 하는데, 2)피해자가 속아 스스로 재산을 넘겨줘야 합니다(처분행위). 아직 감이 안 오시죠? 예를 하나 들어볼까요?

귀금속 가게에 간 A씨는 금목걸이를 사는 것처럼 속여 주인에게 금목걸이를 보여 달라고 합니다. 주인에게 금목걸이를 받은 A씨! 받자마자 전속력으로 도망갔습니다. 이 사건은 사기죄일까요? 아닙니다. A씨는 주인을 속여 금목걸이를 취득했지만 주인이 A씨에게 가지라고 준 건가요? 아니죠. 주인은 산다고 해서 보여준 것일 뿐 금목걸이를 A씨에게 가지라고 준 건 아니죠. 즉, 주인에게 처분 의사가 없으니 A씨에게는 사기죄가 아닌 절도죄가 인정됩니다.

또 다른 예를 들어보죠. 너무 배가 고팠던 A씨! 돈이 한푼도 없었지만 고기집에 들어가 고기를 잔뜩 먹고 계산을 하지 않고 도망갔습니다. A씨의 행동을 분석해 볼까요? A씨는 돈이 없었지만 있는 척 주인을 속여(기망행위) 이에 속은 주인이 정성스럽게 고기를 구워 A씨에게 주었죠. 이게 바로 사기죄의 처분행위입니다. 이제 감이 좀 오시죠. 이 사건으로 돌아가 볼까요?

땅주인 B씨는 A씨에게 토지거래허가에 필요한 서류라면서 근저당권설정계약서에 서명을 받았죠. 그렇다면 땅주인 B씨는 토지거래허가에 필요한 서류라고 믿고 서명을 해준 것이지 근저당권을 설정해 줄 의사는 전혀 없었죠. 이제 이 사건의 쟁점이 뭔지 아시겠죠? 맞습니다. 땅주인 B씨는 서류의 의미를 잘 몰라 속아 서명을 했지만 본인 재산을 처분해 스스로 A씨에게 준 것은 아니죠. 과연 이 사안이 사기죄가 될 수 있을까요? 사기죄의 요소 중 하나인 피해자의 재산 처분행위가 일견 없는 것으로 보이는데 말이죠. 예전에는 이런 사안에 대해 사기죄가 인정되지 않는다고 일관되게 판단해 왔습니다. 피해자는 분명 속았고 엄청난 피해를 받았는데 가해자를 처벌하지는 못했던 거죠. 좀 이상하죠?

이 사건에서도 1심과 2심 법원은 기존의 판례대로 판단했습니다. 땅주인 B씨는 A씨에게 근저당권을 설정해 줄 의사가 없었으니 사기죄의 요건인 처분행위가 있다고 볼 수 없어 사기죄에 해당하지 않는다며 A씨에게 무죄를 선고했습니다. 대법원은 고민에 빠졌습니다. 분명히 A씨의 행동은 처벌받아 마땅한 행동이고 이런 유사한 사건이 종종 벌어지는데 법원의 판단이 이런 행동을 조장할 우려도 있으니까요.

결국 대법원 전원합의체는 "땅주인 B씨가 A씨에게 속아 원래의 목적(토지거래 허가)과 다른 결과를 발생시키는 문서(근저당권설정계약서)에 서명해 재산상 손해가 발생했다면 B씨가 문서에 서명한 행위 역시 사기죄에서의 처분행위에 해당한다"라고 판단했습니다. 좀 어렵죠? 쉽게 말해 땅주인 B씨는 근저당권설정계약서인지 몰랐지만 서명을 했고 그 결과 재산상 손해가 발생한 것이니 '의미를 모르고 한 서명'이나 '의미를 알고 한 서명'이나 결과가 같다고 판단하여 기존 법원의 판례를 변경했습니다.

일반 사기 범죄보다 더 지능적인 범죄를 저지른 것인데 이런 행동을 처벌하지 못한다면 대중들을 이해시키기 어렵죠. 그래서 대법원이 일반인의 상식에 맞게 판단하기 위해 사기죄의 구성요건인 처분행위의 개념을 넓게 인정하는 방법으로 판례를 변경하게 된 겁니다.

# 내가 보관하고 있다고 내 것은 아닙니다

## 횡령죄

절도죄와 사기죄 그리고 횡령죄는 조금씩 다릅니다. 절도죄는 다른 사람이 가지고 있는 물건 등을 훔치는 것이고, 사기죄는 다른 사람을 속여 재산 등을 받아내는 것이죠, 그렇다면 횡령죄는 무엇일까요?

횡령은 쉽게 말해 다른 사람의 재산을 '보관하는 사람'이 보관하던 재산을 꿀꺽하거나 돌려주지 않는 것을 말합니다. 내가 가지고 있는 다른 사람의 재산이 대상이 된다는 점에서 다른 재산 범죄와 다르죠. 가장 대표적인 횡령 사건은 회사 자금을 유용하는 것입니다. 횡령죄도 그리 어려워 보이지 않죠? 하지만 생각보다 만만한 범죄가 아닙니다. CASE를 보시죠.

---

⚖️ **CASE 88. 즉석복권 당첨금 횡령 사건**

A씨는 2천 원으로 즉석복권 네 장을 구매했습니다. 함께 있던 친구 세 명과 한 장씩 나눠 긁어 보았는데 그 중 두 장이 1천 원에 당첨되었습니다. 이걸 다시 복권 네 장으로 교환해서 각자 한 장씩 다시 즉석복권을 긁었는데요. 그 결과! 다른 친구 두 명이 긁어 확인한 복권이 각 2

---

천만 원에 당첨되었습니다. 무려 4천만 원의 당첨금을 받은 A씨! 친구들은 함께 한 것이니 당첨금을 나눠달라고 했지만 A씨는 "내가 언제 당첨금을 나눠준다고 했냐? 내 돈으로 산 복권이 당첨됐으니 다 내 거야!"라며 다른 친구들에게 한푼도 나눠주지 않았습니다. 친구들은 A씨를 횡령죄로 고소했고 검찰은 A씨를 기소하게 됩니다.

횡령죄는 분명히 '다른 사람의 재산을 보관하는 사람'이 그 재산을 가로채거나 돌려주기를 거부하는 경우에 성립하는 범죄라고 했는데 과연 이 사건에서 복권 당첨금이 다른 사람의 재산일까요? A씨는 내 돈을 주고 산 복권이고 복권을 서로 나눠 긁긴 했지만 당첨되면 나눠주겠다고 한 적이 없으니 이건 당연히 내 것일 뿐 나눠줄 법적 의무가 없다고 주장했습니다. 그럴듯하죠? 내 돈 주고 산 복권이고 나눠준다고도 안했으니까요. 횡령죄가 되기 위해서는 다른 사람의 재산이거나 다른 사람에게 법적으로 돌려줘야 할 재산을 돌려주지 않아야 하니 내 재산 내가 갖는 것은 당연히 횡령죄가 안되겠죠.

결국 이 사건의 핵심 쟁점은 A씨가 당첨금을 함께 있던 친구들에게 나눠줘야 할 법적 의무가 있느냐입니다. 일단 복권을 사서 당첨이 되면 당첨금을 나누자고 한 경우에는 '계약서'를 쓰지 않았더라도 당첨금을 분배해 줘야 할 법적 의무가 발생합니다. 구두계약도 계약이니까요. 이 경우에 나눠주지 않았다면 횡령죄에 해당합니다.

그런데 이 사건처럼 당첨금을 나누자는 이야기 없이 내가 산 복권을 단순히 친구들과 나누어 긁었는데 당첨이 된 경우에는 어떻게 될까요? 법원은 "즉석복권을 사서 나누어준 행위만으로도 당첨금을 나누기로 한 묵시적인 합의를 한 것"이라며 "당첨금 4천만 원은 A씨와 친구 세 명의 공유로 A씨는 친구들의 몫에 해당하는 당첨금을 반환할 법적 의무가 있기 때문에 당첨금을 나누지 않고 구매자가 모두 가져간 것은 횡령죄에 해당한다"고 판단하였습니다.

그러니까 일행 중 한 명이 자신의 돈으로 복권을 여러 장 사서 나누어 확인을 한 경우 당첨되면 당첨금을 나누자는 명시적인 합의가 없더라도 당첨금을 일행이 나눠 가져야 한다는 거죠. 여기서 의문! 그럼 구매자가 당첨금을 다 가지려면 어떻게 해야 할까요? 혼자 확인하는 게 제일 좋고요. 만일 일행들과 나누어 확인할 경우에는 명시적으로 "당첨되면 다 내 거야!"라고 해야 합니다.

이 사건의 A씨는 결국 돈도 나누어주고 친구들도 다 잃어버렸네요. 법적인 문제를 떠나 친구들과 함께 재미로 복권을 산 것이라면 당첨금 역시 즐거운 마음으로 나눠야 하지 않을까요?

 **CASE 89. 렌터카 미반납 사건**

A씨는 자신의 지인이 계약한 렌터카를 반납해 달라는 부탁을 받았습니다. 하지만 A씨는 차량을 반납하지 않고 20일 정도 사용하다가 큰 사고를 내고 말았습니다. 차량이 크게 파손되어 반납이 사실상 어

A씨가 자신의 차가 아닌 렌터카 회사 소유의 차량을 이용하다가 사고를 내고 돌려주지 않은 것이니 다른 사람의 물건을 보관하는 사람이 돌려주지 않을 때 성립하는 횡령죄가 당연히 성립할 것 같죠? 하지만 횡령죄가 성립하기 위해서는 '법률상 반환 의무'가 인정되어야 합니다. 돌려줄 법적 의무가 없는 사람에게 돌려주지 않았다고 형사처벌을 하는 것은 말이 안되니까요.

A씨는 지인으로부터 렌터카 반납을 부탁받았지만 렌터카 업체와 계약을 한 것은 아니죠. A씨에게 횡령죄가 인정되기 위해서는 A씨에게 렌터카를 반납할 법적 의무가 있어야 합니다. A씨에게 렌터카를 반납할 법적 의무가 없다면 다른 사람의 물건을 '보관하는 자'라고도 볼 수 없겠죠?

검찰은 이 사건 렌터카 계약의 주체는 렌터카 회사와 A씨의 지인이지만 A씨가 지인으로부터 렌터카 반납을 부탁받았다면 A씨가 법적으로 렌터카를 반납해야 할 의무가 있다고 보았습니다. 사실상의 위탁 신임관계가 있다고 본 거죠.

하지만 법원의 판단은 달랐습니다. 논리는 아주 간단합니다. 차량 소유자인 렌터카 업체와 계약을 한 사람이 누구인지를 기준으로 렌터카의 반납 의무자를 결정해야 한다는 겁니다. 그리고 반납

의무자를 변경하기 위해서는 렌터카 계약을 한 지인이 최소한 차량의 반납자가 본인이 아니라 A씨라는 점을 렌터카 업체에 알리고 동의를 받아야 한다고 했습니다. 이 사건으로 돌아와 볼까요?

렌터카 업체와 계약을 한 사람은 A씨가 아니고 A씨의 지인이며, A씨의 지인이 A씨에게 개인적으로 렌터카의 반납을 부탁했을 뿐 렌터카 업체는 이 사정을 전혀 모르고 있었습니다. 그렇다면 여전히 렌터카를 반납해야 할 법적 의무를 지는 사람은 A씨의 지인일 뿐 A씨가 아니죠. 이에 법원은 사실상의 위탁관계가 있다고 볼 여지조차 없다면서 A씨가 보관자의 위치에 있었음을 전제로 한 공소사실은 무죄라고 판단했습니다. 횡령죄에 해당하기 위해서는 무조건 다른 사람의 물건을 가지고 있는 것이 아니라 '돌려줄 법적 의무'가 있어야 한다는 점이 중요합니다. 다음 CASE로 가볼까요?

---

 **CASE 90.** 은행 계좌에 실수로 입금된 다른 사람의 돈

B씨는 2019년 12월 실수로 A씨의 은행 계좌에 1억 원을 송금했습니다. A씨는 다음날 은행으로부터 연락을 받고 B씨가 실수로 1억 원을 송금했다는 사실을 알게 됐습니다.

하지만 A씨는 B씨에게 돈을 돌려주지 않고 세 차례에 걸쳐 총 1,775만 원을 인출해 자신의 개인 빚 변제와 월세 등으로 사용했습니다. 이에 B씨는 A씨를 고소했고 검찰은 A씨를 횡령죄로 기소하게 됩니다.

---

실수로 다른 사람의 계좌에 돈을 송금하는 착오 송금 사례가 종종 발생하죠. 착오 송금을 한 경우 어떻게 대처해야 할까요? 일단 착오 송금을 한 사실을 안 즉시 거래은행에 연락해야 합니다. 그러면 거래은행은 돈을 입금받은 당사자에게 연락해 잘못 입금된 금액이니 돈을 돌려달라고 요청하게 됩니다. 그런데 이런 요청을 받고도 돈을 입금받은 사람이 돌려주지 않으면 어떻게 될까요? 은행은 더 이상의 조치는 할 수 없으니 결국 법적 대응을 할 수밖에 없습니다.

　　위의 두 사례를 보았으니 이 사건의 쟁점을 금방 눈치 채시겠죠? 맞습니다. 과연 돈을 입금받은 사람이 돈을 돌려줄 법적 의무가 있느냐가 문제입니다. 돈을 보관해 달라고 계약을 맺은 것도 아니고 실수로 돈을 보낸 것이니까요.

　　이에 대해 대법원은 일관되게 돈을 입금받은 사람이 보관자의 지위에 있다고 판단하고 있습니다. "서로 전혀 모르는 사이라고 할지라도 착오 송금의 경우 수취인은 신의성실 원칙에 따라 해당 금전을 보관하여야 하는 의무를 갖게 된다"면서 "임의로 돈을 인출해 사용하거나 반환을 거부하면 횡령죄에 해당한다"고 판시하고 있습니다.

　　계약을 맺지 않았더라도 일반인의 상식에 비추어 잘못 입금된 돈은 돌려주어야지 그냥 써버리면 안된다고 인식되기 때문에 '신의성실의 원칙'상 보관자의 지위를 인정한다는 의미입니다.

　　주의할 점은 급히 돈이 필요해 잘못 입금된 돈을 일단 쓰고 나중에 보전에 준다고 하더라도 횡령죄가 인정된다는 것입니다. 잘못 입금된 돈이라는 사실을 안 이상 반드시 돌려주어야지 그냥 쓰면 처벌될 수도 있다는 점을 명심해야겠죠?

비슷한 사례로 최근 법원은 보이스피싱 조직원에게 은행 계좌와 체크카드를 전달한 사람이 자신의 계좌에 들어온 보이스피싱 피해금을 인출한 경우 '피해자'에 대한 횡령죄가 성립한다고 판시한 바 있습니다.[*]

 **CASE 91. 범죄 목적의 돈을 개인용도로 사용하면?**

의료기기 사업을 하던 A씨는 2013년 동업자 B씨, C씨와 함께 요양병원을 설립해 운영하기로 약속하고 두 사람으로부터 2억 5천만 원을 투자받았습니다. 하지만 계획과 달리 요양병원 설립은 무산됐고 동업계약은 파기됐습니다. 동업계약이 파기되었음에도 불구하고 A씨는 투자금 중 2억 3천만 원을 B씨와 C씨에게 돌려주지 않고 개인 빚을 갚는 데 사용했습니다. 이에 검찰은 A씨를 횡령죄로 기소하게 됩니다.

---

[*] 다만 자신의 예금계좌를 넘긴 사람이 보이스피싱에 사용된다는 사실을 알고 있었다면 이 경우에는 보이스피싱 조직과 사기죄의 공모관계에 해당하기 때문에 횡령죄가 아닌 사기죄의 공범이 됩니다. 이 사안은 피고인이 자신의 예금계좌가 보이스피싱에 사용된다는 사실을 모른 경우였기 때문에 독립적으로 횡령죄가 성립한다는 것입니다.

동업계약을 통해 투자금을 받고 동업계약이 파기되었다면 당연히 투자금을 돌려주는 것이 맞겠죠. 일반적인 상황이라면 당연히 횡령죄가 성립할 것이라는 데 의문의 여지가 없습니다. 하지만 이 사건 동업계약에는 좀 문제가 있습니다.

　의료법 제33조 제2항을 보면 의사, 한의사 등 의료인이 아닌 경우 의료기관을 설립할 수 없다고 되어 있습니다. A씨뿐만 아니라 B씨와 C씨도 의사면허가 없는 상황에서 요양병원을 설립하려 했으니, 이 사건 동업계약은 의료법 제33조 제2항을 정면으로 위반한 동업계약이라고 할 수 있습니다. 하지만 의료법을 위반했다고 하더라도 동업계약이 존재했고 이에 따라 투자금을 받은 것은 사실이기 때문에 A씨에게 투자금을 돌려줄 법적 의무가 있는지, 즉 보관자의 지위에 있는지가 문제가 됩니다.

　1심과 2심은 A씨의 횡령 혐의를 인정했습니다. 요양병원을 설립해 수익금을 배분하기로 한 동업 약정은 무효이지만 민사상 반환을 해줘야 하기 때문에 투자금을 개인 용도로 사용한 것은 횡령죄에 해당한다면서 A씨는 투자금을 돌려줘야 할 법적 의무가 있다고 판단을 한 거죠.

　하지만 대법원은 달랐습니다. 횡령죄가 성립하기 위해서는 재물 보관자와 소유자 사이에 '보호할 만한 가치가 있는 신임관계'가 존재해야 합니다. 그런데 이 사건은 의료기관을 개설할 자격이 없는 자가 의료기관 개설 및 운영이라는 범죄를 모의한 것이기에 범죄의 실현을 위해 교부된 해당 금원에 대해 A씨와 B씨, C씨 사이에 횡령죄로 보호할 만한 위탁관계를 인정할 수 없다는 거죠.

쉽게 말해 범죄를 저지르려는 자들을 왜 법으로 보호해야 하냐는 겁니다. 법적으로 문제가 있는 투자 등은 돌려받기도 어렵고 또한 고소를 해도 횡령죄가 되지 않기 때문에 이런 투자는 진짜 조심해야 합니다. 법은 보호가 필요한 사람들만 보호하는 것이니까요.

---

### ⚖️ CASE 92. 내 아파트를 보관하던 사람이 팔아버렸다면?

A씨는 2013년 B씨로부터 자신의 아파트를 명의신탁받아 보관해 달라는 부탁을 받았습니다. 이에 A씨는 2014년 1월 B씨의 아파트를 자신의 명의로 이전등기하였습니다. 하지만 빚이 많았던 A씨! 2015년 8월경 자신의 빚을 갚기 위해 이 아파트를 C씨에게 팔고 등기를 넘겨줬습니다. 너무나도 황당했던 B씨는 A씨를 횡령죄로 고소하였습니다.

---

내 아파트를 보관해 달라고 명의를 변경해 줬는데 팔아버렸다면 너무나 당연히 횡령죄가 될 것 같죠? B씨는 졸지에 집 한 채를 잃어버렸으니까요. 게다가 B씨는 자신의 집을 맡아 달라는 계약을 하고 A씨에게 소유권이전을 해준 것이니 법적으로도 당연히 신임관계에 기초한 보관자의 지위에 해당할 것 같기도 하죠. 하지만 이 사건에도 함정이 하나 있습니다. 바로 이런 계약을 명의신탁약정이라고 하는데 이 명의신탁약정을 부동산실명법에서

금지하고 있다는 점이죠.

　예전에는 이 사건과 같이 두 사람 사이에 이뤄지는 명의신탁 약정(양자간 명의신탁)은 부동산실명법에 반해 무효이고, 무효인 약정에 따라 이루어진 소유권 이전 등기 역시 무효였습니다. 신탁부동산의 소유권은 원래 소유자인 명의신탁자에게 있고 명의수탁자는 등기 명의에 의해서 그 부동산을 보관하는 자에 해당한다는 것입니다. 그러니까 명의수탁자가 임의로 부동산을 처분한 경우 횡령죄가 된다는 것이었죠.

　하지만 대법원 2021년 2월 18일(선고 사건번호 2016도 18761) 전원합의체 판결로 기존의 판례를 변경했습니다. 횡령죄가 되지 않는다는 거죠. 그 이유가 뭘까요? 바로 CASE 91과 같이 횡령죄로 보호할 만한 위탁관계가 아니라는 겁니다. 부동산실명법에 보면 명의신탁약정은 무효이고 처벌까지 받는 범죄행위이기 때문에 이런 불법적인 관계까지 형법적으로 보호해 줄 필요는 없다는 것이죠. 다시 한 번 처벌될 수 있는 행위인 경우에는 횡령죄로 보호할 만한 가치가 있는 신임관계가 아니라는 것을 확인한 판결입니다.

　당사자 사이에 민사적으로 돌려받는 것은 알아서 할 일이지만 법으로 금지한 것까지 형법을 통해 보호해 줄 필요는 없다는 의미이기 때문에 법으로 금지한 명의신탁은 아무리 믿는 사람일지라도 하지 않는 것이 좋습니다.

# 알아두면 좋을 나머지 범죄들

 **CASE 93. 아내의 등기우편 개봉은 비밀침해죄**

2017년 연말 한 남성 A씨는 아파트 경비실에서 등기우편물이 왔다는 연락을 받았습니다. 경비실로부터 받은 우편물은 이혼 소송 중이었던 A씨의 아내에게 금융기관에서 보낸 우편물이었습니다. A씨는 별 생각 없이 우편물을 뜯어봤습니다. 이 사실을 알게 된 A씨의 아내는 화를 내며 A씨를 고소했고 이에 검찰은 A씨를 비밀침해죄로 불구속 기소하게 됩니다.

아니 부부 사이의 이런 행동도 죄가 될 수 있나 의아하시죠? 형법 제316조(비밀침해죄)를 살펴보면, "봉함 기타 비밀장치한 사람의 편지, 문서 또는 도화를 개봉하거나, 봉함 기타 비밀장치한 사람의 편지, 문서, 도화 또는 전자기록 등 특수매체기록을 기술적 수단을 이용하여 그 내용을 알아낼 경우" 처벌한다고 규정하고 있습니다. 다만 비밀침해죄는 피해자가 고소해야만 처벌할 수 있습니다(친고죄).

쉽게 말해 동의 없이 다른 사람에게 온 풀로 붙인 봉투를 뜯는 경우 혹은 다른 사람의 이메일 비밀번호를 입력하거나 해킹해 내용을 보는 경우에는 범죄로 인정되어 처벌한다는 거죠. 가족 간에 처벌하지 않는다는 예외 조항이 없기 때문에 부부 사이에도 성립할 수 있습니다. 이 사건으로 돌아가 볼까요?

남편 A씨는 아내의 명시적인 동의는 받지 않았지만 부부 사이에 집에 온 상대방의 우편물을 뜯어보는 건 서로 암묵적으로 동의하고 있는 것이기 때문에 죄가 되지 않는다고 주장했습니다. 보통의 부부라면 별 문제 될 것이 없겠죠. 대부분 그렇게 사니까요. 하지만 법원은 남편 A씨의 주장을 받아들이지 않고 1심과 2심 모두 비밀침해죄가 성립한다고 판단했습니다. 왜 그랬을까요?

이 사건 재판에서 가장 중요한 포인트는 이 부부가 이혼소송 중이었다는 겁니다. 보통의 부부라면 당연히 우편물을 열어볼 대리권을 서로에게 줬겠지만 이제 갈라서려는 마당에 우편물을 열어볼 권한까지 줬다고 볼 수 없다는 거죠. 상대방의 동의가 없다면 비밀침해죄가 성립한다는 겁니다.

실제로 비밀침해죄가 문제되는 사건 대부분이 이혼소송 중에 발생합니다. 이혼소송에서 제일 중요한 게 바로 증거죠. 상대방이 바람을 핀다고 의심하는 경우 제일 먼저 보려는 것이 뭘까요? 맞습니다. 바로 휴대폰이죠. 상대방 허락 없이 비밀번호나 패턴을 입력해 휴대폰 속의 내용을 들여다보다 비밀침해죄로 고소당하는 경우가 생각보다 많습니다. 그리고 대부분 상대방이 잘못했으니 정당방위 혹은 정당행위라고 생각하지만 법원은 그 주장을 잘 받아주지 않습니다. 다른 사람의 사생활을 몰래 들여다보는 건 부부 사이에도 허용되지 않는다는 사실을 꼭 알아두세요.

---

⚖️ **CASE 94. 회사 도로 위의 낙서는 재물손괴죄?**

2014년 10월경 A씨 등은 회사의 부당 노동행위에 맞선다는 이유로 회사 안에 있는 도로에 페인트와 스프레이로 'ㅇㅇㅇ 구속' '개XX' 등 회사의 전 대표와 부사장을 비방하는 문구를 썼습니다. 당시 이 회사는 노조파괴 작업을 이유로 노조와 갈등을 겪고 있었습니다. 회사는 A씨 등을 고소했고 이에 검찰은 A씨 등을 모욕죄와 특수재물손괴죄[*]로 기소하게 됩니다.

---

이 사건에서 누구나 볼 수 있는 회사 도로에 회사의 전 대표와 부사장에 대한 욕설을 쓴 것이니 모욕죄가 성립하는 건 당연하겠죠. 그런데 난데없이 '재물손괴죄'는 뭔가 하실 텐데요. 보통 우리가 생각하는 손괴죄는 다른 사람의 물건을 부수는 것이죠. 도로에 페인트나 스프레이로 글을 쓴다고 도로가 파괴되는 건 아니죠. 그런데 검찰은 왜 이들을 '재물손괴죄'로 기소했을까요? 재물손괴죄의 조문에 그 답이 있습니다.

---

[*] 여러 명이 함께 했기 때문에 손괴죄 앞에 '특수'가 붙은 겁니다. 아래에서는 손괴죄에 해당하는지 여부만 보겠습니다

형법 제366조는 다른 사람의 물건을 손괴, 은닉 또는 기타 방법으로 그 '효용을 해할 경우' 재물손괴죄가 성립한다고 규정하고 있습니다. 집에서 쓰는 식기를 예로 들어볼까요? 식기를 던져 깨버리는 것(손괴)뿐만 아니라 식기를 숨겨서 못 쓰게 하는 것(은닉)도 재물손괴죄가 됩니다. 그렇다면 식기에 소변을 본다면 어떨까요? 그 식기를 감정상 다시 쓸 수 있나요? 이렇게 감정적으로도 사용하기 어렵게 만든다면(기타 방법) 이 역시 재물손괴죄에 해당할 수 있습니다.[*]

　최근 사건을 하나 볼까요? A씨는 강남구에 있는 여자친구 B씨의 집에서 채무문제로 말다툼 중에 화가 나 B씨 소유의 150만 원짜리 루이비통 가방에 소변을 보고 가그린을 부은 혐의(재물손괴죄)로 재판에 넘겨졌습니다. 아마도 A씨는 소변 냄새를 없애기 위해 소변을 본 후 가그린을 부은 것 같죠? 국립과학수사연구원의 감정 결과 A씨가 소변을 본 사실이 확인됐습니다. 가방의 형태는 전혀 변함이 없지만 다른 사람이 소변을 본 명품가방을 감정상 들고 다니기 어렵겠죠? 결국 A씨에게는 재물손괴죄로 벌금 150만 원이 선고됐습니다. 재물손괴죄의 범위가 생각보다 넓죠? 이 사건으로 돌아가 볼까요?

---

　[*]　최근에 대법원은 부인이 먹던 음식에 침을 뱉어 먹지 못하게 한 남편에게 재물손괴죄를 인정한 바도 있습니다. 부인이 먹던 '음식'의 효용이 손상됐다는 점을 인정한 겁니다.

검찰은 통상 법원이 페인트 등으로 건물 벽에 낙서를 한 경우에 벽의 기능 중 하나인 '미관'을 해친다는 이유로 유죄 판단을 해왔습니다. 그래서 회사 내 도로에 낙서를 한 A씨 등의 행위도 재물손괴에 해당한다고 판단해 기소하게 된 겁니다. 1심과 2심 법원 역시 이 도로는 회사 임원과 근로자는 물론 거래처 관계자 등이 주로 이용하는 도로이기 때문에 쾌적한 근로환경을 유지하고 회사에 대한 좋은 인상을 줄 수 있도록 미적인 효용을 갖추는 것도 중요하다고 판단했습니다. 또한 과속방지턱 표시 부분에도 낙서를 했기 때문에 미적인 효용을 넘어서 운전자의 주의를 분산시켜 통행과 안전에도 지장을 초래하기 때문에 '기타 방법으로 도로의 효용을 해했다'라고 판단해 재물손괴죄가 된다고 봤습니다.

하지만 대법원은 도로의 주된 용도와 기능에 주목하면서 이 사건은 재물손괴죄에 해당하지 않는다고 판단했습니다. 도로는 사람이나 자동차가 통행하는 것이 주된 용도와 기능이지 도로의 미관은 그렇게 중요하지 않다는 전제하에 낙서가 있다고 사람이나 차가 다니지 못하는 건 아니기 때문에 '도로의 효용'을 해한 건 아니라고 본 거죠.

혹시라도 '낙서'는 재물손괴죄가 안된다고 오해하면 안됩니다. 어디에 낙서를 했는지가 중요한 거죠. 만약 도로가 아니라 다른 사람의 차였다면? 당연히 재물손괴죄가 됩니다. 이해하시겠죠?

## CASE 95. 음주운전과 범인도피죄

A씨는 지인 B씨와 술을 마시고 B씨가 운전하는 승용차에 함께 탔습니다. 그러던 중에 B씨의 승용차와 다른 차 사이에 사고가 나서 경찰이 출동하게 됩니다. 다급해진 B씨는 A씨에게 A씨가 운전한 걸로 좀 해달라고 부탁을 했고 경찰의 음주측정 요구에 A씨가 음주측정기를 B씨 대신 불었습니다. 나중에 이 사실이 발각되었고 검찰은 A씨를 범인도피죄로, B씨를 범인도피교사죄로 각각 기소하게 됩니다.

이 사건에서 A씨는 본인이 운전했다면서 음주측정기를 불었을 뿐 운전한 B씨를 도망가게 한 건 아니죠. 그 현장에 B씨도 그대로 있었고요. 그럼 범인을 도망가게 한 게 아닌데 왜 검찰은 A씨를 범인도피죄로 기소했을까요? 범인도피죄 역시 죄명 때문에 오해를 많이 하는 범죄 중 하나입니다. 법조문을 볼까요?

형법 제151조는 벌금 이상의 형에 해당하는 죄를 범한 자를 은닉 또는 도피하게 하는 경우 범인도피죄가 성립한다고 규정하고 있습니다. 그러니까 범인을 숨겨주는 것, 현장에 범인이 있더라도 내가 진범인 척해서 범죄가 드러나지 않게 하는 것 역시 범인도피죄에 해당한다는 거죠. 내가 진범이라고 경찰서에 허위 자수를 하거나 음주운전 동승자가 대신 운전했다고 주장하는 경우가 가장 전형적인 범인도피의 예라고 할 수 있습니다.

범인을 '다른 사람이' 숨겨주거나 도망가게 하는 것을 처벌하는 법이어서 범인 스스로 도망가는 건 범인도피죄가 아닙니다. 범인을 잡는 건 수사기관의 몫이니까요. 다만 범인이 다른 사람에게 부탁(교사)해서 자기 죄를 숨겨달라고 하면 범인도피교사죄가 성립할 수 있습니다. 이 사건을 살펴볼까요?

　설명한 대로 이 사건은 아주 전형적인 범인도피 사례죠. 하지만 이 사건에는 추가로 살펴볼 것이 있습니다. 범인도피죄란 '벌금 이상의 형에 해당하는 죄를 범한 자'를 숨겨주거나 도망가게 해야 성립하는데 이 사건에서 B씨는 음주측정을 하지 않아서 음주운전을 했는지 여부를 수사기관이 밝히지 못했습니다. A씨가 본인이 운전했다고 하면서 음주측정을 요구했으니 경찰이 B씨에 대한 음주측정을 하지 않았던 거죠. 그래서 이 사건에서는 과연 B씨를 '벌금 이상의 형에 해당하는 죄를 범한 자'로 볼 수 있느냐가 문제가 된 겁니다.

　음주운전죄는 현실적으로 음주측정이 이루어지지 않는 이상 처벌하기 어렵습니다. 심지어 술을 마신 사실을 자백한다고 하더라도 말이죠. 그래서 B씨는 음주운전죄로 처벌받지 않습니다. 그렇다면 B씨가 처벌을 받지 않으니 A씨 역시 범인도피죄가 인정될 수 없을까요? 법원은 이런 사안에 대해 일관되게 범인도피죄를 인정합니다. 범인도피죄란 범인에 대한 수사, 재판 및 형의 집행 등 형사사법의 작용을 곤란 또는 불가능하게 하는 행위를 처벌하는 것이기 때문에, 수사기관을 속여서 원래 음주운전의 혐의가 있어 수사를 받아야 할 사람에 대한 수사를 방해한 것이라면 처벌

됩니다. 결국 이번 사건에서 A씨는 범인도피죄, A씨에게 대신 운전한 것으로 해달라고 부탁한 B씨는 범인도피교사죄가 인정됐습니다.

---

**CASE 96. 점당 100원짜리 고스톱도 도박죄?**

청주에서 개인사업을 하는 A씨(67세)와 B씨(66세)는 한 부동산 사무실에서 지인 3명과 함께 1점당 100원짜리 고스톱을 쳤습니다. 고스톱에서 딴 사람이 저녁을 사기로 하고 진행된 고스톱은 두 시간 정도 계속됐고 총 판돈은 14만 6천 원이었습니다. 다른 사람의 신고로 이들은 경찰에 적발됐습니다. 다른 일행은 모두 훈방 조치됐지만 A씨와 B씨는 과거에 두 차례 도박죄로 벌금형을 선고받은 전력이 있다는 이유로 도박죄로 기소됩니다.

---

명절에 가족들이 모여 고스톱을 치는 것은 문제가 없는지, 친구들끼리 가볍게 하는 포커도 처벌되는지 많은 분들이 궁금해하는 것 중의 하나입니다. 먼저 결론은 그럴 수도 있고 아닐 수도 있습니다. 참 무책임한 답변 같은데 좀 사정이 있습니다.

형법 제246조는 도박죄를 범한 자는 1,000만 원 이하의 벌금에 처한다고 하면서 다만 '일시오락 정도에 불과한 경우'에는 처벌하지 않는다고 규정하고 있습니다. 그렇다면 과연 일시오락 정도가 무슨 뜻일까요? 쉽게 말해 친한 사람들끼리 자신의 생활에 부담이 되지 않는 범위에서 친목도모로 한 것이라면 처벌하지 않는다는 겁니다. 그러니까 같은 판돈을 걸고 한 고스톱이라도 유죄가 될 수도 있고 무죄가 될 수도 있습니다. 이번 사건으로 가 볼까요?

검찰은 A씨와 B씨가 과거 두 차례 도박 전과가 있다는 이유로 기소를 했습니다. 하지만 법원은 1) 지인들과 한 고스톱이었다는 점, 2) 저녁 값을 모으기 위한 동기였다는 점, 3) 고스톱을 친 시간이 두 시간 정도로 비교적 짧다는 점, 3) 판돈도 A씨와 B씨의 경제 상황에 비추어 보면 과하지 않다는 점 등을 종합해 이들의 고스톱은 일시오락 정도였다고 판단해 무죄를 선고했습니다.

주의할 점은 점당 100원짜리 고스톱이라고 무조건 무죄가 아니라는 겁니다. 친분 관계가 없는 사람들끼리 밤을 새는 정도로 장시간 고스톱을 친 경우나 기초생활수급자여서 판돈을 잃을 경우 생활에 지장을 초래할 경우 등에는 점당 100원에 불과하더라도 도박죄를 인정하는 경우도 종종 있습니다. 그리고 친분관계가 있더라도 점당 1,000원 정도로 판돈이 큰 경우엔 도박죄를 인정하기도 합니다. 고스톱이나 포커, 명절에 가족이나 친구들과 재미삼아 가볍게 하는 정도를 넘어선 안되겠죠?

---

**CASE 97. 김밥 40줄 주문하고 잠적한 남성 : 업무방해죄**

A씨는 2022년 7월 B씨가 운영하는 강동구의 한 김밥집에서 김밥 40줄을 포장 주문하면서 음식값은 김밥 찾으러 올 때 주겠다며 전화

번호를 남겼습니다. 거의 하루 매상과 맞먹는 주문을 받은 B씨는 다른 손님들의 주문을 양해를 구해 거절해 가면서 김밥 40줄을 완성했습니다.

하지만 A씨는 나타나지 않았고 남겨 놓은 전화번호 역시 다른 사람의 전화번호였습니다. B씨는 이 김밥을 고스란히 다 버려야 했습니다.

언론 보도를 통해 많은 국민들의 분노를 샀던 사건이죠. 피해 사실이 알려진 후 많은 분들이 돈쭐내러(?) 이 가게를 찾는다는 훈훈한 소식이 이어지기도 했었죠. 결국 이 남성은 검거가 됐는데 이 남성이 어떤 범죄를 저지른 걸까요?

일단 A씨가 김밥을 살 생각 없이 거짓말로 B씨에게 김밥 40줄을 주문해서 재산 피해를 줬으니 사기죄가 떠오를 것 같네요. 하지만 결과는 X입니다. 사기죄가 되려면 본인이 김밥 40줄을 취득할 의사(불법영득의사)가 있어야 하는데 A씨에게는 그게 없었죠. 본인이 먹을 생각 없이 김밥집에 피해만 줄 의도였으니까요. 그렇다면 이 남성에게는 어떤 죄도 인정되지 않을까요?

아닙니다. 이 남성에게는 비록 사기죄는 인정되지 않지만 업무방해죄는 인정됩니다. 업무방해죄란 허위사실을 유포하거나 위계 또는 위력으로 다른 사람의 업무를 방해할 경우 성립하는 범죄인데요. 위계란 속임수, 위력은 큰 소리를 지르거나 행패를 부리는 것이라고 생각하면 쉽습니다. 이 사건은 바로 위계에 의한 업무방해죄가 인정될 수 있는 대표적인 사건입니다. 주문할 생각

없이 속임수로 자신이 주문할 것처럼 속여 다른 사람들에게 팔 수도 없는 김밥 40줄을 만들게 했으니까요. 5년 이하의 징역이나 1,500만 원 이하의 벌금형에 처해질 수 있는 범죄인데요. A씨는 처벌 외에 민사상 손해배상책임도 져야 합니다.

조사를 통해 피해자가 여러 명이라는 사실이 확인된다면 이렇게 자영업자들을 등치는 사례의 경우에는 양형기준을 상향해서라도 엄벌에 처했으면 하는 바람입니다.

---

### ⚖ CASE 98. 아버지 농기계를 중고로 판 철없는 아들 : 친족상도례

19세 A군은 2022년 3월 아버지 소유의 590만 원 상당의 농기계 2대에 잠금장치가 풀린 틈을 타 가지고 가서 중고 거래 사이트를 통해 처분했습니다. A군은 경찰 조사에서 "돈이 필요해서 그랬다"라며 범행을 시인했지만 경찰은 A군을 기소하지 않았습니다.

---

A군의 행동을 분석해 보면 '아버지 소유'의 농기계 2대를 몰래 가지고 간 것이기 때문에 전형적인 절도죄에 해당합니다. 그런데 왜 경찰은 A군을 풀어줬을까요? 미성년자라서? 아닙니다. 바로 형법에 규정되어 있는 친족상도례란 규정 때문입니다.

형법은 직계혈족, 배우자, 동거친족, 동거가족 또는 그 배우자 간의 강도죄와 손괴죄를 제외한 재산범죄는 형을 면제하여 처벌하지 않습니다. 그러니까 친족간에는 절도죄, 사기죄, 공갈죄, 횡령죄, 배임죄, 장물죄에 해당해도 처벌하지 않는다는 건데요. 쉽게 말해 가족 간 재산 문제에 형법의 잣대를 들이대지 말자는 거죠.

이 사건으로 돌아와 볼까요? 농기계의 소유자는 아버지, 이를 절도한 사람은 아들이니 전형적인 친족상도례 상황에 해당하기 때문에 이 철없는 아들을 처벌할 수 없습니다. 이 사건만 본다면 아버지가 철없는 아들을 혼내고 끝낼 만한 일이라고 생각할 수 있겠지만 생각보다 심각한 상황도 많습니다. 사건 하나 더 볼까요?

30년 넘게 시장 노점상으로 아들과 딸을 키워 온 70대 여성 A씨는 3년 전 남편 수술비가 필요하다는 딸의 말에 두 차례에 걸쳐 1억 원을 송금했습니다. 하지만 사위가 아프다는 딸의 말은 모두 거짓이었습니다. 이 와중에 신용카드 회사는 A씨의 부동산을 가압류했는데요. 딸이 A씨 명의로 카드를 만들어 2,700만 원이 연체됐다는 이유였습니다. A씨는 하루아침에 평생 모은 전재산을 다 날리게 됐습니다.

하지만 이 사건 역시 A씨와 딸은 친족관계이기 때문에 딸에게는 사문서 위조죄(A씨 명의의 카드를 만들 때 제출한 서류)만 인정될 수 있을 뿐 사기죄가 인정되지 않습니다. 고령의 부모님을 대상으로 한 사건이나 장애인 가족을 대상으로 재산범죄를 저지르는 경우까지 "가족 간의 일은 가족끼리 해결하세요"라고 하는 것이 과연 타당할까요?

**CASE 99.** 아내 카드를 훔쳐 현금 인출하면 절도?

A씨는 인터넷 채팅을 통해 만난 B씨와 혼인신고를 마치고 동거에 들어갔습니다. 하지만 A씨는 B씨의 과거를 의심하며 자주 폭행을 행사했고 흉기로 위협하는 일도 잦았습니다. 심지어 A씨는 아내의 과거를 알아낸다며 주민등록증과 인감도장을 훔쳐 위임장을 위조하기도 했고, 공동명의로 된 부동산 등 재산을 빼돌리려고도 했습니다. 이 과정에서 A씨는 아내의 현금카드를 훔쳐 500만 원의 현금을 인출하여 적발되기도 했습니다. 검찰은 A씨를 절도, 폭행, 사문서 위조, 특수협박 등의 혐의로 기소하게 됩니다.

A씨에게 폭행죄, 특수협박죄(흉기로 위협한 행동), 사문서 위조죄(위임장 위조) 등의 혐의가 인정된다는 것은 의문의 여지가 없습니다. 1심부터 대법원까지 일관되게 위 혐의들은 인정이 됐습니다. 이 사건에서의 쟁점은 바로 A씨가 훔친 아내의 현금카드 관련 범죄였습니다.

혼인신고를 해서 정식 부부가 된 상황이니 A씨가 아내의 현금카드를 훔쳐 500만 원을 인출한 행동은 앞의 CASE 98과 같이 당연히 처벌할 수 없을 텐데 왜 쟁점이 됐을까 의아하시죠? 만약 A씨가 아내의 지갑에서 500만 원을 훔쳤다면 당연히 친족상도례에 해당해 처벌되지 않겠죠. 하지만 이 사건은 A씨가 아내의 지갑이 아닌 현금지급기를 통해 아내의 예금을 인출했습니다. 결과적으로 '아내의 돈' 500만 원을 가져간 것이지만 아내가 가지고 있던 돈이 아니라 은행이 '관리하고 있던' 돈을 가져간 것이라는 차이가 있습니다.

맞습니다. 이 사건의 쟁점은 피해자가 아내 B씨인지 현금지급기를 관리하는 은행인지가 문제인 겁니다. 피해자가 아내라면 A씨에게는 친족상도례가 적용되어 처벌할 수 없지만, 만약 피해자가 아내가 아닌 은행이라면 은행과 A씨는 남남이니 당연히 A씨를 처벌할 수 있겠죠.

현금카드로 현금을 인출한 행위에 관해 대법원은 "현금자동인출기 관리자의 의사에 반해 현금을 훔친 것"이라고 피해자를 은행이라고 보아 절도죄가 인정된다고 판시하였습니다. 아무리 가족의 돈이라고 할지라도 일단 은행에 넣어 둔 이상 이 돈의 관리자인 은행의 점유를 침해한 것이라고 보아 친족상도례를 적용하지 않은 것입니다. 가족 간에도 재산범죄가 성립할 수 있다는 점 꼭 기억해야겠죠?

---

 **CASE 100.** 국민신문고에 올린 허위 민원

학생 A군은 국민권익위원회가 운영하는 국민신문고에 "약사 B씨는 무자격자 종업원이 명찰을 달지 않고 불특정 다수의 환자들에게 의약품을 판매하도록 지시했고, 특히 이 날 종업원이 자신에게 특정 약(종합감기약 레드콜 연질캡슐)을 처방 판매했으니 철저히 조사해 처벌해 달라"는 민원 글을 올렸습니다.

하지만 조사 결과 특정 약은 이 약국에서 취급하지도 않는 의약품이었으니 전부 허위사실이라는 것이 확인됐습니다. 이에 B씨는 A군을 무고죄로 고소했습니다. A군은 다른 의약품이랑 혼동해 B씨를 조사해 달라고 한 것일 뿐 무고의 고의가 없었다고 항변했지만 검찰은 A군을 무고죄로 기소하게 됩니다.

무고죄란 다른 사람에게 형사처벌이나 징계처분을 받게 할 목적으로 '허위의 사실'을 신고한 경우 성립하는 범죄입니다. 그러니까 객관적 진실에 반하는 허위사실이라는 점을 알면서도 '형사처벌을 받게 할 목적'으로 수사기관 등에 신고한 경우에 무고죄가 인정될 수 있습니다.

A군은 국민신문고에 "약사 B씨를 조사해 처벌해 달라"고 하였으니 A군에게 B씨를 처벌받게 할 목적이 있다는 것은 명확합니다. 그렇다면 결국 이 사건의 핵심은 A군이 '허위사실임을 인식하고도' 신고한 것인지, 즉 무고의 고의가 있느냐입니다. 앞서 언급한 것처럼 A군은 다른 의약품이랑 혼동한 것이라며 무고의 고의를 부인했습니다.

하지만 수사기관에서 확인한 결과 1) 해당 약국에서는 '레드콜 연질캡슐'을 원래 취급하지 않았다는 사실이 확인됐고, 2) 이에 A군은 약 이름이 정확하지 않지만 이름이 비슷했다고 진술했으나 이름이 비슷한 약은 없었으며, 3) A군은 당연히 구매한 바도 없었습니다. 또한 CCTV 분석 결과 해당 약국의 종업원이 의약품을 판매하는 장면은 확인되지 않았습니다.

이 사건에 대해 법원은 명백하게 허위사실이라고 인식하고 신고한 것이 아닐지라도, 곧 자신이 신고하는 내용이 진실인지 허위인지 명확하지 않은 경우에도 소위 무고의 '미필적 고의'가 인정된다고 판단했습니다. 객관적인 사실들에 비추어 신고자에게 허위일 수도 있다는 정도의 인식만 있었다면 자신이 무조건 옳다는 생각을 가지고 신고한 경우에도 무고의 고의가 인정된다는 것이죠.

법원은 A군의 혐의를 인정하고 벌금 500만 원을 선고했습니다. 무고죄의 피해자는 허위 고소로 인해 수사 과정에서 커다란 정신적 피해를 보게 됩니다. 그리고 혹시라도 하지도 않은 행동으로 처벌까지 받게 된다면 피해자가 입게 될 피해는 회복조차 되기 어렵습니다. 이에 "사실이 아닐 수도 있다는 인식" 정도만 있더라도 무고의 고의를 폭넓게 인정하는 판결이 나온 것입니다.

# ⚖️ 법률용어 찾아보기